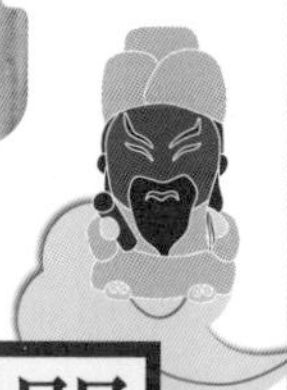

問神達人

雷雨師一百籤詩解籤大祕訣

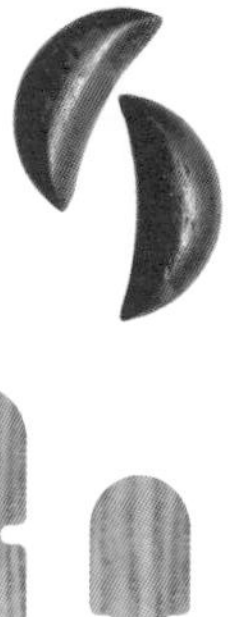

當今世上第一準，
神明親授解百籤！

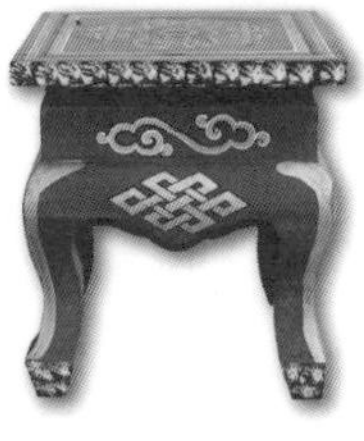

暢銷經典

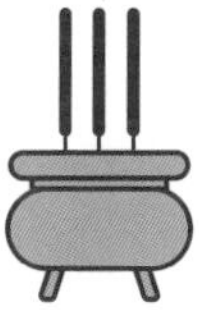

問神達人 王崇禮 博士／著

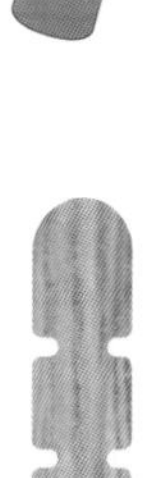

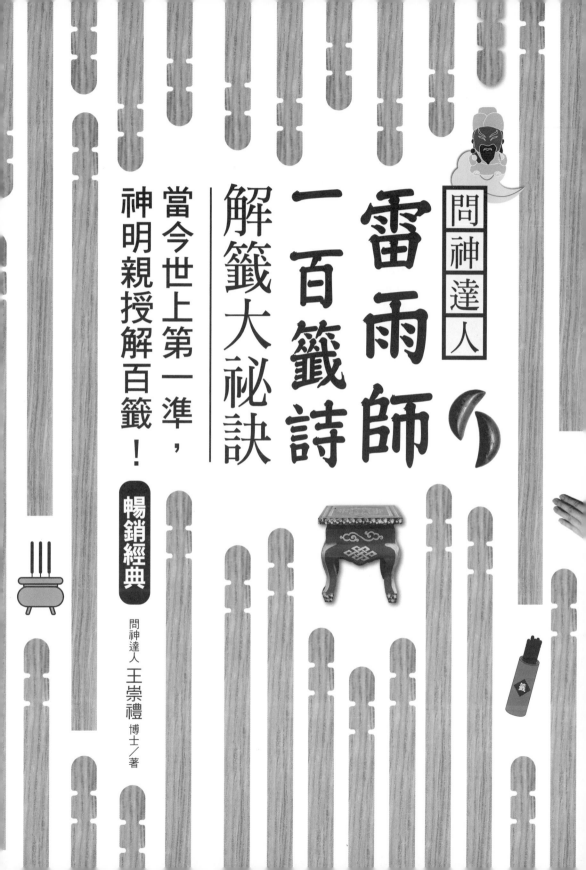

48 Mystery
問神達人雷雨師一百籤詩解籤大祕訣 暢銷經典版
當今世上第一準，神明親授解百籤！

作　　者　王崇禮
特約美編　李緹瀅
主　　編　高煜婷
總 編 輯　林許文二

出　　版　柿子文化事業有限公司
地　　址　11677 臺北市羅斯福路五段 158 號 2 樓
業務專線　（02）89314903#15
讀者專線　（02）89314903#9
傳　　真　（02）29319207
郵撥帳號　19822651 柿子文化事業有限公司
投稿信箱　editor@persimmonbooks.com.tw
服務信箱　service@persimmonbooks.com.tw

業務行政　鄭淑娟、陳顯中

初版一刷　2018 年 01 月
二版一刷　2023 年 07 月
定　　價　新臺幣 560 元
I S B N　978-626-7198-66-7

國家圖書館出版品預行編目（CIP）資料

問神達人雷雨師一百籤詩解籤大祕訣（暢銷經典版）：當今世上第一準，神明親授解百籤！／王崇禮 作.
-- 二版. -- 臺北市：柿子文化，2023.07
面；　公分. --（mystery；48）
ISBN 978-626-7198-66-7（平裝）
1.CST: 籤詩

292.7　　112010737

推薦序

樹德科技大學國際企業與貿易系副教授、屏東萬巒宗天宮理事長，**林宏濱**

猶記三年前第一次為結拜兄弟王崇禮老師的大作《神明所教的60甲子籤詩解籤訣竅》寫序的時候，對生動的六十甲子籤詩典故解說及王老師解籤學問大感欽佩，而此書也一直珍藏在我的書櫃裏。隨著屏東萬巒宗天宮建廟如火如荼的進行，一日，王老師凝視著廟殿內的宗天宮籤詩牆許久，突然對我說：「兄弟，未來我們也會有一百支籤詩的書問世唷！這一百支籤詩涵蓋了古今籤詩大部分的內容，我也將傳授解籤的精髓。」此話一出，讓我引領期盼了一年有餘，今日終於可以一睹為快。

拿到初稿時，我的心情十分雀躍，盤算著要凝聚精神好好拜讀，神奇的是，此次的閱讀經驗十分異於往常，竟無法翻開第一頁就一直閱讀至最後一頁，而是先結合自己以往的求籤經驗，將本身在屏東萬巒宗天宮及梓官城隍廟所求得的籤詩蒐集起來，先在心中依照自己的意思解籤，再與王老師《問神達人雷雨師一百籤詩解籤大祕訣》做對照，訝異的是，自己解的一半都錯了！這下子，我才恍然大悟，籤詩的涵義真的十分深奧，籤詩不只是要告訴你抽到的是好籤、壞籤，每張籤詩背後都有歷史典故可依循，並提供所問之事的原因、狀況、解決方式及最佳時間點……等等，可見擁有一部正確的解籤工具書真的非常非常重要，也深深體認到，王老師這本新書的問世著實可以嘉惠許多迷惘於解籤的信眾們。

以在下做學問的經驗，成功的實驗通常會依據PDCA（plan規劃；do：執行；check：查核；

act：行動）的循序步驟去完成。至於會去求籤詩的信眾，內心（plan）通常因為困惑而需要神明指引方向，接著透過擲筊（do）來獲得神明同意是否賜予籤詩或賜什麼方面的籤詩（check），最後能否正確解籤（act）就成為取得答案的關鍵；倘若解籤方向錯誤而曲解神意，最後影響個人的心理及人生決策，那可就得不償失了。換言之，擁有一本正確的解籤工具書，當心中的迷惘困惑需要神明指點方向（無論是家運、本運、姻緣、事業、學業、健康……等）時，將有助於自己找到最正確的方向。

《問神達人雷雨師一百籤詩解籤大祕訣》內容十分精闢，言簡意賅並輔以歷史典故詳例，十分淺顯易懂。與坊間的一般解籤書籍不同，這本書幾乎網羅了所有籤詩的內容，無論你到哪一間廟宇抽到籤詩，都可以在這本書中找到對應，實為百首籤詩的萬用工具書。對於進入廟宇問神抽得籤詩後，對籤詩內容一知半解或擔心誤解籤詩內容的信眾來說，本書的問世實為民眾的一大福音。常言道：「迷惑不如求知，求知解決無知。」方向對了，一切都對了，在此誠摯推薦王老師的新書，本書將能幫助信眾們正確解籤、通解神意，自渡渡人。

推薦序

陸軍軍官學校通識教育中心副教授，**何騏竹**

初與王老師相識，緣於邀其參與一場以「療癒」為主題之讀書會計畫，當時「問神達人」之名已如雷貫耳，面對人類實境狀況中之困頓，王老師更能從親歷之受苦現場開啟療癒之可能，他使療癒更深入實踐於現實世界，更積極的膚慰人心，最後該計畫雖未能成局，然而，王老師之仁者風姿，已然朗朗。

爾後，我經歷求子挫折與工作困惑，茫茫惴惴於苦海之中，是而再度求助於王老師，蒙其慨然允諾親身教導、點撥疑惑，歷歷於心，而今憶往，窮山萬仞，輕舟已過，安知昔年恍如烈火焚燒，幸有王老師示範問神於前，悉心解籤於後，使我忽見長夜盡頭之一閃曙光，知曉困局如何能解，何時能解，且事後無一不驗，神明之慈心智慧昭昭在目。此後，輒遇生命困窮而問事於神，亦經王老師詳盡解籤而曉神明大旨，是以，解籤之法乃為探求神意奧理之關要，此番得知王老師欲作鄭箋，其籤詩解法與前之問神、擲筊、抽籤等大作系列呼應，付梓出版必將造福大眾。

王老師大作，於每一籤詩之開篇，即歸納總評，繼而分述家運、本運、姻緣、事業、學業、健康、求子、財運，內容參酌古今，繫以籤詩典故，間之點化技巧，終而明示神旨。全書方面俱到，且能綰合上下，籤詩之歷史背景乃吸取傳統經典文化之養料，神意亦於此整體情境中推闡而出，最後教導讀者如何貫通於解籤上，層層推敲，析理細密，深入淺出，當為以無私之心，成就功德。

日前王老師詢問我是否能為其大作撰寫序文，我受寵若驚，直說只要你不棄我僅「一介草民」。王老師幽默回應：「我亦為一介草民。」於是「草民」與「草民」於「賴」上相視而笑，然我這一介草民再三謝過王老師，回望我之論文孤獨於書案間無人聞問，而王老師之書向來暢銷於市，本書必將熱賣，我之小字片語，亦將托王老師之福，御風而行，見一回天之蒼蒼。

推薦序

問神達人的老師，**涂水樹老師**

「卓越不凡」、「出類拔萃」、「絕倫超群」、「任重道遠」，這是我對我的學生王崇禮博士與其新著作《問神達人雷雨師一百籤詩解籤大祕訣》的讚賞與鼓勵。王博士全身血液裏面充滿了濟世救人、弘揚正道的熱情，無不一日有靜止與冷卻下來的狀態，此心難得，難得此心。

還記得前年王博士還在猶豫到底要不要寫這一本書時，我曾經對他講過一句話：「我知道雷雨師籤詩的解籤非常不好寫，也不同於六十甲子籤的詩句明白易懂，必須要多方整合歷史背景專業知識、歷史典故的涵義的理解、中文詩句的理解，以及天文地理的隱喻認知，能完成真的可算是本曠世大著作了。但是，你知道How do you know what you know嗎？要知道你已經知道了些什麼的最好方法，就是要先檢視你是否有能力用你所懂得的東西，把最複雜的學問用最簡單、最淺顯易懂的方式表達出來，讓大家都能夠了解、都能夠學習。只要你達到這個境界，此時此刻就可以證明what you know了。」

在對王博士講完這番話的隔天，他便下定決心開始寫雷雨師一百籤詩的解籤書了。我了解我這個學生的個性，他跟我一樣都是自我要求很高的人，相對的，也最害怕會自誤而後又再去誤了別人。然而，他是我一手栽培出來的「優質學生」，他的能力與專業到達什麼程度我很清楚，所以我絕對相信他不只是有能力寫出雷雨師一百籤詩解籤書的人，甚至將來還會成為一位開歷史之先河，承先啟後、繼往開來的偉大神職人員。

打從王博士前年開始寫這本書的那一刻起，只要他遇到困難，我們師生就時常一起討論到深夜，期間看他皺起眉頭，我就會適時鼓勵他：「就是難寫才需要你寫，任重道遠，撐下去。」

一年多後的今天，我看到了成果，這個成果超乎我預期的好，我看過坊間不少解籤書，唯獨王博士《問神達人雷雨師一百籤詩解籤大祕訣》可以稱為「當今第一本」，有資格成為後世永流傳的百首籤詩解籤經典教科書。

非常開心我的學生王崇禮博士能夠有今天這個造詣，希望他能夠再繼續努力、繼續研究，在人力可以做到的地步都做到極致——因為想要成為一位非凡的神職人員，就要有這種過人的意志力、抗壓力與堅韌不拔的精神。加油！

推薦序

問神達人的老師，**張木中老師**

我很欣賞我的學生王崇禮博士的一個地方，就是他永遠不會認為現在已經擁有全國高知名度了，就停止繼續深造自己、停止繼續充實自己在問事領域的專業。相對的，他反而每天都在學習與研究，包括一些更深入的專業知識、如何讓信徒可以自己幫自己問事，甚至更快速領悟出神明的意思等等。這一種求知的精神與大愛的胸懷，真的可以成為後世的典範。

王崇禮博士這本《問神達人雷雨師一百籤詩解籤大祕訣》，我從第一頁看到最後一頁，愈看精神愈好、愈看愈覺得不可思議，而當我再看第二遍時，更愈看愈覺得我這個學生今天走到這個階段，真的已經青出於藍勝於藍了。我非常高興在當今宗教領域裏——尤其是道教——能夠出現一位這樣學有專精的神職人員，我想，接下來道教要再更上一層樓應該不遠了。

雷雨師百首籤詩是非常深奧的籤詩之一，如果真的會解這種籤詩，絕對可以把神的意思完全表達出來，而且可以非常準。可惜的是，過去從沒有人可以以深入淺出的方式把這種籤詩重新詮釋，讓一般大眾閱讀起來輕鬆又容易了解。

所以，很高興在有生之年可以看到我的學生王崇禮博士出版教大家如何將雷雨師百首籤解得精準的書，《問神達人雷雨師一百籤詩解籤大祕訣》絕對可以造福後代，也一定可以成為後代的解籤教科書、解籤經典！

推薦序

樹德科技大學通識教育學院院長，**曾宗德**

近年來，問神達人王崇禮教授已陸續出版多本頗為實用的抽籤、問事及解籤等相關書籍，如《神啊！我要怎麼問你問題？》、《神啊！你到底在幫我什麼？》及《神明所教的60甲子籤詩解籤訣竅》等等，廣受大眾信徒喜愛。這些書籍的確幫助很多困惑或無助的民眾，解決了一些問題（可能是難以開口的事、無法下決定的事或因緣果報之事），也可能避免了一些社會事件（如詐財、騙色等），貢獻不可謂不大。近日王教授又將出版另一巨作《問神達人雷雨師一百籤詩解籤大祕訣》，能得以先睹為快，了解此一百支籤詩的可能解法及技巧，榮幸之至。

本書一開始先寫到抽籤辦法和解籤的核心重點，並加以舉例說明，請解籤大眾務必詳讀與運用，應能解出神明要傳達的旨意；之後，作者詳解雷雨師一百籤詩，每一支籤有分其籤序及其吉凶、籤詩典故、歸納（如時機已到，順勢而為、需要貴人幫助等類別）、詩句、簡解籤詩、典故詳解、詳解籤詩重點及抽籤後的做法等項目，王教授解籤用字淺白易懂，頗適合一般大眾參考閱讀。而書中為每一支籤詩加入「歸納」、「解籤重點」及「抽此籤詩後的做法」等項目，更有畫龍點睛及指點迷津之功能，為抽籤之大眾提供該籤詩的重點方向及建議。最後，還是要提醒大眾，我們常說「自助、人助而神助」，各位信徒在請求神明幫助後，期能自助，諸惡莫作、眾善奉行，為自己造福、積福，而後能享福。

推薦序

臺灣大學財務金融學系副教授，**莊文議**

到廟宇抽籤詩，是許多信眾向神明尋求解惑的方式之一，惟廟方所提供的解籤範本往往艱澀難懂，致使信眾無法確切參透神明旨意，甚或產生誤解，徒勞無功。有鑑於此，問神達人王崇禮老師繼前暢銷著作《神明所教的60甲子籤詩解籤訣竅》，再次嘔心瀝血，推出《問神達人雷雨師一百籤詩解籤大祕訣》。雷雨師一百籤詩歷史由來已久，並廣為行天宮等眾多寺廟所採用。為了服務廣大信眾，王老師以神明所傳授之解籤技巧，將雷雨師一百籤詩之解籤內容詳盡說明，希冀能為更多人指點迷津，幫助理解神意，以求順利解除心中疑惑。

本書有四大特色：

第一，王老師針對每一首籤詩的內容重點都「一言以蔽之」的歸納出來，例如：第一籤的歸納重點是「時機已到，順勢而為」，讓讀者能立刻掌握籤詩的重點，並為後續的解籤內容做重要的鋪陳。

第二，針對求籤人的各種問題，分別從家運、本運、姻緣、事業、學業、健康、求子、財運等面向，進一步分析神明旨意，讓人可以豁然開朗，解除心中困惑。

第三，對於有志深入研究籤詩內容的讀者，「籤詩典故」便是閱讀重點；寺廟的解籤範本有時以文言文敘述籤詩背後的歷史典故，令人不易理解，而王老師以平易近人的筆觸，讓歷史典故生動易懂，並點出當中的關鍵之處，以再次強調籤詩內容的重點。

最後，王老師對問籤之人苦口婆心，耳提面命，提示問籤人在明瞭籤詩內容與重點後該要怎麼「起而行」，才能將心中問題徹底解決——這是坊間一般解籤書籍看不到的。

神明是慈悲的，向神明祈求賜籤解惑並非難事，重點在於神明恩賜籤詩之後，如何清楚掌握神明旨意，才是關鍵。王老師的新著《問神達人雷雨師一百籤詩解籤大祕訣》，絕對是讀者們求神問籤的必備良書，值得推薦與收藏。

Thank you

誠摯感謝

我的家人、張木中老師、涂水樹老師
宗天宮幹部及志工團隊
高雄梓官城隍廟

二〇一八年可以完成全新著作《問神達人雷雨師一百籤詩解籤大祕訣》，首先要特別感謝我的父母親、兄弟姊妹、太太及寶貝女兒的支持與鼓勵（雖然你還小不會講話，但我從你的眼神看得出來你是支持老爸的），讓我可以無後顧之憂完成這本書。

我也要感謝張木中、涂水樹兩位老師，在我撰寫本書時，不時地在我身邊耳提面命，提供一流的專業指導，使本書內容更加豐富且專業。

歷經三年大家的努力，從無到有，克難艱辛，排除萬難、風雨無阻的義氣相挺，方得讓宗天宮臨時宮正式安座完成，也讓我得以安心完成新書。所以，我要誠心的感謝：

台灣宗天宮慈善功德會理事長林宏濱先生、執行長王光啟先生、祕書長吳蕬安女士、宗天宮幹部志工團隊陳文雀女士、沈佳蓉女士、沈尹婷女士、蔡麗茹女士、黃怡華女士、鄭明忠先生、鄭文聲先生、莊淑芳女士、陳萬忠先生、陳燕輝先生、林姿秀女士、林瑞珠女士、鄭敏君女士、張坤明先生、黃省得先生、王韡儒女士、謝玫臻女士、劉天寶先生、黃如玫女士、吳明勳先生。

最後，還要感謝高雄梓官城隍廟城隍爺、城隍廟主委暨眾委員們的鼎力支持與鼓勵，衷心感謝大家：

主任委員宋萬春先生、副主任委員蔡焙璋先生、常務監察歐森男先生、特助劉肇樑先生、副總務組長陳豐盛先生、祭典組副組長蘇震輝先生、祭典組副組長陳美雲女士、古典組組長王福霖先生、古典組副組長陳明象先生、出納柯竹林先生、吳明清委員、蔣慧玲女士、吳彥宏先生、王俊傑先生。

參 解雷雨師百首籤詩一定要先知道的關鍵

肆 雷雨師一百籤詩詳解

作者前言

《問神達人雷雨師一百籤詩解籤大祕訣》是我二〇一八年的最新作品，為了要寫這本書，我總共找了三千多份的史書資料、歷史資料、期刊、論文、正史、稗官野史、鄉野傳奇、民間故事等，耗費一年多的時間才終於完成。我很有自信，本書可以說是臺灣有史以來最清楚易懂、最專業的雷雨師百首籤詩解籤書了。

科學與宗教的不同之處在於：科學是幫助我們在已知中做出選擇，宗教是幫助我們在未知中做出選擇。此二者是在這個大千世界中相互並存的，缺一不可。因此，想要在未知中做出選擇，籤詩就扮演著一個非常重要的角色了。

然而，籤詩抽出來之後還要解籤，解籤如果準確，等於是洞悉神意，而洞悉神意就等於幫助我們在未知中做出選擇——因為只有神能預知未來會發生什麼事。想要把籤詩解得準確，身邊有一本專業且清楚易懂的解籤書十分重要。因此，本書可謂是我們一生中不可或缺的重要書籍。

《問神達人雷雨師一百籤詩解籤大祕訣》內容包含我在閉關時神明親自傳授的解籤技巧，已經得到宗天宮紫微大帝及天上聖母的授權，現在我毫無保留且完整的把它們寫了出來，希望這一本書能留給後代子孫更多的解籤知識與技巧。除了留給後代子孫更多解籤知識與技巧，宗天宮最大的心願之一，就是希望那些曾經帶著困惑來廟裏，抽完籤之後還是一知半解，帶著困惑回去的信眾，從此以後都是帶著笑容與安慰回家，不再存有一絲絲的困惑，因為宗教的核心價值應該是要使眾生安心與放心。

希望這本書的流傳價值不僅是留給後代子孫更深入、更專業的解籤訣竅，更期待能栽培一些有緣且正派的神職人員，讓這些神職人員將來可以把臺灣的宗教發揚光大，如此一來，臺灣的宗教將會有不一樣的風貌呈現——讓我們一起加油吧！

最後，非常感謝這幾年來，全國讀者、宗天宮信眾對我所分享的問神技巧系列書籍——《神啊！我要怎麼問你問題？》、《神啊！你到底在幫我什麼？》、《神明所教的60甲子籤詩解籤訣竅》、《問對了，神明才有辦法幫你DVD》、《解夢經典》、《2017問神達人王崇禮老師新時代運勢農民曆》、《2018問神達人王崇禮老師新時代生肖運勢農民曆》——的支持與喜愛，常常甫出版就躍上全國暢銷書排行榜。能有如此佳績，感激之情溢於言表，無法以隻字片語形容，唯有以最真誠之心，感謝大家的愛護，並希望全國讀者能夠繼續支持我、愛護我以及這本新書，因為有您的支持，讓我有乘風破浪、義無反顧、毫無畏懼、勇往直前的勇氣。感謝大家。

問神達人**王崇禮**博士

壹

先抽對籤詩 才能談精準解籤

籤詩是我們在問神時，最常用到的一種問事工具。不論是六十甲子籤詩，還是雷雨師百首籤詩，想要將籤詩解得精準，在培養解讀的功力之前，抽籤詩時的心態和程序絕對不能錯誤。因此，在正式進入解籤前，我們先來簡單複習一下抽籤詩的意義和步驟。

籤詩不能想抽就抽

很多人去廟裏求神問事，燒個香拜了拜、說明了來意後，就直接抽起籤詩來，這其實是錯誤的做法。籤詩絕對不能想抽就抽，一定要先請示神明是否要賜籤詩，神明應允了，才可以抽。

明明能透過擲筊解決的問題若貿然選擇抽籤詩，容易造成判斷上的混淆，把事情弄得更複雜、更加不可收拾。因此，建議問事時先以擲筊問神明好與不好、要與不要，或可不可以，如果都沒有得到指示，再來求神明出籤詩。

籤詩的意義就是：神明有很多話要說，用擲筊的方式無法把神明的意思百分之百傳達下來，才藉由籤詩來解釋——也就是說，神明之所以賜籤詩，並非回答我們單純想問的好與不好、要與不要而已，而是指示隱藏在好與不好、要與不要的背後我們所看不到的一些問題。

想要正確的抽籤詩和解籤詩，讓問出來的答案更加的準確，有三個重點要特別注意：

❶先了解籤詩的意義（擲筊問不出答案時才會用到的方法）。

❷了解問題的屬性是以擲筊請示就可以，還是要以抽籤詩來解答。

❸最後要學的才是解籤詩，即本書與《神明所教的60甲子籤詩解籤訣竅》的重點。

王博士小講堂

問事的時候，要知道神明並不會講話，想得到最準確的答案，得先切割問題：

❶**要先問是非題、選擇題：**問神明這樣是不是、對不對、好不好、可不可以……，此時通常都是先用擲筊這個工具。

❷**如果這樣還問不出答案，再來考慮問問答題、申論題：**例如問神明是否要透過抽籤詩、托夢、起乩等方式講背後原因、事情始末……。

要懂得問神明問題，才能問出最準確的答案，別錯把問原因的工具，拿來問答案囉！

抽籤詩的正確步驟

想以抽籤詩的方式來求助神明，先決條件就是抽籤詩的程序要正確，一旦程序錯誤了，所抽出來的籤詩就一定會錯誤，而抽出來的籤詩如果錯誤，解籤詩就一定也是錯誤的了——籤詩解得正不正確，首要關鍵就在於抽籤詩的步驟。

❶ 點香跟神明稟告你的姓名、出生年月日（農曆為佳，若是國曆請務必講明）、住址，以及心中所要問的事情，記得要清楚描述問題，並設定幾個選項。

❷ 等待三分之二炷香或一炷香（約四十分鐘），讓神明徹底調查一下問題的原委。

❸ 一定要先問過神明是否賜籤詩才能抽，否則得出來的答案容易不準：問神明是否要賜籤詩回答的同時，亦可以先決定好「抽籤配對」（見本書第貳部），如果神明以三個聖筊回覆，才能抽籤詩。

❹ 抽完第一支籤後，要向神明確認是否是這支籤（一定要連續三個聖筊才可以）。

- **是↓**表示第一支籤已確定，接著須再追問是否有第二支籤、第三支籤……以此類推。

問是否有第二、三……支籤詩時，只要一個聖筊即可成立。若有，則繼續抽（此時要把剛剛那些沒擲出三個聖筊的籤，放回籤筒重抽）；若無，就停止抽籤，但每支籤都要確認是否是該支籤（連續三個聖筊才算數）。

王博士小講堂

關於籤詩的數量，千萬不要自作主張，一定要抽完一支籤後，再問神明要不要再賜第二支籤，第二支籤抽完之後，再問神明有沒有第三支籤，這樣才是最準確的問法。

・否↓請將這支籤放到一旁（勿投入籤筒以免重複抽到），再次抽籤，接著詢問是不是這支籤，直到擲出三個聖筊為止。

確認是否是該支籤時，一定都要連續擲出三個聖筊才算。

⑤抽完的籤詩一定要照順序排列P028，以免解讀錯誤。

⑥解籤詩。

・先確定所抽到的籤詩「歸納」在哪一方面，如欠點、時間點……等，搭配神明之前指示的「配對」來解。

・每張籤詩一定都會有詩句和該籤詩的歷史典故，若有疑惑和不解之處，最好諮詢專業人士，因為其中的典故和意涵往往非常奧妙，隨意解讀恐怕會得不到正確答案。

向神明稟報要抽籤詩的問法實例

話雖如此，仍有很多人到了宮廟現場，卻不知道該如何開口跟神明稟報問事。接下來，我在這裏要教導大家的，就是如何向神明點香稟報並請神明賜籤詩解惑的步驟和實例。

這是抽籤詩的第一步，也是決定抽出來的籤詩準確與否最重要的一步，如果一開始這個步驟就錯了，接下來的幾個步驟也一定會錯，當然最後解籤的人也一定會解錯。所以，大家一定要仔細去理解。

王博士小講堂

解籤歸納法是要把籤詩解得很準確時需具備的重要元素之一，能幫助你在第一時間了解神明到底想要說些什麼。之前我在《神明所教的60甲子籤詩解籤訣竅》中有介紹到十大歸納：①欠點；②時間點；③個性；④人為因素；⑤運勢低，需等待起運；⑥時機到，順勢而為；⑦目前不宜，問題重重；⑧尚有波折，終將化險為夷；⑨心理障礙加信心不足；⑩不是大好，就是大壞。在雷雨師一百籤詩中，解籤歸納會再稍複雜一些。

❶點香稟報神明你個人的基本資料、過去發生什麼事（講得愈詳細愈好），最後，向神明稟報你心中想問的事，這就是配對。

・實際稟報教學範例一

奉請〇〇廟□□神明，弟子／信女△△△生於民國農曆八月十五日卯時，家住臺北市松山區◇◇路◇◇號◇◇樓。

弟子／信女因為在三個月前發生一場車禍而損失不少錢，上個月又被公司裁員，弟子／信女今年的運勢到目前為止都很不順遂，所以今日誠心前來〇〇廟祈求□□神明大發慈悲，指點迷津，賜弟子／信女今年的運勢籤詩，讓弟子／信女心裏有個進退依據。

（注意：請神明賜運勢籤詩，「運勢籤」就是配對。）

・實際稟報教學範例二

奉請〇〇廟□□神明，弟子／信女△△△生於民國農曆八月十五日卯時，家住臺北市松山區◇◇路◇◇號◇◇樓。

弟子／信女目前有一間●●公司，公司地址位於台中市◆◆路◆◆號◆◆樓。弟子／信女經營這間公司已經二年多，可是公司營運卻一直不是很好，營收也一直無法達到平衡，弟子／信女深怕再這樣下去將無法繼續經營，所以今日誠心前來〇〇廟祈求□□神明大發慈悲，指點迷津，賜弟子／信女事業籤詩，讓弟子／信女知道問題出在哪裏？

（注意：請神明賜事業籤詩，「事業籤」就是配對。）

・實際稟報教學範例三

奉請○○廟□□神明，弟子／信女△△△生於民國農曆八月十五日卯時，家住臺北市松山區◇◇路◇◇號◇◇樓。

弟子／信女目前已經三十五歲，單身無對象。弟子／信女年紀已經不小，心中想要趕緊有個對象成立一個家庭，只是一直遲遲無法有機會認識新對象，所以今日誠心前來請○○廟祈求□□神明大發慈悲，指點迷津，賜弟子／信女姻緣籤詩，保佑弟子／信女早日找到正緣對象，早日成立一個家庭。

（注意：請神明賜姻緣籤詩，「姻緣籤」就是配對。）

❷等待至少四十分鐘後開始擲筊。

・實際擲筊確認教學一

奉請○○廟□□神明，弟子／信女△△△因今年的運勢到目前為止都很不順遂，所以誠心祈□□神明指點迷津，賜弟子／信女運勢籤詩，如果神明已經答應要賜弟子／信女運勢籤詩的話，請給弟子／信女三個聖筊。（有三個聖筊才可以抽籤詩。）

・實際擲筊確認教學二

奉請○○廟□□神明，弟子／信女△△△的公司二年來營運一直不是很好，再這樣下去公司恐怕無法繼續經營，所以誠心祈求□□神明指點迷津，賜弟子／信女事業籤詩，如果神明已經答應要賜弟子／信女事業籤詩的話，請給弟子／信女三個聖筊。（有三個聖筊才可以抽籤詩。）

・實際擲筊教學三

奉請○○廟□□神明，弟子／信女△△△因年紀已經不小，心中想要趕緊有個對象成立一個家庭，但一直遲遲無法有機會認識新對象，所以誠心祈求□□神明指點迷津，賜弟子／信女姻緣籤詩，如果神明已經答應要賜弟子／信女姻緣籤詩的話，請給弟子／信女三個聖筊。（有三個聖筊才可以抽籤詩。）

籤詩排列順序組合的訣竅

如同我在第二十四頁提到的，我們抽到的籤詩一定要按照順序排，這是因為神明賜的籤詩有順序性、階段性、時間性，而在解籤詩時，也有一定的訣竅，如果順序顛倒排列，會造成解讀及判讀的錯誤。在閉關的時候，神明特別教導我，單獨一支籤詩的解法跟兩支籤詩以上的解法完全不同。一支籤詩當然只看該支籤詩的詩句來判斷，而兩支籤詩以上，解法就必須有連貫性，這是精準解籤的一大重點，大家一定要記起來。

一支籤詩的解法

前兩句詩句代表「過去一直到現在」，後兩句詩句代表「未來」。

兩支籤詩的解法

第一支籤詩代表「過去一直到現在」，第二支籤詩代表「未來」。

❶ **不好↓好＝**「過去一直到現在」都有一個問題存在，所以不順，要先克服第一支籤的問題，「未來」才會走到像第二支籤所說的順利。

❷ **好↓不好＝**「過去一直到現在」算順利，不過接下來會漸漸走到第二支籤所說的不順，必須特別注意。

王博士小講堂

多支籤詩的解法，還有一個重點要注意——釐清問題的屬性：

① 所問之事從過去到現在都不順，你想了解原因而抽到籤詩，神明通常會從過去、現在、未來跟你交代清楚，此時就會運用到籤詩排列順序組合的技巧。

② 所問之事最近才剛發生，你想找到解決之道而抽到籤詩，大多依每支籤詩的歸納下去解。

③ 所問之事還沒做，你想問能不能做而抽到籤詩，多依每支籤詩的歸納下去解。

三支籤詩的解法暨好壞排序

第一支籤詩代表「過去」，第二支代表「現在」，第三支代表「未來」。

❶ **好↓好↓好＝**過去不錯，現在還順利，接下來還會持續順利。

❷ **好↓好↓不好＝**過去不錯，現在還算順利，可是接下來開始要漸漸注意了。

❸ **好↓不好↓好＝**過去不錯，現在開始不順，但是未來會慢慢順利。

❹ **好↓不好↓不好＝**過去不錯，現在開始不順，接下來還是要注意。

❺ **不好↓不好↓不好＝**過去不順，現在也不順，接下來還是要特別注意。

❻ **不好↓不好↓好＝**過去不順，現在也不順，但是未來會慢慢順利了。

❼ **不好↓好↓不好＝**過去不順，現在開始有一點順利，只不過，接下來開始要漸漸注意了。

❽ **不好↓好↓好＝**過去不順，現在開始有點順，接下來還會持續順利。

四支籤詩以上的排列順序也以此類推；切記，不管抽到幾支籤詩，從第一支籤詩到最後一支籤詩的內容，即神明要告訴當事人事情的始末和進展。

不要害怕、逃避不好的籤詩

很多人抽到「看似」不好的籤詩會逃避不想面對，或不斷重抽，直到抽到好籤；這種錯誤的態度非但無法解決問題，還會使問題更加嚴重。神明既然賜下提醒你不順或有問題的籤詩，自然有祂的解決之道，你該做的是請示神明該如何解決——切記，問事不是在尋找安慰，而是了解和解決問題。

此外，若抽到好籤，也別因此而有恃無恐，不做任何努力。

貳

神明所教的
變化無窮抽籤配對法

想要學解籤法，第一步要先懂得如何運用變化無窮抽籤配對法。解籤時，一定要將抽籤配對法及第二十四頁提到的解籤歸納法兩者交叉運用，再解讀歷史典故和籤詩詩句，才能完全掌握神明的意思。

提升問世功力的祕招

相信絕大部分的人都知道抽籤詩，卻不知道籤詩還能夠配對。只要學會抽籤詩的變化無窮配對法，再搭配解籤歸納、歷史典故和籤詩詩句解讀，不只能大大提升問神功力，甚至能更接近神明的邏輯，知道神明在想什麼。請神明賜籤時之所以一直得不到三個聖筊（尤其是只有兩個聖筊），有一大部分原因是沒能了解「抽籤詩需要配對」的奧妙。

想要學習解籤，就要懂這一大祕招：要知道籤詩有哪幾種變化——也就是抽籤配對法。抽籤配對法是神明告訴你所問之事該從哪個角度開始查，以及此事的涵蓋範圍到哪裏。

抽籤詩需要配對

再說一次，抽籤配對法就是神明要告訴你，你想問的事該從哪個角度看，以及這件事情的範圍涵蓋到哪裏，比如你今天來問身體，但身體問題有可能牽扯到家運或欠點等，不是嗎？所以，我們必須要具備「抽籤詩需要配對」的概念，在處理問題時才會有深度和廣度。

抽籤配對法須依循以下步驟：

❶ 抽籤時就要先配對。

❷ 先從常見的十六組配對 P035 開始問。

❸若得不到三個聖筊，再依據問題考慮其他的配對項目。

請務必記住，配對法必須在抽籤詩之前決定，當你抽出了籤詩，卻不知道這些籤詩屬於何種配對，那抽籤詩的過程便算有瑕疵，因為你根本不知道從何解起。補救的辦法是擲筊請示神明該用哪種配對；但請注意，**事後補救是萬不得已的做法，先確定配對再抽籤才是最正確的程序。**

不知道各位是否有遇過這樣的情形，擲筊請示神明出籤詩，卻只得到兩個聖筊？這很可能是神明提醒你要先配對好籤詩，抽籤前配對正確了，神明自然就會賜給你三個聖筊。得到三個聖筊後再開始抽籤。

另外一個很重要的觀念是：抽籤配對法之後還要跟解籤歸納法 P024 交叉使用，也就是說，籤詩抽出來之後，每支籤詩都要對照在哪一個歸納，如此一來，對神明要表達的意思將會更加清楚，對籤詩的判讀也才能更準確。

法無定法，水無常態

最後，還有一個非常重要的觀念要提醒大家，那就是「法無定法，水無常態」，世間萬物很少是絕對的，要懂得活用及融會貫通。

舉一個例子來說：有一次，我用六十甲子籤詩幫信徒問事時，神明在抽籤配對上要給一個人欠點方面的籤詩，抽出來的卻是壬寅籤。壬寅籤雖然是歸納在「尚有波折，終能化險為夷」，但若要從欠點方面去解釋，依照神明的教導，就是要把它解成是有關神明或宗教方面的事。

事情是這樣的，之前有一位信徒來問事，他兒子雖然已到了三十而立之年，但無論是在心智上或想法上，都好像十幾歲的小孩子。神明給了他一支欠點籤詩，剛好就是壬寅籤。一問之下，原來是他的兒子小時候曾讓神明收為誼子，但十六歲時卻沒有舉行弱冠成年禮（被神明收為誼子時，需在十六歲時辦理弱冠之禮，表示已成年），導致年齡雖然已三十歲，心智上仍停留在十六歲前。我至今仍牢記神明傳授給我這支籤詩的另類解法，今天也在這裏跟有心學習解籤的人一起分享。

從這個例子我們就可以學到，問事沒有絕對，更不能一成不變。我們都會遇到不同的人、不同的案子，只要學會了書中的大觀念和大方向，並且活學活用、不執著，相信大家的問事功力一定都可以大大的提升。

十六大抽籤配對組合

大體而言，抽籤配對法有十六種常見的配對組合：

一、運籤

神明若指示要抽運籤，有兩個重點要留意：

❶運籤是以半年為單位，若想要抽一整年的運籤，恐怕會有失真之虞，因為一年的時間太長，變數也很多，不足以為參考。抽運籤的時候，最好請神明出「上半年的運籤」或是「下半年的運籤」，縮小範圍請示，得到的答案才是最準確的。

❷此外，只有當你沒有具體的事情要詢問的時候，才會請示神明是否賜運籤，因為運籤屬於整體運勢，就好比一個公司整體走的運勢，而非針對各個部門的運勢。這是一個很重要的觀念，一定要記住。

二、本運籤

神明若指示要抽本運籤，有兩個重點要留意：

❶抽本運籤時，記得解籤時要「搭配」你要問的「這件事」來解，這樣才會更具體。誠如我之前

的解釋，運籤是一個公司整體走的運，本運籤則是細分下來、各個部門走的運，所以，當你要問神明一件具體的事情時，可以請神明出針對這件事情的本運籤。

❷另外，本運籤的時機點不一定是以半年計，所以應該以神明指示的時間點為主，有時候，籤詩當中就會講到時間點，也許是下個月的十五號或其他時間，端看籤詩如何指示。如果籤詩裏沒有特別指示時間點，就要利用擲筊問出來，也許是三個月後的十五號，或四個月後的十五號……都不一定。

三、家運籤

神明若指示要抽家運籤，表示神明看待此事，是以整個家庭為考量，有三個重點要留意：

❶家運代表整個家庭的運勢，當然也包含了家中的每一個成員。

❷神明會指示家運籤，代表所問之事受到家裏某件事情的影響。

❸所問之事還會影響到家中成員。

四、事業籤

神明若指示要抽事業籤，有兩個重點要留意：

❶如果現在沒有工作，籤詩就是在講你的事業運何時才會比較強，事業運強比較容易找到工作；此外，也有可能是神明想告訴你一直找不到工作的原因為何。

❷如果現在有工作，神明就是在告訴你這個工作未來的發展性，做為你進（留下來繼續努力）退（另謀高就）之間的重要參考依據。

五、婚姻籤

神明若指示要抽婚姻籤，有三個重點要留意：

❶如果現在未婚也沒有對象，那籤詩就是在講你的紅鸞星運何時會動，紅鸞星運開始走，就是姻緣時機到了；但也有可能是在講至今還沒對象的原因。

❷如果現在未婚，但已經有對象，有可能是神明要告訴你，雙方的緣分、未來如何相處，或者是兩人現階段的問題在哪。

❸如果已經結婚，神明就是在告訴你，這段婚姻現階段的問題和未來的發展，讓你做為參考。

六、身體籤

神明若指示要抽身體籤（前提是已經看過醫生），有三個重點要留意：

❶神明要讓你知道：身體方面的問題是否受到欠點影響（抽到的籤詩若歸納在欠點的話，就表示當中有欠點）。

❷若沒有欠點，那就是神明要讓你知道身體的狀況，以及身體狀況會在哪個時間點開始改善。

❸如果沒有任何欠點，下一步可以請神明指示貴人、醫院。

七、欠點籤

神明若指示要抽欠點籤，有兩個重點要留意：

❶神明要讓你知道造成這件事情不順遂的主要原因，以及當中的複雜程度。

❷抽到欠點籤時，別忘了繼續請示神明欠點是什麼。

八、本運兼家運籤

神明若指示要配對本運兼家運籤，有以下三個重點要留意：

❶你所問之事的本運如果不順遂，可能跟家運有連帶關係。

❷如果當中有欠點，神明要讓你知道你的本運是被家中的欠點所影響。

❸這個欠點也同時會影響到家中的成員。

九、本運兼事業籤

神明若指示要配對本運兼事業籤，有以下三個重點要留意：

❶神明要讓你知道，你目前的工作跟你的本運有連帶關係。

❷神明要讓你知道你現階段的處境與局勢。

❸若你目前有工作，在你做出該進、該退或維持現狀的決定前，神明要給你一個重要參考指標。

十、本運兼婚姻籤

神明若指示要配對本運兼婚姻籤，有以下三個重點要留意：

❶神明要讓你知道，現在的婚姻狀況跟你的本運有連帶關係。

❷神明要具體的讓你知道問題點在哪裏。

❸不管現在有沒有結婚，或者有沒有對象，神明都是在告訴你，你目前的想法及心態，跟姻緣時機或現階段的問題有關連性。

十一、本運兼身體籤

神明若指示要配對本運兼身體籤（前提是你已經看過醫生，卻都找不到問題或沒有改善），有以下四個重點要留意：

❶神明要讓你知道，身體方面的問題跟你現在的本運有關連。

❷你的本運如果有欠點，必須先把欠點找出來，身體才會好。

❸如果沒有任何欠點，就是神明要讓你知道哪個時間點可以遇到貴人。本運再加上遇貴人的時機到，身體方面的狀況就會漸漸改善。

❹神明要讓你知道你現在的本運走向，如果走向偏低，那就要多注意身體方面的問題，出現任何症狀都不要拖，要盡快看醫生。配對到身體籤的時候，本運的高或低可比喻成一個人免疫力的強或弱。

十二、本運兼欠點籤

神明若指示要配對本運兼欠點籤，有以下三個重點要留意：

❶神明要讓你知道，這段時間的運勢不順，主要原因是因為當中有欠點。
❷這個欠點也會影響到你的其他地方，比如事業、婚姻等等。
❸既然神明告訴你欠點是主要的原因，就要把主因找出來解決，之後才有運可走。

十三、家運兼事業籤

神明若指示要配對家運兼事業籤，有以下三個重點要留意：

❶神明要讓你知道，你目前的工作跟你的家運有連帶關係。
❷神明要讓你知道，做決定前應該先考量一下家裏的狀況。
❸在你做出決定前，神明要給你一個重要的參考指標，並提醒你是否應該先跟家人商量。

十四、家運兼婚姻籤

神明若指示要配對家運兼婚姻籤，有以下四個重點要留意：

❶神明要讓你知道，你現在的婚姻狀況跟你的家運有連帶關係。
❷神明要具體的讓你知道，問題點跟家庭環境、成長背景有關連性。

❸不管你現在有沒有結婚，或者有沒有對象，在做感情上的決定之前，要把家庭因素考量進去。
❹神明在告訴你：做決定之前，或許可以先跟家人商量。

十五、家運兼身體籤

神明若指示要配對家運兼身體籤，有以下五個重點要留意：

❶神明要讓你知道，身體方面的問題跟你的家運有關連。
❷你的家運如果有欠點，這個欠點將會影響、或已經影響家中的成員，須先把欠點找出來，身體、運勢才會好。
❸如果沒有任何欠點，就是神明要指示你，你的身體狀況跟你在家中的作息或飲食有關，如果可以改善，身體方面的狀況就會漸漸好轉。
❹如果沒有任何欠點，也可能是神明已經查到在你的家人當中，有人可以指引你一個方向，而這個方向就是你的貴人方向。

十六、家運兼欠點籤

神明若指示要配對家運兼欠點籤，有以下三個重點要留意：

❶神明要讓你知道，家中的不順已經有一段時間了。
❷神明要讓你知道，你的運勢不順的主因是家中有欠點。

③這個欠點不只會影響到你，也會影響到你的家人。

④既然神明告訴你欠點是主要的原因，那就要先把它給找出來，等到欠點解決了，家運才會變得比較順。

如果十六組配對都得不到三個聖筊……

你可能會問，只有十六種配對嗎？

當然不是，只是這十六個是最常用到的。其餘的配對如「想法」、「心態」、「理念」，或者是再加上年度，比如「今年上半年」、「今年下半年」等，這代表神明還要更精準地告訴你時間點，而這個時間點是籤詩中沒有說出來的。

所以，當你求神明出籤詩，十六個配對法卻都沒有得到三個聖筊的時候，就必須再思考其他的配對項目。

❶ **範例一**

請神明出事業籤得到兩個聖筊，接下來你可以問說：「是要給弟子或信女事業籤沒錯，但要給的是本運兼事業籤嗎？」或許這樣就有三個聖筊了。

❷ **範例二**

請神明出本運兼婚姻籤得到兩個聖筊，接下來你就可以問說：「是否要給弟子或信女本運兼婚姻籤沒錯，但要給的是今年上半年的本運兼婚姻籤？」或許這樣就有三個聖筊了。如果改成這樣問後得到了三個聖筊，那解籤就是要朝以下方向解：**今年上半年（時機點：農曆一至六月）＋本運＋婚姻**

籤詩最常見的十六組配對

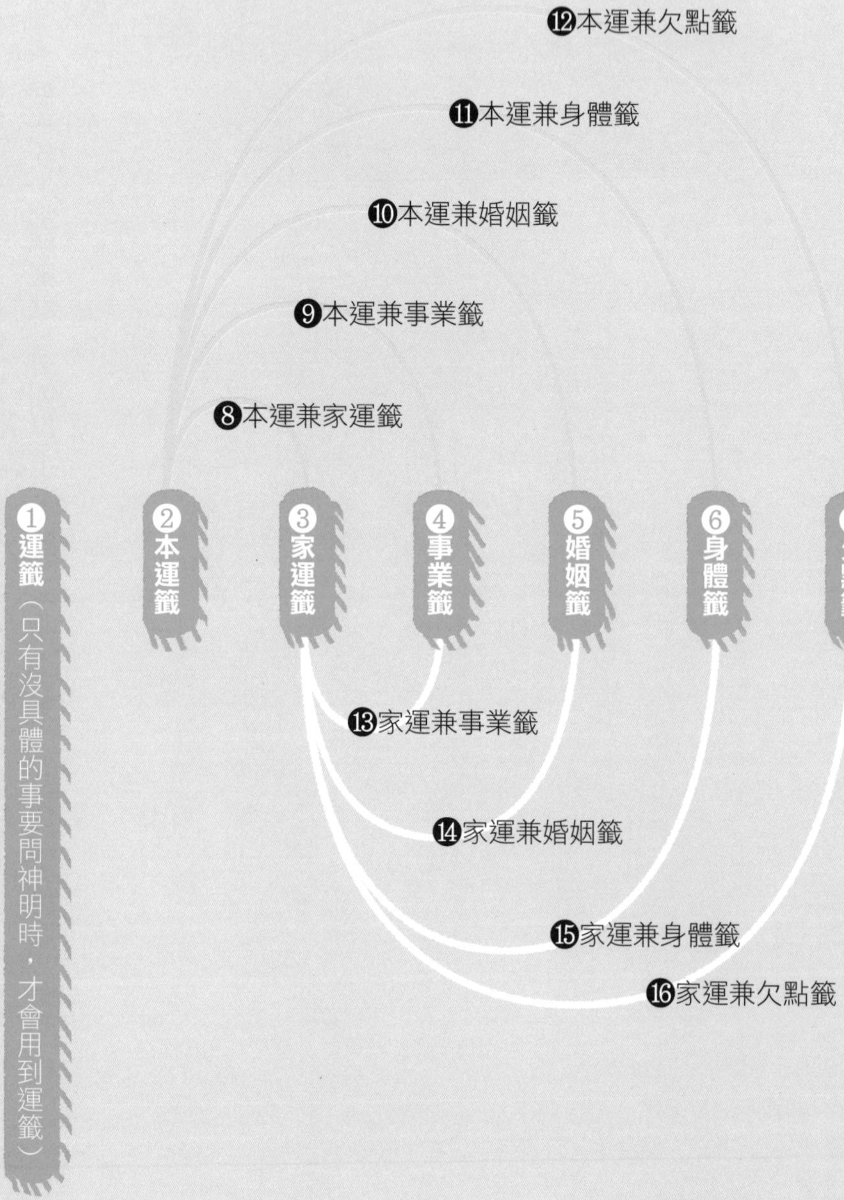
⓬本運兼欠點籤
⓫本運兼身體籤
❿本運兼婚姻籤
❾本運兼事業籤
❽本運兼家運籤
①運籤（只有沒具體的事要問神明時，才會用到運籤）
②本運籤
③家運籤
④事業籤
⑤婚姻籤
⑥身體籤
⑦欠點籤
⓭家運兼事業籤
⓮家運兼婚姻籤
⓯家運兼身體籤
⓰家運兼欠點籤

參

解雷雨師百首籤詩
一定要先知道的關鍵

解雷雨師百首籤詩有三大竅門，先了解竅門，學習解籤就比容易融會貫通、舉一反三，沒有什麼案件可以難得倒你，更重要的是你所解出來的籤都是引經據典，説服力很強。

重點中的重點

我記得我在美國念博士班的時候，有一個學期修一門「研究」的課，這門課主要是在教如何做研究。有念過研究學這門課的人都知道，研究有分二種，一種量化研究，一種是質性研究。量化注重數據的分析，質性則著重於定性研究，比如問卷式訪談研究、論述分析或民族誌研究……等。

我印象很深，在上質性研究的第一堂課時，研究學的老師叫所有同學往窗戶外看，然後寫下自己所看到的。我們那班總共有十五個國際博士學生，每個人寫出來的答案都不一樣。老師說：「這就是質性研究不同於量化研究的地方，量化研究做出來的數據一就是一，二就是二，數值結果十分明確，是讓數據說話來做結論，不容摻雜個人主觀判斷；而質性研究非關數據，可以容入個人的觀感，因為只要是人，就有自己的觀感、論述、想法、主觀、偏見，所以質性研究就比較容易受到挑戰與質疑，因為答案會非常的『多元』。」

同樣的，解籤也屬於質性研究，沒有統計數據，所以答案很「多元」，因為我們是人，面對一張籤詩時，就可能帶入自我的觀感、論述、想法、主觀、偏見。然而，多元歸多元，想法歸想法，你還是必須要引經據典，拿出有力證據來分析說明，絕不能胡說八道，亂扯一通，然後就說這是我的想法——這種沒有專業知識的解籤，是會害人又害己的。

王博士小講堂

因為我們是人，所以在面對籤詩時可能會帶入自我的觀感、論述、想法、主觀、偏見，導致解出來的答案很多元。然而，多元歸多元，想法歸想法，解籤的時候還是必須要引經據典，拿出有力證據來分析說明——依據正確的軌道和知識來解。

這就是現今臺灣解籤的一大問題，很多人總是想把雷雨師百首籤詩解得很精準、解得很深入，甚至想解得很淋漓盡致，但卻往往事與願違，這是為什麼呢？因為太多元。那為什麼多元呢？因為沒有一個「軌道可依循」，沒有一個「知識可依據」。

接下來的重點就是要講這個軌道與知識，這個軌道就是真正解雷雨師百首籤詩的竅門所在。只要先知道竅門，接下來再來讀本書內容，就比較容易融會貫通，舉一反三，沒有什麼案件可以難得倒你，更重要的是你所解出來的籤都是引經據典，說服力很強。竅門有三：

❶ **一定要先知道籤詩的歷史典故。**

❷ **籤詩詩句做輔助解釋。**

❸ **要千變萬化，也要萬變不離其宗。**

雷雨師百首籤詩三大解籤竅門

現在要開始教導大家把雷雨師百首籤詩解得出神入化的竅門所在。只要了解當中的訣竅，我相信你一定可以成為一位當代解雷雨師百首籤師的高手。

竅門1 一定要先知道籤詩的歷史典故

想要學會解雷雨師百首籤詩的人，一定要知道每支籤詩的歷史典故，因為雷雨師百首籤詩的詩句比六十甲子籤詩的詩句難懂，也比較深奧，如果只是一昧的鑽研詩句的涵義，無法把籤詩解得很完整。所以，口訣是——歷史典故為主，詩句為輔，二者必須要相互運用。

為什麼歷史典故很重要，舉個例好了：

第十八籤　中平　乙辛　孟嘗君招賢　【歸納：個性】

知君指擬是空華，底事茫茫未有涯，

牢把腳根踏實地，善為善應永無差。

今天如果你只知道看詩句，頂多只能回答「神明要告訴你，很多事如空幻般，一切要腳踏實地，這樣就永遠不會有差錯」等等。

但是，這支籤詩只能這樣回答而已嗎？解籤如果解成這樣，簡直是有解等於沒解、有說等於沒說——誰不知道做人要腳踏實地？

會來向神明問事的人，大多都已經遇到困難或麻煩，**這些人希望能知道「問題在哪」並得到「解決之道」，而不是來聽你「說教」**。

所以，若想要把乙辛籤解得更深入，就非得仰賴歷史典故「孟嘗君招賢」裏面的知識。

孟嘗君是戰國時代四大公子，他門下食客三千，門客雖多，但大多是一些雞鳴狗盜之徒。這些人雖然曾助他逃出秦國，但大多沒有什麼正面的功能與幫助，所以後代一些名士（如王安石）在評論孟嘗君時便說孟嘗君頂多是一個雞鳴狗盜的領導者，真正的賢人是不會去投靠他的。

很明顯的，「孟嘗君昭賢」這個典故的重點是在講：**孟嘗君所招的這些門客，都是一些幫助不大、沒什麼作用的人，甚至還有可能被這些人所連累**。因此，當你要解這支籤，首先就必須要懂得這個歷史，因為解籤的方向要著重於典故，其次再用詩句來輔助解釋。接下來，就用一個真實案例來說明。

曾經有一位媽媽來問她兒子的學業，這孩子目前念高中二年級，已有一段時間功課都無法進步，學習欲望也不是很強烈，甚至有時候早上還不想去學校，所以這位媽媽到一間關聖帝君廟求教於神明，並抽到了這支籤詩。

這支籤詩該怎麼解呢？還沒正式解籤前，大家心裏面多少要有個概念——首先著重在歷史典故「孟嘗君招賢」。

解籤↓典故分析

沒錯，以典故來看，我們可以推論她兒子在學校交到一些不好的同學或朋友，並且已經影響到功課與學業了。為什麼呢？根據的就是典故中所講的——孟嘗君門客的情況、素質不良，所以我斷定她兒子已經交到一些不適當的同學與朋友，而且被這些人所影響。

竅門2 籤詩詩句做輔助解釋

知道應用歷史典故之後，接著就是以詩句做輔助解釋——也就是典故與詩句交叉應用，這樣解籤就可以解得很深入、很完美，甚至洞悉天機都有可能。

除此之外，還有一個必須注意的重點：**雖然籤詩的詩句並不一定要每句都解釋出來，但是重點一定要抓到**。

解籤↓典故和詩句交叉應用

歷史典故加詩句來輔助解籤，就可以更深入地解成：

「你兒子的學業一直無法進步，學習欲望也不是很強烈，甚至有時候早上還不想去學校的主要原因，是交到一些不是很恰當的同學及朋友。你現在要做的應該是先了解他的交友圈，因為這是根本問題，一旦發現朋友圈真有問題，要趕緊介入，然後慢慢導正他，灌輸他選擇朋友及同學的重要性，告訴他如果現在把心思都放在跟同學玩樂而放棄學業，到後來人生會有所遺憾，變成一場空（知君指擬是空華，底事茫茫未有涯）。一旦能夠想通這一點，他才會如過去一樣，腳踏實地、按部就班地把心思放在學業上，如此一來，就不會再出什麼差錯（牢把腳根踏實地，善為善應永無差）。」

讓當事人自己講出「我該念書了」，而不是你講「你該念書了」

問題找出來之後，接著就要解決問題：情感上的問題的解決之道。這一個案件，不比處理欠點，處理欠點只要神明願意處理，那就不必太過擔心，而這一件案件是教育孩子的問題，就某種程度上也屬於情感上的問題，也就是說——另一方在情感方面無法接受你，你說再多，他都聽不進去。

神明在我閉關時教過我，只要是屬於情感上的問題，就必須舉出很多案例給當事人了解，這自然會創造出一個氛圍，而這個氛圍的用處就是要讓當事人自己講出：「我應該要好好念書了！」而不是你告訴他：「你要好好的念書！」和你告訴他相比，讓當事人自己頓悟並講出來，效果大大不一樣。

這位媽媽回家後，先營造一個愉快的氣氛，誠懇地跟孩子聊天。果然，她兒子先自己講出來他確實交到一些不是很適當的朋友，有時還會一起翹課、逃學，整個心思漸漸遠離學業。後來經過她一番開導，舉了很多「書到用時方恨少」、「少小不努力，老大徒傷悲」的案例，她兒子自己也漸漸想通了，最後他很懂事地對她說：「媽，我應該要開始念書了。」這一句話不就是為人父母最希望聽到的嗎？讓人很高興的是，一年以後，這個原本快要走偏的孩子已經是醫學系的高材生了！

神明不會輕易放棄一個人，神職人員也應該一樣

除了這一個教育案件，我也用過神明教的這個方式處理過一名失婚想要自殺的婦女，最後成功的讓她自己頓悟講出：「我是該放下了。」所以，重點在於——在對方情感上無法接受你的情況下，你講一百次要放下，效果都非常有限。

在神明的眼中，沒有一個人是無藥可救之人，也更不會去放棄任何一個人，因為只要時間與空間契合了、因緣成熟了，任何人都有可能脫胎換骨，成就之大可能會超乎眾人的想像。所以，當一個神職人員，不要輕易地去放棄一個人。

竅門3 要千變萬化，也要萬變不離其宗

雖然這本書上的每一支籤詩都有八大方向的解籤說明，但是我所寫的只是一個大概，如果要很精準地解籤，還是要看每個案件的狀況和複雜程度，不同的狀況和複雜程度，所解出來的答案都會不同。

所以，八大方向是給你一個基本的軌道方向讓你依循，主要還是要看案件來做修正與變化，但要注意——雖說是千變萬化，但也不能變過頭，最終還是要萬變不離其宗。舉例來說：

第三十籤　中吉　丙癸　柳毅傳書　**【歸納：目前雖有阻礙，但有貴人相助＋時間點】**

奉公謹守莫欺心，自有亨通吉利臨，
目下營求且休矣，秋期與子定佳音。

抽到這一支籤詩的人想要來問婚姻，八大方向裏面的姻緣只說到：與另一半若感情面臨僵持不下的窘境，勿再以憤怒情緒讓氛圍更不好，立秋後有機會藉由親友化解衝突難題……等等。但事實上，還有一個姻緣的重點沒有寫在八大方向裏面，那就是抽籤的人的正緣，也許要找「第二春」的人，如喪偶、離婚等。

為什麼呢？

因為根據籤詩典故，三公主當時已經嫁給勁水龍王的十太子，最後再嫁給柳毅，這就是在隱喻「第二春」。那麼，我為什麼沒寫在八大方向裏面的姻緣呢？這是因為我必須考慮到，如果寫了進去，會不會讓找姻緣而抽到這支籤詩的人誤會自己的姻緣「一定」在第二春的人裏面——也許是，也或許不是，但如果不是第二春，那誤會可就大了。

這個例子就是我所強調的，一定要從歷史典故裏面去看出端倪，然後再千變萬化，但也不能變過頭，最終還是要萬變不離其宗。

很重要，所以要再講一次——

❶ **一定要先知道籤詩的歷史典故。**

❷ **籤詩詩句做輔助解釋。**

❸ **要千變萬化，也要萬變不離其宗。**

只要把握這三個竅門，我相信你不但可以成為一位當代解雷雨師百首籤詩的高手，還能幫助一些需要幫助的人，甚至有朝一日，你在解籤這個領域已經有所成就時，更能把你所會的、所領悟到的再傳承給下一代，讓我們後代子孫一代比一代強，這不就是宗教所提倡的「自渡而後渡人」的精神所在嗎？

讓我們一起把宗教發揚光大吧！

肆

雷雨師
一百籤詩詳解

接下來，將進入正式的解籤的部分，除了解析籤詩的典故、內容、關鍵字詞，並針對問事求籤常問的八件事做簡要的說明，讓你得以更加輕鬆解讀籤詩，但別忘了，要精準解籤，還是要看所問的問題和狀況來深入解析。

籤頭

歸納 不是大好就是大壞

籤頭百事良，添油大吉昌，萬般皆如意，富貴福壽長。

家運　家中運勢目前都很平順，兄友弟恭，父慈子孝，和樂融融。

本運　本身的運勢正處於高峰，請好好把握與運用這一段正強的運勢。

姻緣　已婚者家庭美滿幸福。未婚沒對象者將有一個很好的機會出現，要好好把握此天賜良緣。未婚有對象者感情穩定發展，但要注意對另一半勿太過強勢。

事業　目前運勢正強，可以幫助你的事業鴻圖大展。

學業　領悟力很好，考運也很強。要參加考試者，現在正是時候。

健康　如果是年輕人抽到籤王，身體即將康復；如果是老人及重症患者抽到籤王，則要特別注意，因為「時間可能已經快到了」。

求子　有機會懷孕，但要請神明幫忙。求子而抽到籤王者，建議求玉皇上帝、送子觀音或註生娘娘賜一個孩子給你，會更有機會。

財運　正財事業、投資理財都是好的時機，但要量力而為。

問神達人解籤

❶抽到這支籤詩時，神明是要告訴你：此事會有好的發展，神明也會幫助你。

❷如果這支籤詩是配對在個性，表示你可能太過主觀，很難將別人的話聽進去，雖然如此，神明說的話卻有可能聽得進去。神明的神通雖能幫你達成願望，但祂會先保留幾分，端看你要不要繼續問下去。如果你聽不進去，自然就不會再繼續請示，而以自己的意見為主；如果你聽得進去，就會再問下去，以神明的意見為主──也就是說，改掉太主觀的缺點，神明就會讓此事有好的發展。當時神明教我：抽到籤頭而又配對在個性時，就是在說當事人的個性很主觀，所問之事的結果將會因為個性是否調整而落在極端值的兩邊。

❸生病的老人或是重症患者抽到這支籤詩時，表示他的時間可能已經快到了。

POINT 抽到這支籤詩後，你必須……

當生病的老人或重症患者抽中此籤，建議再繼續請示神明，大概還剩多久的時間。問出來後可以請求神明幫忙，讓當事人在人生的最後一段路上不要太痛苦，別再拖著病體或再受折磨，如此一來，當事人便能走得比較安詳。

大　第 1 籤　吉

甲甲

漢高祖入關

巍巍獨步向雲間，玉殿千官第一班，富貴榮華天付汝，福如東海壽如山。

歸納　時機已到，順勢而為

家運　家中運勢逐漸興旺，全家和樂融融，福運臨門。

本運　運勢已經開始爬升、機運來臨，請好好把握時機並加以規劃，努力堅持下去，成功將指日可待。

姻緣　已婚者家庭幸福美滿，夫妻之間緊緊相繫，彼此扶持、分享，溝通良善。未婚有對象者與另一半感情穩定成長，可進一步著手規劃兩人的未來。未婚沒對象者的好姻緣機會即將出現，請好好把握，別讓真愛擦身而過。

事業　目前運勢轉強，事業、職場表現將如日中天，好好努力能達巔峰。

學業　學習、領悟力增長，考運逐漸轉強，若能夠認真準備，有機會考取理想成績，進入理想的學校。

健康　過去身體方面如有一些症狀還未痊癒，別擔心，找到貴人醫生的時機已經到了，康復指日可待。

求子　現在正是求子的好時機，請好好把握這一波的好「孕」氣。

財運　財運走強，正財有穩定收入，偏財方面投資準確。

籤詩典故

漢高祖劉邦，因自家鄉沛縣起義反秦，被人尊稱為「沛公」。秦朝末年，政法苛暴，導致天下皆叛，群雄並起。當時，反秦起義軍領袖之一的楚懷王，與項羽及劉邦立下「懷王之約」，許諾先入關（指秦國首都）的將領可為「關中王」。

劉邦說服了把持秦朝國政的丞相——趙高背秦降楚，趙高因而先殺秦二世胡亥，後立子嬰為秦王，但秦王子嬰即位沒幾天就殺了趙高。劉邦趁秦兵毫無防備之際，令周勃帶兵繞道嶢關偷襲秦軍，大獲全勝。子嬰見大勢已去，便下令開城門，用繩索套著脖子，手捧玉璽，投降劉邦。劉邦正式接受子嬰的投降，並率領所屬軍隊進入咸陽城，之後廢除秦朝一切苛法，與咸陽城百姓約法三章，以安民心。

問神達人解籤

這支籤詩的重點在：楚懷王曾許諾項羽及劉邦，誰先入關者可為關中王，而劉邦帶領軍隊奮鬥一段時間後，率先進入咸陽城，成為關中王。

POINT 抽到這支籤詩後，你必須……

若抽到這支籤詩時要問的事已經開始做了，那就表示神明要你不用擔心，因為現階段時機已經到了，只要堅持下去，成功指日可待，要好好把握這一波難得的機運。

相對的，若抽到這支籤詩時事情還沒開始做，那就是神明要告訴你：現階段時機已到，可以好好開始規劃並著手進行，成功為期不遠了。

上 第2籤 吉

甲乙

張子房遊赤松

歸納 適可而止

盈虛消息總天時，自此君當百事宜，若問前程歸縮地，須憑方寸好修為。

家運　家運雖沒大富大貴，但也安穩無憂、平順和樂。

本運　運勢穩定，比上不足，比下有餘。配合時運順勢而為、不強求，就能平順。

姻緣　已婚者婚姻平實而穩定，但互相依靠及支持勝過追求浪漫與激情。未婚有對象者要注意，騎驢找馬未必能找到比現在更好的另一半，珍惜眼前所愛更能咀嚼出愛的韻味。未婚沒對象者找尋對象時標準不要訂太高，才能有更多機會。

事業　目前的位階或布局正適合你，維持現況會比再往上爬或換工作來得穩定。

學業　在選取學校或考取單位上，依目前實力發揮會有比較好的表現；目標若訂太高，會比較吃力。

健康　身體若有不適，與醫生配合、治療，會比心急亂嘗試偏方更能快一點康復。

求子　別給自己太大壓力，順其自然、放鬆心情，較能受孕成功。可進一步請示神明求子的時機點及貴人醫院，會對求子更有幫助。

財運　雖然不是財運沖天，但正財有平穩收入。偏財不可強求，過於貪心反而容易破財。

籤詩典故

張良，字子房，原來是韓國貴族，在博浪沙與高力士刺殺秦始皇失敗後便隱姓埋名。後來，張良受黃石公贈送《太公兵法》，並依此輔佐漢高祖劉邦，贏得楚漢相爭最後的勝利。《通鑑》記載，劉邦定都長安後，張良並不想為官——或許是因為不想捲入宮廷鬥爭而鳥盡弓藏、兔死狗烹——而執意求去，一心只想追隨赤松子，探求長生不老之藥。

後來史學家認為，與韓信、彭越這些漢朝開國元老的下場相比，張良堅拒漢高祖賞賜的三萬戶大邑，自願受封於留邑，可說是相當有先見之明。

問神達人解籤

這支籤詩重點是在講張良輔佐劉邦贏得勝利後，不願當官，一心求去，不僅讓自己全身而退，更是流芳百世。

POINT 抽到這支籤詩後，你必須……

若抽到這支籤詩時要問的事還沒有開始做，那就表示神明要告訴你：你現在內心比較傾向要著手執行，或者繼續往上爬，但以現階段來說，維持現狀對你比較好——雖然可能不能像其他人那樣高官厚祿、名聲顯赫，但至少可以無憂無慮、安穩地過日子。

相對的，如果你要問的這件事已經做了，那就表示神明要告訴你：這件事差不多已經快要到達頂端，不能再往上爬，維持現在的高度就可以了，因為這相對來說比較穩妥，如果堅持要一直往上爬，結果也不會比現在更好。

中 第3籤 吉

甲丙

賈誼遇漢文帝

衣食自然生處有，勸君不用苦勞心，但能孝悌存忠信，福祿來成禍不侵。

歸納　需要有耐心等待貴人相助

家運　家中的運勢目前平順，如果需要做任何重大改變，建議諮詢有經驗的人士較保險，成功機率也比較高。

本運　做任何事若能慎選合作對象或是找到有才之人，這個人選不僅能助你運途順暢，還能成為你這一生難得的知己。

姻緣　已婚者婚姻幸福，與另一半身、心、靈契合，是難能可貴的伴侶。未婚有對象者請珍惜身邊這位伴侶，在性格及相處上，正是最適合你的人。未婚沒對象者若有認識不錯的人選，可請示神明是否為你的正緣，若是正緣，就千萬別錯過這個千載難逢的好姻緣；除此之外，若是正緣，不用太過於介意年紀。

事業　若有想推動專案或想創業，萬事俱足只欠「人事」的東風。只要能找到跟你相輔相成的得力助手，就能順利推動。

學業　找對老師或前輩，能助你在學業或求取功名上更有方向及技巧，更能事半功倍。

健康　身體若有狀況，要找到貴人醫院及貴人醫生來對症下藥，身體才能康復。建議可以請示神明，詢問你的貴人醫院在哪裏。

求子　除了遵循貴人醫生的診治，可求註生娘娘幫忙以增加受孕的成功率。

財運　正財方面穩定發展，若投資則要多諮詢專業人士。投資理財上找對合資對象或夥伴，能有獲利機會。

籤詩典故

漢文帝劉恆即位後，開始徵求有賢德、有才能且敢直言進諫的人來輔佐他治國。洛陽少年賈誼雖年僅十八歲，仍憑聰穎的天資和豐富的學識而獲得漢文帝賞識，被漢文帝命為博士官，做為治國時的諮詢、顧問。

賈誼對國家有一腔的熱血，貢獻許多很好的建議，對國家的治理、政績都相當出色，當時漢文帝與賈誼幾乎是形影不離。

只不過，賈誼雖然受到漢文帝賞識，但朝中眾多老臣卻認為賈誼太年輕，反對漢文帝重用賈誼，於是漢文帝把賈誼貶到長沙，希望賈誼能再歷練歷練。可惜的是，賈誼沒能理解漢文帝的苦心，常常憂傷哭泣。

賈誼回京後擔任漢文帝幼子劉揖的老師，一天，劉揖因騎馬不慎，墜馬而死，賈誼得知後傷痛欲絕，最後鬱鬱而亡，享年僅三十三歲。

問神達人解籤

這支籤詩有兩個重點：

❶講漢文帝得到賈誼的輔佐，而把國家治理的相當出色，更具體一點來說，不管你是漢文帝或賈誼，都將會遇到或都需要遇到自己的貴人、知己，彼此相輔相成，終能成就大業。

❷蘇東坡在〈賈誼論〉講過，「人要有才能不是一件難事，使自己的才能真正施展開來才是最不容易的事。」可惜的是，賈誼雖有宰相之才，卻沒有辦法施展自己的才能。因此，想要達到長遠的目標，就一定要學會「等待」；想要成就偉大的功業，一定要學會「忍耐」。

POINT 抽到這支籤詩後，你必須……

假使抽到這支籤詩時要問的事還沒有開始做，那就表示神明要告訴你：這件事可以做，但是必須有耐心，應等到人事方面的布局完成後再進行——要先找一些可以協助你的人，這樣成功率就會提高。

相對的，如果你要問的這件事已經做了，但不是很順利，那就表示神明要告訴你：不順利的原因在於你在找到有能力者協助前就急著執行，導致你心有餘而力不足。現在，你要有耐心，趕緊找到得力助手來幫忙，之後就會有不同的光景。

除此之外，如果你問的是婚姻對象而抽到這支籤詩，那則是表示你所問的對象雖然年紀跟你有點差距，卻是你的正緣，不論是個性、性格，都可以跟你相輔相成。

下　第4籤　下

甲丁

小秦王三跳澗

去年百事可相宜，若較今年時運衰，好把瓣香告神佛，莫教福謝悔無追。

歸納　時機已過，保守以對，切勿躁進

家運　家運在今年開始走弱，保守行事會比較好，若有重大決策，建議請示出起運時間點後再來執行比較保險。

本運　今年運途不如去年，最佳時機已過，推動任何事務比較力不從心。現階段以守成為上策，躁進容易陷入泥沼，建議請示出運勢何時會轉強。

姻緣　已婚者今年與另一半相處，應避免爭執，若有意見不合，應了解彼此的爭執點，良善溝通有助於提升婚姻中的免疫力。未婚有對象者若對另一半有看不慣的地方，勿當頭棒喝予以指責，這會對彼此造成傷害，屆時可能需要費好大一番功夫才能夠讓感情回溫。未婚沒對象者今年認識新對象的機會較少，建議多充實自己的內、外在，等到姻緣運勢來臨時，必能桃花朵朵開，可請示神明正緣出現的時間點。

事業　事業運勢開始下滑，升遷機會較低。請小心謹慎、專注在自己負責的事務，勿介入非份內之事，才能自保。若有想推動之計畫，建議等到起運後再來執行，可請示神明事業起運的時間點。

學業　學習較不進入狀況，考運偏低，但沒有關係，只要有意志力，仍可撐過低潮期。

健康　病痛還需一些時日才能治癒，要耐心配合貴人醫生好好治療，病情有望獲得控制。

求子　今年不是求子的好時機，可請示神明求子的時間點，配合時運進行較能成功。

財運　今年財運不佳，正財方面應減少不必要的開支。偏財方面，不宜投資。

籤詩典故

小秦王指唐太宗李世民。李世民因隋末軍閥劉武周「軍無蓄積，以虜掠為資」而請纓出戰，他率軍一路追趕劉武周到呂州，曾經一日之內接連八場激戰。有一次，李世民在途中經過兩山之間的小水流時，不小心被劉武周的部將突襲，李世民三跳溪澗而逃，遇到秦叔寶才獲救。

問神達人解籤

這支籤詩的重點是：李世民知道敵方劉武周條件不佳，一心想要戰勝對方，卻因為有些情況沒有考慮清楚，結果被劉武周的部將突襲，逼得李世民三跳溪澗而逃，好在最後遇到了秦叔寶，有驚無險。

POINT 抽到這支籤詩後，你必須……

若抽到這支籤詩時要問的事還沒有開始做，那就表示神明要你先不要做，因為你做這件事的時機已經過了。籤詩的前兩句「去年百事可相宜，若較今年時運衰」已經說明了：最好的時機點是在去年，你的運勢在去年比較強，做起事來成功機率自然會比較高；但是到了今年，你的運勢偏低，人一旦運勢低，不是比較遇不到貴人，就是會跌跌撞撞、坎坎坷坷。因此，還是不要太冒險比較好。

相對的，如果要問的這件事已經做了，那就表示神明要告訴你：既然已經做了，那就再等待一些時間吧！事情仍有轉圜的餘地，貴人還是會出現，只是還不知道要多久。在等待的這段期間會辛苦一點，要好好發揮你的抗壓性。

此外，你應該還要特別要注意：假使抽到了這支籤詩，最好再繼續請示神明運勢會在什麼時候轉強，讓你心裏有個底，這樣才不會無所適從。

建議你可以從抽籤詩的那一個月問起，看哪一個月有出現三個聖筊，那就是運勢轉強的時機點了。

中　**第5籤**　平

甲戌

呂蒙正守困

子有三般不自由，門庭蕭索冷如秋，若逢牛鼠交承日，萬事回春不用憂。

歸納　時間點──農曆1月15日至農曆2月15日

家運　家人凝聚力不足，紛爭及矛盾較多，農曆1月15日至2月15日間才能得到解決。

本運　運途低落、四處碰壁，讓你飽受折磨，只要撐過去，農曆1月15日至2月15日之間就會有轉機出現，屆時，想做之事較能順利推動。

姻緣　已婚者陷入婚姻低潮，身心俱疲，勿因為衝動而做出後悔的決定，正視雙方問題、溝通跟調整，給彼此機會，農曆1月15日至2月15日間有望雨過天晴。未婚有對象者與另一半關係惡化，應多忍讓，相知相惜，才能找回幸福感，農曆1月15日至2月15日間有望修復感情。單身者的姻緣時機未到，勿自我否定、灰心，這不是你的問題，而是機運還未到，農曆1月15日至2月15日間積極參與社交活動，有機會找到新戀情。

事業　事業力不從心，怎麼努力都不見成果，請勿灰心、失志，農曆1月15日至2月15日之間時機一到，你就能運籌帷幄、大展長才。

學業　學習無法進入狀況，常因抓不到學習重點而導致成績未如預期，農曆1月15日至2月15日間學習就能比較上軌道，學習力方面會轉強。

健康　健康不盡理想，病痛遲遲無法治癒。農曆1月15日至2月15日之間較能尋求到貴人醫院及醫生幫助，讓病情獲得控制、減輕病痛。

求子　求子屢受挫折，造成身、心、靈陷入煎熬，應放寬心情，等農曆1月15日至2月15日的時機到時，求子較有機會。

財運　財運不佳，就算有收入進來，也容易因為一些事而沒留住，可以祈求神明，看能不能幫忙補個財運。偏財方面保守為佳，若要投資，農曆1月15日至2月15日之間比較有機會獲利，或利用這段時間做規劃會比較完善。

籤詩典故

「馬有千里之行，無人不能自往；人有凌雲之志，非運不能騰達。」這句話正是在闡述呂蒙正的命運。

呂蒙正是宋朝的宰相，在尚未高中狀元前是一名流落街頭的乞丐，無論走到哪裏，都遭人白眼。在經歷一段不是常人可以忍受的磨練與磨難後，呂蒙正最終高中狀元，成為宋朝宰相。

問神達人解籤

這支籤詩的重點在說呂蒙正還沒中狀元前的那種困境——走到哪裏都被人瞧不起，看盡世間的人情冷暖，這種身、心、靈不斷遭受打擊的痛苦，實非常人所能承受！然而，只要等到時運一到，一切都會改觀。時間點在「若逢牛鼠交承日」，鼠是一月，牛是二月，「交承日」指一月跨二月的中間，比較保險的算法是一月十五日至二月十五日這段期間。

POINT 抽到這支籤詩後，你必須……

若抽到這支籤詩時要問的事情還沒有開始做，那就表示神明要你先不要做，因為現在還有困境，農曆的一月十五日至二月十五日之間才是時機點。

相對的，如果要問的這件事已經開始做了，那就是要稍微先忍耐一段時間，並不是不會有轉機，較好的機運是在農曆的一月十五日至二月十五日之間。

此外，還要請大家注意，如果你抽到籤詩的時候，已經超過二月十五日了，那就表示時間點是在隔年的「牛鼠交承日」。

解籤小技巧

籤詩文的時間判斷

籤詩上所顯示的時間點都是農曆，在月份的提示上，比較常以地支或生肖二種形式出現，在算法上的重點如下：

如果籤詩的時間點是以「地支」紀月——子、丑、寅、卯等……，那麼：一月為寅月，二月卯月，三月為辰月，四月為巳月，五月為午月，六月未月，七月為申月，八月為酉月，九月為戌月，十月為亥月，十一月為子月，十二月為丑月。

但如果籤詩的時間點是以「十二生肖」呈現，那就要以生肖排序來推算月份，那麼：鼠為一月，牛為二月，虎為三月，兔為四月，龍為五月，蛇為六月，馬為七月，羊為八月，猴為九月，雞為十月，狗（犬）為十一月，豬為十二月。

這種算法是解對籤詩的奧妙關鍵，大家一定要熟記在心中，以免混淆。

下　第6籤　下

甲己

相如完璧歸趙

何勞鼓瑟更吹笙，寸步如登萬里程，彼此懷疑不相信，休將私意憶濃情。

歸納　人為因素

家運　因家運低迷而導致家人之間的相處容易有口角與不信任，使得家裏不太平靜。家裏若有重要決策要進行或討論，最好避開這段低迷期間。

本運　容易遇到沒有信用之人想利用你達到一些目的，請睜大眼睛、小心受騙，一旦發現任何不妥，一定要立刻收手才能止血。

姻緣　已婚者若有不應該的戀情，應盡早回頭，若無出軌問題，夫妻間要彼此信任，才不會讓婚姻出現裂痕。未婚有對象者對彼此的不信任或限制太多，容易嚇跑對方，給予彼此適度的隱私及空間才能讓感情更穩定。單身者要慎選交往對象，看對方是否真的想認真跟你交往，若只是抱持著玩玩的態度，請斷然拒絕。

事業　應慎選合作夥伴或配合廠商，小心對方有不誠實或想占便宜的狀況。事業合作上一旦發現任何不對勁，要立刻踩剎車，以免陷入困境。

學業　要避免交到不好的同學，在選擇指導對象或學習場所（補習班）時要更謹慎並了解清楚，才能達到學習成效。

健康　別輕信偏方或他人介紹的治療方式，身體若有不適，應請示出貴人醫院及貴人醫生，好好配合醫治，才能得到有效控制。

求子　別因為急著求子而亂聽信小道消息，容易上當受騙、花冤枉錢，又傷身。建議請示出貴人醫院及貴人醫生，求子才能事半功倍。

財運　宜守。勿輕信別人給你的賺錢管道，並避免為人作保。腳踏實地守成才能預防破財。

籤詩典故

秦昭襄王得知趙惠文王取得了和氏璧，立即表示欲以十五座城池跟趙王交換和氏璧。於是，趙王派藺相如帶著和氏璧出使秦國。藺相如看出秦王無意將城池給予趙國，便藉口和氏璧有瑕疵而跟秦昭王取回和氏璧，接著擺出寧願與和氏璧一起撞碎在柱子上、讓秦王也拿不到和氏璧的姿態，逼得秦王不得不假意答應。最後，藺相如還是運用卓越的智慧，完整地將和氏璧平安帶回趙國，不僅保存了趙國的體面，更維持了秦、趙兩國之間的友誼。

問神達人解籤

這支籤詩的重點是在秦昭襄王想要以十五座城池騙取和氏璧，而藺相如不相信秦昭襄王會信守承諾，這代表：一方想要騙對方，另一方則是懷疑並防著對方。

POINT 抽到這支籤詩後，你必須……

若抽到這支籤詩時要問的事還沒有開始做，那就表示神明告訴你不要做，因為對方不誠實，也沒誠意，或許是一個騙局。

相對的，如果要問的這件事已經開始做了，表示神明是在提醒你：這件事情內情不單純，一旦覺得不對勁，就要趕緊踩剎車，以免讓自己陷入泥沼，愈陷愈深。

大 第7籤 吉

甲庚

洞賓煉丹

仙風道骨本天生，又遇仙宗為主盟，指日丹成謝巖谷，一朝引領向天行。

歸納 考驗已過，否極泰來

家運 過去家中的紛擾已過，家運逐步穩定成長、和樂平安。

本運 之前所面臨的危機及考驗已經過去，運勢持續上升中，即將否極泰來、重見光明。

姻緣 已婚者與另一半的磨合期即將結束，開始找到最適合彼此的相處模式及方法，感情穩定回升中。未婚有對象者與另一半的爭吵及誤解已得到解決，彼此信任加深、感情持續增溫中。未婚沒對象者即將告別單身，擺脱過去感情四處碰壁的狀況，即將有好戀情出現。

事業 風風雨雨將要過去，業績穩定爬升，事業表現能獲得長官賞識。若有意推動事業上的計畫，危機已過，可著手開始進行。

學業 過去找不到方法或是用錯學習技巧的狀況已得到改善，學習能力大幅提升，能達心中設定的目標。

健康 病況反覆或無法痊癒的情形即將獲得改善，身體康復指日可待。

求子 現在正是求子的好時機，過去為了求子所受的考驗及折磨已經過去了，即將好「孕」連連。

財運 正財加薪有望，能守得住錢財；偏財方面開始有獲利空間，逐漸轉虧為盈。

籤詩典故

孚佑星君呂洞賓，道號純陽子，他的老師就是八仙之一的鍾離權。鍾離權要收呂洞賓為徒之前，預計先對呂洞賓進行十次考驗，全都通過了才要收徒，而呂洞賓神態自然且輕鬆的通過十次考試。鍾離權極為滿意，帶著呂洞賓到終南山鶴嶺，傳授靈寶祕法、上真祕法及一些煉丹術，並共同開創了鍾呂金丹派。

問神達人解籤

這支籤詩的重點是在鍾離權要收呂洞賓為徒之前的十次考驗，一旦通過了考驗，便將迎來海闊天空。

POINT 抽到這支籤詩後，你必須……

若抽到這支籤詩時要問的事情已經開始做了，那就表示神明要告訴你：你過去經歷過一段波折，但不用擔心，這些波折即將結束，海闊天空的日子就快要來臨。

相對的，如果要問的這件事還沒有開始做，那就表示神明要告訴你：困難的危機已經過去，可以開始著手進行，而且這條路確實是適合你去做的。

上 第8籤 上

甲辛

大舜耕歷山

年來耕稼苦無收，今歲田疇定有秋，況遇太平無事日，士農工賈百無憂。

歸納 考驗已過，否極泰來

家運 雖然家人間有時會冷言冷語或刁難，但你個性單純、善良且不與人計較，所以家中過去不順遂的事已將過去，家運正在漸漸轉強。

本運 雖然你做任何事都不被看好，甚至被譏笑不會成功，但因你的善良品性、不與人計較的心胸，上天會出手相助，還有貴人會幫你達成目標，讓大家對你刮目相看。

姻緣 已婚者懂得體恤另一半，不因小事計較、爭吵，過去的婚姻波折及低潮即將結束，將在貴人及上天的幫助下逐漸穩定。未婚有對象者在某些事上因另一半的不支持而有感情危機，但考驗已將過去，你善良、單純，在貴人的提點下，與另一半的感情將很快回溫。單身者因為單純性格、善良品德感動上天，會為你安排好姻緣的機會。

事業 當事業或職場上有人故意刁難你時，你不會與人計較，總覺得吃虧就是占便宜。雖然先前不被重視，或是進行的任務不受支持，但這些波折已過，現在可以開始著手規劃想做之事，會得到神明的庇佑，更有貴人助你一臂之力。

學業 先前學習得不到成效的狀況已將要扭轉，你認真、單純，上天會保佑你找到適合的老師，並助你求取功名順利。

健康 過去飽受疾病折磨或無法對症下藥的情況都已過去，你是個有福報且善良的人，接下來請好好配合貴人醫院及醫生治療，病情將要開始有所起色。

求子 過去因求子不順而備受長輩或家人的冷言冷語，你不但不計較，更沒有放棄。如今，求子時機已到，可祈求玉皇上帝或註生娘娘賜一個孩子給您，提高求子成功的機會。

財運 先前財運受阻、常有漏財，現在正財逐步穩定中，並且有貴人幫助你獲利、成長。

籤詩典故

大舜是史上有名的遠古帝王，不論德行或情操都受人尊敬，因而被譽為上古先賢。大舜，姓姚，名重華，生母握登不幸早逝，後母非常討厭舜，而同父異母的弟弟——象，則對哥哥舜十分不友善，既傲慢又無禮。就算如此，舜也從不記恨，他很孝順父母，並且努力在歷山耕田。舜的德性與情操感動了上天，所以他在耕田的時候，大象自動來幫忙耕田，鳥兒飛來幫忙除草，就這樣人、畜共同努力，最終將歷山一帶開發成可用的良田。

問神達人解籤

這支籤詩的重點有兩個地方——

❶雖然大舜的後母及同父異母的弟弟象都對他百般刁難，傲慢且不友善的相待，但他沒有因為這樣而懷恨在心、挾怨報復。這表示大舜的個性單純善良、不與人計較。

❷正因為舜的善良與德操，才感動了上天相助，進而有動物們的幫助。

POINT 抽到這支籤詩後，你必須……

若抽到這支籤詩時要問的事已經開始做了，表示你過去雖然遇到一些挫折，還有人對你不支持、刁難，甚至冷言冷語，但不用擔心，基於你善良的本性，上天將會幫助你度過難關——之前你遇到的困境，有望在今年得到貴人出手幫忙。

相對的，如果要問的事還沒開始做而抽到這支籤，表示過去的一些考驗即將過去，可以開始著手規劃以及進行了。

大 第9籤 吉

甲壬

宋太祖陳橋即位

望渠消息向長安，常把菱花仔細看，見說文書將入境，今朝喜色上眉端。

歸納 時機已到，順勢而為

家運　家運向上發展且人脈廣闊，帶動家裏成員的整體運勢，一切事情都能順利發展。

本運　等待許久的良機已到，好好運用人脈資源，能讓你更上一層樓。

姻緣　已婚者因貴人幫助找到經營婚姻的好方法，與另一半相知相惜，感情濃度提升。未婚有對象者不吝嗇讓另一半認識自己的朋友或長輩，能讓彼此了解更深，有助於穩定感情。未婚沒對象者若有心儀的對象出現，請透過認識的朋友或長輩從中幫忙牽線或幫你美言幾句，有助於促成一段良緣。

事業　備受同事或合夥人的愛戴，在關鍵時刻可能推舉你領導統籌整體計畫，若可以好好表現，將能為事業創下高峰。

學業　得到良師的關鍵指引，學習智慧增長，在考試方面則考運提升。

健康　因有貴人醫生的幫助而能適時找出病因並加以醫治，病情即將好轉。

求子　只要找到適合自己的貴人醫院及醫生，或是找到捐贈卵子或精子的對象，求子成功離你不遠了。

財運　投資方面若能找到可以助你一臂之力的合夥對象，將能互信互惠，達到雙贏。

籤詩典故

宋太祖就是趙匡胤，而「陳橋兵變」就是趙匡胤發動取代後周、建立宋朝的主要兵變事件，又稱「黃袍加身」。

後周世宗柴榮在駕崩前，任趙匡胤掌管殿前禁軍。西元九六〇年元月一日，北漢及契丹聯兵犯邊，趙匡胤帶兵前往禦敵。正月初三夜晚，趙匡胤趁大軍駐紮在陳橋驛時發動兵變，隔日，趙匡胤所有將士擁立他為皇帝，並將一件黃袍披在他的身上，意義就是要告訴所有人擁護趙匡胤稱帝。之後，後周恭帝柴宗訓禪位，趙匡胤登基，建立宋朝。

問神達人解籤

這支籤詩的重點在於：趙匡胤先在陳橋驛發動兵變，所有將士為趙匡胤黃袍加身，擁立他當皇帝，這意謂著時機已經來臨；上天不僅給了你這個大好的時機，還有貴人來幫忙你完成所問之事，因此一定要好好把握。

POINT 抽到這支籤詩後，你必須……

若抽到這支籤詩時要問的事已經開始做了，但一直不見成效、沒有消息或者未能達到你的期待，沒有關係，你等待許久的良機終於來了！更令人振奮的是，除了良機已到，同時還會有貴人助你一臂之力，讓你揚眉吐氣、喜上眉梢。為什麼呢？趙匡胤的部將將黃袍披在他身上，是象徵貴人將在緊要關頭給你臨門一腳，登高一呼將你扶上檯面，從此奠定根基。另一個方面，這提醒你一個重點：發展自己的人脈，將有助於你更上一層樓。

相對的，如果要問的這件事還沒開始做而抽到這支籤詩，首先要檢視一下自己的「人和」條件，雖然時機已到，但「天時不如地利，地利不如人和」，身旁有沒有人可以助你一臂之力、拉你一把呢？這對這支籤詩而言，是非常重要的關鍵點之一：就算時機已到，或者自己有能力，但若沒有東風的推波助瀾，火勢勢必不會旺盛；相對的，如果現階段有人能助你一臂之力、拉你一把，那麼這支籤詩就是要告訴你——你要問的這件事情可以進行了！

下 第10籤 下

甲癸

冉伯牛染病

病患時時命蹇衰，何須打瓦共鑽龜，直教重見一陽後，始可求神仗佛持。

歸納 欠點＋時間點（冬至過後）

家運　家運不順是有欠點影響，要找出欠點並解決掉，如此家運在冬至過後就會慢慢改善。

本運　運途因為欠點而低迷、諸事不順，建議請示出欠點並加以解決，運才會開。先忍耐，勿躁進，冬至過後會有轉機，可得神明護持。

姻緣　已婚者有很長一段時間婚姻陷入困境，可請示是什麼欠點影響到婚姻，待欠點解決，冬至過後婚姻狀況會漸漸改善。未婚有對象者因為欠點導致每次交往的對象都不是很好，先找出欠點並解決掉，冬至後情形會改善。未婚沒對象者因為欠點的關係，已有一段時間都沒機會遇到對象，要找到欠點並解決後才會有好姻緣出現。

事業　受到欠點影響，事業低迷且挫折不斷，應請示出欠點並加以解決，待冬至過後，實現心中期望及目標指日可待。

學業　學習狀況差，很努力卻一直無法達到心中期待。應找出欠點並解決掉，待到冬至後，學習就較能進入狀況，並達到心中的理想目標。

健康　身體不適抽到這支籤，代表是「假病」，即欠點所造成的，建議請示神明是何欠點並解決掉，症狀才有機會改善。另外，如果是老人及重症者抽到此籤，冬至期間要特別注意身體的變化，一不小心會讓病情更惡化，這關乎陽壽的問題。

求子　先問出是何欠點造成多年不孕，或有受孕但胚胎一直無法順利著床，正視問題並解決掉，冬至過後會有機會求子成功。

財運　財運長期困頓、生計陷入問境，問出是何欠點影響並解決掉，冬至後才有翻身機會。

籤詩典故

冉伯牛是孔子非常喜愛的學生之一，常常在眾弟子面前公開稱讚冉伯牛的德性，將他與顏回並稱。

不幸的是，冉伯牛後來患了痲瘋病，病情日益嚴重；冉伯牛病逝之前，孔子去探望他，孔子從窗外握住冉伯牛的手，歎息的說：「唉……，死，真是命中註定的！要不然，像冉伯牛這樣有德性的人，又怎麼會染上這種病呢！」

問神達人解籤

這支籤詩有二個重點，一個是欠點，另一個是時間點，所以要解這支籤詩，必須要交叉運用這兩個重點。

首先，以欠點來說，冉伯牛染的是痲瘋病，屬特殊疾病，而從詩文來看，染上這種病時的運勢「命蹇衰」——很不順、很窮困，導致很難治癒。難到什麼程度呢？難到「鑽龜」——卜龜卦、卜筮——都無濟於事。會得到這種特殊疾病，大多是欠點所導致，若沒有找出是什麼欠點，想改善症狀會比較難。換句話說，只要把欠點找出來並加以解決，症狀將可得到改善。抽到這支籤詩時，不管是身體、事業、婚姻、學業、考試等，應該都已經出現問題了，建議你要繼續請示神明欠點是什麼，只有把欠點找出來並解決掉，你問的事才能漸漸改善。

其次，以時間點來說，「一陽」就是「一陽復始」，也就是冬至。正所謂「冬至陽生，夏至陰生」：「冬至陽生」就是到了「冬至」，大地的陰氣已經要開始減弱，陽氣要開始生長；「夏至陰生」就是「夏至」的時候大地的陽氣已經強到最頂端，接下來要開始消退，並且陰氣要開始生長，這就是端午節家家戶戶要接「午時水」的緣故，因為此時正是大地陽氣到達到最高頂端之時，再不接午時水，夏至過後陽氣開始衰退、陰氣開始要生長，再接就沒有用了。

POINT 抽到這支籤詩後，你必須……

當你抽到這支籤詩時，不論是身體、事業、婚姻，學業、考試等，應該都已出現問題，請先找出欠點加以解決，待欠點解決了，等到當年度的冬至過後，就會慢慢出現轉機，或是慢慢得到改善。因此，建議你要再忍耐一些時間，不要躁進，等時機一到，再倚仗神佛的護持，心中的期待實現的那一天，是指日可待的喔！

此外要注意的是，如果是老人身體有病痛，或是患有重症的人抽到這支籤詩，在冬至期間最好要特別注意，因為這支籤詩歷史典故的主角——冉伯牛，最後是因為疾病而往生的。

再次提醒大家，抽到這支籤詩時，要立刻想到二個重點——欠點和時間點，並且一定要交叉運用這二個關鍵解籤。

下 第11籤 下

乙甲

韓信功勞不久

今年好事一番新，富貴榮華萃汝身，誰識機關難料處，到頭獨立轉傷神。

歸納 人為因素的阻礙

家運 家運目前看起來還算和樂、平順，但接下來會慢慢開始轉弱，這時候家中如果要有什麼大活動，或者要做什麼大變動，都建議暫緩，不要急，以免樂極生悲。此外，現階段家中要進行什麼事，建議要低調一點，避免遭有心人士暗中阻撓或破壞。

本運 運途看似平步青雲又能大展長才，但要小心遭人忌妒而暗中阻撓或中傷。唯有謙卑、謙卑、再謙卑，才是自保之道。

姻緣 已婚者千萬別抱持著另一半「一定會對我好」或「一定會原諒我」的心態而做出一些讓對方反感的事，小心久了踢到鐵板，抹煞掉彼此的甜蜜及信任度。未婚有對象者別以為目前感情穩定就不用特別經營，忽略對方久了，易讓他人有機可趁。未婚沒對象者別以為自己還年輕或過於自信而沒把婚姻大事放心裏——時間過得很快，再不好好把握時機，小心愛神與你擦身而過，不再回頭喔！

事業 你很有能力，因而升遷順利、事業有成，但要小心功高震主而造成上司或合夥人對你產生猜忌，而在緊要關頭架空你的權力，讓你無計可施。

學業 你很有聰明才智，但要注意不太過自負、看輕對手的能力，否則難達心中期待。

健康 別以為目前身體沒有狀況就揮霍健康、沉迷酒色，這容易造成身體耗損，得不償失！

求子 若有生子規劃，千萬別自認為還年輕、晚個幾年再來生育，小心想要有小孩時年紀已大，求子的成功機率相對就比較小。

財運 別被一時的高獲利沖昏頭，而因此花錢海派。除了錢財露白容易招惹禍事，也可能因為投資過當，到頭來成一場空。

籤詩典故

韓信輔佐漢高祖劉邦在垓下打敗項羽，建立不世功勳，但韓信的功勞與才能卻讓劉邦忌怕，劉邦妻呂后用計命蕭何把韓信騙入宮中，殺死韓信，卒年僅三十二歲。傳說劉邦曾承諾韓信三件事：第一、頭見天不能殺他；第二、腳著地不能殺他；第三、用鐵做的兵器不能殺他。呂后為了不讓劉邦違背誓言，便把韓信吊在大銅鐘裏，讓他頭不見天、腳不著地，再用木劍刺死他。

問神達人解籤

這支籤詩重點在於韓信輔佐劉邦建立漢朝，卻在建立不世功勳不久，被呂后用計所殺。

POINT 抽到這支籤詩後，你必須……

若抽到這支籤詩時所問之事已經做了，代表神明要告訴你：雖然這件事目前看起來很順利，但月滿則虧、日中則移、水滿則溢，已經有人開始對你的所作所為、行為舉止有負面的看法，如不謹慎，一旦讓對方感到害怕、覺得受威脅，很可能會發生一些你意想不到的事。因此，現階段切記不要功高震主——愈謙卑，對你愈有幫助；如果有人已經正式對你採取行動，那麼，如何保護自己將會是你最要優先考慮的事。

相對的，若抽到這支籤詩時事情還沒做，那就代表神明要告訴你：你有能力，也是一個「戰將」，這件事開始時會滿順利的，但是到了一個階段後，人與人之間就會開始出現摩擦——這個摩擦就是因為人的「心態」變了，變得對你有所猜忌，最後可能導致不得不犧牲你。因此，你要做的是先考慮清楚，如果你無法信任對方，那所問之事最好就不要繼續冒險下去。

中　第12籤　平

乙乙

蘇武牧羊

營為期望在春前，誰料秋來又不然，直遇清江貴公子，一生活計始安全。

歸納　保守以對，切勿躁進

家運　雖然家中長期不平靜、紛擾多，但只要家人間彼此相互體諒，再等待一段時間會有好轉的機會。若有重大決策請先暫緩，等家運好轉時再來執行比較好。

本運　不要急躁、更不要自我否定，雖然運途已低迷不順一段時日，只要保守點、勿躁進，待起運時再來好好發揮，成功機率會提高許多。

姻緣　已婚者婚姻長期衝突不斷、關係緊繃，請勿衝動做出後悔決定，多忍耐一下，最終問題還是能夠得到解決。未婚有對象者跟另一半已冷淡一段時間，但只要多點耐心及關心，感情溫度會慢慢回升。未婚沒對象者目前尚未出現好姻緣，若為了填補寂寞而在識人不清下與人交往，會讓感情之路較不順——好姻緣值得等待，不急於一時。

事業　戲棚下站久，就是你的；保守地堅持下去，在專業領域多努力，總有被看好及重視的一天。請先打消創業或轉職的念頭，在機運不對時輕易變動，要很久才看得到成果。

學業　長時間無法考取或達到心中期待，但若此時輕易放棄，那就功虧一簣了。請繼續努力下去，假以時日必能功成名就。

健康　舊疾一直無法根治、反覆發作，此時若放棄定期治療或亂嘗試偏方，反而會讓病情延後治癒；建議請示出貴人醫院及醫生來對症下藥。

求子　結婚多年卻長期求子不成，是因為時機不對。現階段應配合貴人醫生檢查及調養，並跟神明請示出適合求子的時機，在對的時間點進行，求子成功機率才會大增。

財運　保守為原則，正財方面要開源節流，偏財方面不宜再投入更多資金——因為需要非常長的時間才能回本、看到成果。

籤詩典故

為了與匈奴重修舊好，漢武帝派中郎將蘇武擔任正使、副中郎將張勝為副使，並由常惠擔任助手……等共一百多人組成的和平使團，浩浩蕩蕩的出使匈奴。不幸的是，匈奴當時內部發生一場叛亂，蘇武無辜受到牽連，不只被扣押在匈奴，還被單于流放到荒無人煙的北海（今俄羅斯西伯利亞的貝加爾湖），整整待了十九年，才終於回到漢朝。原本一百多人組成的和平使團，能夠回到漢朝的，僅僅剩下九個人。

問神達人解籤

這支籤詩重點是在：以蘇武為中心所組成的百人和平使團，在出使匈奴後，因受匈奴內部叛亂的牽連而被扣押，經過漫長的十九年後，才重回祖國漢朝的懷抱。

POINT 抽到這支籤詩後，你必須……

若抽到這支籤詩時所問之事已經開始做了或者已經發生，而且不是很順利，其實這件事是有可能好轉的，只是要等待一段很長的時間，這時候，就得看你個人的忍耐度如何了。

相對的，如果抽到這支籤詩時這件事還沒開始做，那就代表神明提醒你：此事一旦做下去，必須要等上一段很長的時間才能看到成果，建議三思而後行，考慮是否暫緩執行。

中 第13籤 平

乙丙

姜太公釣魚

歸納　等待時機＋時間點（農曆4月）＋順勢而為

君今庚甲未亨通，且向江頭作釣翁，玉兔重生應發跡，萬人頭上逞英雄。

家運　若遇庚甲年或庚甲月，家運會比較低迷，一切保守為佳；農曆4月到時會開始起運，家人間的紛爭或不順就會有所改善。

本運　運途在庚甲年或庚甲月時不佳，勿躁進。若有想執行之事，等農曆4月到時再進行。

姻緣　已婚者在庚甲年或庚甲月時婚姻較易起爭執或發生冷戰，待到農曆4月問題才能順利解決，讓感情回穩。未婚有對象者在庚甲年或庚甲月時感情陷入膠著與低潮，但農曆4月一到，危機會慢慢解除，感情回升。單身者在庚甲年或庚甲月時苦無機會認識新對象，別太擔心，農曆4月一到，就是姻緣出現的好時機，屆時請把握。

事業　庚甲年或庚甲月時因運勢較低迷導致事業表現或升遷不如預期。待農曆4月一到，機運來臨，就能揚眉吐氣，脫穎而出；有任何規劃或專案，都建議屆時再來執行。

學業　學習或考運因庚甲年或庚甲月而顯得低迷，待農曆4月時機到，學習便比較能進入狀況，考運也會慢慢轉強。

健康　病況無起色或反覆發作，是因庚甲年或庚甲月運勢低迷所致。除了持續接受醫生的治療，也要對自己有信心，待到農曆4月，病況將減輕而能有效獲得控制；如果一直無法改善，建議請示神明你的貴人醫生在哪一間醫院。

求子　求子在庚甲年或庚甲月因時機不對而無法成功，建議等到農曆4月過後再來進行。同時，最好也請求玉皇上帝或註生娘娘賜一個孩子給您，增加求子的成功率。

財運　遇庚甲年或庚甲月時，投資方面勿躁進，不是進場時機；等待農曆4月過後，才有獲利的機會跟空間。

籤詩典故

商紂暴虐，姜太公受師父原始天尊之命，下凡界幫助周文王討伐商紂王。姜太公坐在河邊，用一根沒有魚餌的直鈎在釣魚，也許時機到了，周文王看到姜太公後主動攀談，發現姜太公是一個奇人，便誠心延攬。後來，姜太公幫助周文王和他兒子周武王推翻商紂王，建立了周朝。

問神達人解籤

這支籤詩有三個重點，一個是等待時機，一個是時間點，另一個是時機一到就可以順勢而為。這三部曲很重要，解這支籤詩時需要整合交叉運用這三個重點，才能解得非常準確。

POINT 抽到這支籤詩後，你必須……

若抽到這支籤詩時事情已經做了或已發生，而且不是很順利，那就要等待時機，因為籤詩第一個重點是：姜子牙等周文王。時機點也是重點所在，要分長期時機、短期時機來推算，「年份」是長期時機，「月份」是短期時機——只有百支籤詩講到年份的問題，要特別注意。

❶ **長期時機推算：**「君今庚甲未亨通，且向江頭作釣翁」中的「庚甲」指的就是年份，若你抽這支籤詩的那年剛好是庚年、甲年（參照「庚年、甲年對照表」P089），代表該年運勢不太亨通，得像姜子牙一樣在江邊垂釣，以等待時機。例如你是在民國一〇三年（甲午年）抽到這支籤詩，就代表你那一年的運勢較低迷，要保守以對。接著，「玉兔重生應發跡，萬人頭上逞英雄」的「兔」指農曆四月（參照「籤詩詩文的時間判斷」P070），耐心等到四月就會慢慢起運，屆時你就會從萬人之間脫穎而出，揚眉吐氣。以下二例請特別留意：

(a)你抽到這支籤詩是在一〇三年（甲午年）農曆一月，表示你在四月前運勢較低迷，凡事切勿躁進，以保守為主。待四月一到，此時執行才是最佳時機。

(b)你抽到這支籤詩是在一〇三年（甲午年）農曆五月，已經過了四月，表示在隔年（一〇四年）四月前運勢較低迷，凡事切勿躁進，以保守為主，一〇四年四月再執行才是最佳時機。

解籤小技巧

庚年、甲年對照表

・歲次庚年

庚寅年	民國159年
庚辰年	民國149年
庚午年	民國139年
庚申年	民國129年
庚戌年	民國119年
庚子年	民國109年

・歲次甲年

甲寅年	民國123年
甲辰年	民國113年
甲午年	民國103年
甲申年	民國93年
甲戌年	民國83年
甲子年	民國73年

②**短期時機推算：**短期時機的推算有點複雜，大家務必要專心，多花一點時間去理解當中奧妙，這將有助於你日後成為一位解籤高手。如果你抽到這支籤詩的那一年不是庚年、也不是甲年，那麼「庚甲」就是在講月份，具體一點來說，就是「庚月」、「甲月」（請參照「干支紀月對照表」P091）。

(a)如果你抽到這支籤詩是在民國一〇七年（歲次戊戌年）的農曆一月，民國一〇七年農曆一月是甲寅月、七月是庚申月、十一月是甲子月——這三個月都逢庚、甲，那就代表你在民國一〇七年農曆的一月至十一月期間運勢都比較低迷，凡事切勿躁進，以保守為主。等到隔年（民國一〇八年）的農曆四月再來執行，才是最佳時機。

(b)如果你抽到這支籤詩是在民國一〇七年（歲次戊戌年）的農曆四月，「兔」雖然代表四月，但因為接下來很快就要遇到七月的庚申月、十一月的甲子月，那就代表你在民國一〇七年農曆七月至十一月期間運勢比較低迷，凡事切勿躁進，以保守為主，仍然要等到隔年（民國一〇八年）的農曆四月再來執行才是最佳時機。

(c)如果你抽到這支籤詩時是在民國一〇七年（歲次戊戌年）的農曆八月，已過了七月的庚申月，但接下來還是一樣快遇到十一月的甲子月；那就代表你的運勢在民國一〇七年還有最後一小段的低迷，建議還是切勿躁進，以保守為主，等這最後一小段的低運勢過去再說。因此，仍然建議你等到隔年（民國一〇八年）的農曆四月再來執行，才是最佳時機。

(d)如果抽到這支籤詩時是在民國一〇七年（歲次戊戌年）農曆十一月，因為當月還是運勢低，仍然建議你等到隔年（民國一〇八年）的農曆四月再來執行。

(e)如果抽到籤詩時是在民國一〇七年（歲次戊戌年）農曆十二月，雖然不在低運勢的期間，但因為最好的時機仍在隔年（民國一〇八年）四月，所以依舊等到隔年四月。

相對的，若你抽到這支籤詩時，事情還沒做，那就是神明要告你，現在時機還不到，要等待到農曆四月時再來進行會比較有機會。

總之，這支籤詩不能夠以單一的歸納來解籤，需要用三個歸納來交叉解籤：等待時機（庚甲未亨通所以要等待）＋時間點（玉兔的四月）＋順勢而為（時機一到就萬人頭上逞英雄）。

解籤小技巧

干支紀月對照表

	甲年己年	乙年庚年	丙年辛年	丁年壬年	戊年癸年
正月	丙寅	戊寅	庚寅	壬寅	甲寅
二月	丁卯	己卯	辛卯	癸卯	乙卯
三月	戊辰	庚辰	壬辰	甲辰	丙辰
四月	己巳	辛巳	癸巳	乙巳	丁巳
五月	庚午	壬午	甲午	丙午	戊午
六月	辛未	癸未	乙未	丁未	己未
七月	壬申	甲申	丙申	戊申	庚申
八月	癸酉	乙酉	丁酉	己酉	辛酉
九月	甲戌	丙戌	戊戌	庚戌	壬戌
十月	乙亥	丁亥	己亥	辛亥	癸亥
十一月	丙子	戊子	庚子	壬子	甲子
十二月	丁丑	己丑	辛丑	癸丑	乙丑

下 第14籤 下

乙丁

郭華戀王月英

一見佳人便喜歡，誰知去後有多般，人情冷暖君休訝，歷涉應知行路難。

歸納 時機不對，三思而後行

家運　家運開高走低，看似平順其實暗潮洶湧。家中若有大決策，請暫緩執行，否則難達家人期待，恐怕會引起更多紛爭。

本運　現階段運勢低迷，做任何事情都請三思而後行，謀定而後動。同時，加強自己的細心程度，待時運一到，才能大展長才。

姻緣　已婚者婚姻陷入困境，有離婚危機，此時應冷靜，切勿衝動做出後悔決定，造成無可挽回的遺憾。未婚有對象者感情出現裂痕，可審視彼此在個性上是否有粗線條或不穩重的狀況，適時修正、不要再犯，對雙方的感情才有幫助。未婚沒對象者若有新認識的異性，雖然彼此第一眼的印象跟感覺很好，但建議多觀察或先從當朋友開始，不要衝動答應交往——這樣才能知道他到底是不是那個最適合你的人。

事業　要慎選合作對象，別被表象所迷惑，否則容易因對方的不負責任或不穩定的狀況，而影響到你事業上的進度。

學業　應修正學習不夠專注及抓不到重點的狀況，才能有效提升學習效能，事半功倍。

健康　健康運勢不佳，要小心近期易受風寒的狀況。若身體有不舒服，就應尋求專業醫生的診治，若因為大意而忽略，反而容易使病情加重。

求子　求子一路波折，到目前為止還無法達到心願。應請示出求子的時間點，並且配合貴人醫院及醫生的交代事項來調理身體，求子成功機率才會提升。

財運　正財方面雖然穩定，但不要輕率地把正財挪去做投資，勿被金錢誘惑而盲目投資，投資標的看似不錯，但未來發展未必如你預期，建議三思而後行，才不會有所損失。

籤詩典故

郭華郎與王月英是七世夫妻的第三世。郭華郎是名賣胭脂的商人，在機緣之下認識了王月英，一見鍾情陷入了愛河。一晚，小倆口相約在城外的一間土地廟見面，王月英依約定時間到土地廟時看不到郭華郎，放一雙鞋在廟的臺階前表示自己有來過後便回家了。那一晚，郭華郎因為在家宴客喝醉酒而耽擱了時間，酒醒後趕到土地廟後卻只見一雙鞋，不見王月英。兩人後來都受到風寒，且因為過於思念對方而小病成大疾，雙雙病故，最終仍未能結為夫妻。

問神達人解籤

這支籤詩的重點是在：郭華郎與王月英雖彼此相愛，無奈造化弄人，最終仍無法結為連理。

POINT 抽到這支籤詩後，你必須……

如果抽到這支籤詩時事情已經開始做了或者已經發生，而且不是很順利的話，那就代表這件事的最終結局可能會不如預期，此時你可能要考慮是否該先暫時停下，不要再繼續進行，也許會對你比較好。

相對的，如果事情還沒開始做，那就代表神明要你三思而後行，雖然這件事看起來還不錯，或這個人第一眼給你的印象和感覺很好，但這件事的未來走向與發展趨勢，並非如眼前所看到的那麼順利與美好，建議你再三思考，切莫衝動。

除此之外，這支籤詩還有另一個涵義：郭華郎明知跟王月英有約，卻偏偏就在約期當晚喝醉酒，自己耽誤了自己——這意味著神明要提醒你，你的個性有時比較粗線條，容易丟三落四，如果不修正這個缺點，遺憾事容易會一而再再而三的發生。也就是說，讓自己變得更穩重、更持重些，對你的未來是有幫助的。

相對的，如果抽籤者要問姻緣，已經有交往對象，而交往對象的性格剛好不是很穩重，做事又輕率且剛好抽到這支籤，那就代表抽籤者就是王月英，若是這樣，神明要你三思而後行的理由就很明顯了，因為你和這件事或這個人除了比較沒有緣分，對方個性不夠穩重也是你需要考量的重點之一。

中 第15籤 平

乙戌

張君瑞憶鶯鶯

歸納 時間點——立春

兩家門戶各相當，不是姻緣莫較量，直待春風好消息，卻調琴瑟向蘭房。

家運　家運雖然面臨一些波折跟挑戰，但不用太擔心，立春過後就會開始起運了。

本運　雖然運途上遭遇一些挫折或有犯小人的情況，但以你的能力與智慧，立春過後所有問題都能迎刃而解。

姻緣　已婚者婚姻間的小衝突及爭吵需靠雙方的智慧化解，待立春過後感情就會回溫。未婚有對象者目前面臨感情上的挑戰及波折，但立春過後就會雨過天晴。未婚沒對象者不用心急，春天才是你姻緣出現的好時機喔！

事業　事業上常有小人干擾或阻礙，但是你都能巧妙化解。待立春過後，就會有所轉機，苦盡甘來。

學業　學業上要避免同學或朋友外在干擾而影響你的學習進度。立春過後，學業較能達到心中期待，考運也開始轉強。

健康　健康方面應避免道聽塗説或亂用偏方的狀況。應請示出貴人醫院及醫生配合治療，立春過後身體的病況就會慢慢改善了。

求子　求子的最佳時機點在立春過後，也可求註生娘娘賜你一個孩子。除此之外，應請示出貴人醫院及醫生雙管齊下，求子較能成功。

財運　財運易受他人影響而投資失敗。正財宜守，偏財方面若要投資，時機點在立春過後。

籤詩典故

張君瑞與崔鶯鶯一見鍾情、情投意合，兩人私定終生卻被崔老夫人發現，崔老夫人假意要求張君瑞先考取功名，再娶崔鶯鶯，卻趁張君瑞進京趕考時將崔鶯鶯嫁給自己的侄兒——鄭恒。幸好張君瑞不負眾望，高中狀元後及時趕了回來，小倆口有情人終成眷屬。

問神達人解籤

這支籤詩重點是：張生與崔鶯鶯一見鍾情，本想私定終生，但過程幾經波折，差點無法結為連理，所幸最後還是有情人終成眷屬。

POINT 抽到這支籤詩後，你必須……

如果抽到這支籤詩時事情已經開始做了或者已經發生，而且不是很順利的話，神明是要你不用擔心、更不要失去鬥志，雖然過程中遇到了一些考驗和一些小人關，但以你的能力跟智慧，是可以輕而易舉通過考驗的。再忍耐一下，待立春——「春風好消息」——一到，事情就會開始有所轉機了。

相對的，你抽到這支籤詩時如果事情還沒開始做，建議稍微再等待一下，立春過後再來做才是最佳時機。

下　# 第16籤　下

乙已

王祥臥冰、田氏紫荊再榮

歸納　人為因素的阻礙

官事悠悠難辨明，不如息了且歸耕，旁人煽惑君休信，此事當謀親弟兄。

家運　家中成員經常發生口角，造成家人間彼此嫌隙。建議釐清誤會之處，開誠布公好好溝通，才能化解心結，讓家人更有向心力。

本運　因受他人流言中傷而不順，若已遭傷害，要找出對自己有利的證據加以釐清、解釋。若有想推動之事，要特別注意有無人為因素的介入，更要小心這是不是一場騙局。

姻緣　已婚及未婚有對象者要小心因他人流言蜚語而讓感情失和，與另一半應互相信任、溝通，才能穩固感情；若有出現曖昧的對象，應即早回頭，不然可能會讓感情面臨破裂危機。未婚沒對象者在選擇新對象時要有主見，勿因他人的意見而影響你的決定。

事業　職場上受他人言語中傷，影響上司或同事對你的看法，找出問題點並加以解釋，才能挽回局面。事業上假使有合作對象或廠商，一方面要小心評估，一方面自己也要有定見，不要受到他人的意見而喪失大好時機。

學業　別因為同儕間的言語挑釁或挑撥而影響學習進度與情緒，應抓回自己的學習步調，往目標努力前進。

健康　要注意因為人跟人之間的誤會而造成情緒上的波動或不舒服，若有症狀產生，應尋求貴人醫生的專業治療，切勿胡亂聽信他人建議而使用偏方，這樣容易讓病情惡化。

求子　若長期求子不順利，與其嘗試各種偏方，不如配合貴人醫院及醫生來找出原因並積極治療，不但更有效果，還能提升求子成功率。

財運　正財還算穩定，若有人找你共同投資或請你作保，要小心可能是場騙局。

籤詩典故——王祥臥冰

王祥，晉朝時期人士，幼年時失去了母親，父親又續弦，但繼母非常不喜愛王祥，時常在王祥父親面前搬弄一些王祥的是非，使得王祥之父對他愈來愈冷淡。儘管繼母這麼不友善，王祥依然對她很孝順，知道她喜歡吃鯉魚，即使在冰凍三尺的寒天，也奮不顧身的赤身臥冰，最後，他高興地把從冰河中跳出的兩條活鯉魚帶回家，煮給繼母吃。

輔助典故——田氏紫荊再榮

田氏三兄弟本來感情一直都很好，一天，最小的弟弟聽信他人挑撥——說他兩位哥哥想奪取家產——而吵著要分家。無可奈何之下，大哥只好將家產分成三份，連家前的一棵茂盛的紫荊樹也要鋸成三段。隔天，三兄弟要去鋸紫荊樹時，竟看到紫荊樹一夕之間枯萎了。大哥不禁哭著對弟弟們說：「這棵紫荊樹不忍自己活活被分離，也不願我們三兄弟分離，於是自己先枯死了。」樹木跟人是同樣的道理，一旦分離，便再無興盛的一日。小弟心中慚愧萬分，和哥哥們說好不分家。說也奇怪，這棵紫荊樹不久又活了回來，甚至長得比之前更茂盛。

問神達人解籤

這支籤詩的二個歷史故事，重點都在於受人挑撥，此外，都是針對很親近的人。

POINT 抽到這支籤詩後，你必須……

若抽到這支籤詩時事情已經開始做了或已經發生，而且不是很順利的話，那就代表這件事的背後有人為因素——受流言所傷——的介入，才會導致現階段這個結果。建議你要找出流言的出處，並彼此溝通解釋、化解心結，才是根本之道。

相對的，如果抽到這支籤詩時事情還沒有開始做，那就表示神明要告訴你：這件事的背後已經有人為因素介入，硬是做下去，有可能是一場誤會，而原本事情也許沒有那麼嚴重，但偏偏就是受人挑撥，卻又不知道要及時澄清，最後造成分崩離析、感情失和的局面。所以，務必再三考慮是否要繼續執行，或者考慮先處理好流言的問題、等誤會都澄清之後再繼續進行，也許就不會出現問題了。

下 第 17 籤 下

乙庚

石崇被難

歸納 人為因素的阻礙、陷害

田園價貫好商量，事到公庭彼此傷，縱使機關圖得勝，定為後世子孫殃。

家運　家運低迷，所以容易做出錯誤的判斷而遭受他人陷害，進一步牽連到家人，導致家裏開始一連串的不順與風波，要謹慎小心

本運　本身運勢低迷，要小心因他人誣陷而官司纏身，嚴重的話甚至會拖累到家人。

姻緣　已婚者面對外在誘惑應踩剎車、趕緊回頭，若執意往下發展，不只你會受傷，連帶也會對你的另一半造成嚴重傷害，使婚姻面臨破局。未婚有對象者目前正面臨一段不應該的戀情，應該即早回頭，否則你跟你的家人都會因這段感情的風波而受重傷。未婚沒對象者要小心因識人不清而被騙，不僅感情會受傷，甚至會連累到家人。

事業　盡量不要介入非份內之事，否則容易因他人陷害而造成事業上的危機，甚至牽連到家人。與他人合作前要多三思及觀察，要小心人為方面的阻礙或小人鬪。

學業　因遭受同學的阻礙甚至霸凌，而導致學業、考試出現狀況。應立即介入處理，才不會抹煞掉先前的學習成果。

健康　身體若有不適，應即早就醫，若聽信他人而誤用偏方，反倒會使病情加重，甚至拖累到家人。建議請示出貴人醫院及貴人醫生來對症下藥。

求子　求子勿聽信偏方、亂嘗試來歷不明的藥物。應配合貴人醫生的建議來調理，才不會延誤求子的時機。

財運　小心他人陷害造成破財危機。任何投資、合作應謹慎評估，否則容易造成錢財上的損失；此外，切勿幫人作保，一旦出事，會讓家人受到連累。

籤詩典故

石崇，字季倫，西晉人士，年少時非常聰明，文武兼備。《晉書》、《資治通鑑》、《世說新語》皆記載石崇的生活很奢侈，住家裝修得非常宏偉華麗，據聞石崇經常搶劫當地商旅及富人，因此在荊州致富。

永康元年期間，趙王司馬倫想要除掉賈氏，石崇是賈氏的黨羽，因而被罷職。屋漏偏逢連夜雨，孫秀又誣稱石崇與歐陽建和、潘岳兩人是司馬允的同謀，於是假傳聖旨逮捕三人。石崇被抓後，立刻被綁到東市處決，享年五十二歲，而石崇的母親、兄長及妻兒……共十五口，全因這件事而被牽連誅殺。

問神達人解籤

這支籤詩的歷史典故「石崇被難」也作「石崇被害」，重點都在於石崇被人陷害，而且還牽連到家人。

POINT 抽到這支籤詩後，你必須……

如果抽到這支籤詩時事情已開始做了或者已經發生，神明是在提醒你：要趕緊想辦法——或回頭是岸，或亡羊補牢。一旦讓事件擴大，不僅自己會受到陷害，還會連累到家人。

相對的，如果抽到這支籤詩時事情還沒開始做，神明是要告訴你：面對這件事要很小心，最好不要去介入，否則不只有你會受傷，連家人都會被你拖累。

總之，抽到這支籤詩，一定要謹慎看待！

中 第18籤 平

乙辛

孟嘗君招賢

歸納 個性

知君指擬是空華，底事茫茫未有涯，牢把腳根踏實地，善為善應永無差。

家運　你有來者不拒的海派個性，因而使家裏出入複雜、龍蛇雜處，這對家人有不好影響。

本運　你個性海派、交友廣闊，但若沒有過濾對象，很容易受不好朋友的影響，無法成大事或有更好的格局發展。建議要腳踏實地，才不會出差錯。

姻緣　已婚者自認為就算已婚但魅力不減，與異性之間並未保持應有的距離，容易造成另一半及其他異性的誤會，進而導致婚姻危機。未婚有對象者來者不拒的個性，易有腳踏多條船的狀況，甚至交往對象一個換過一個，不只感情較難定得下來，也較吸引不到適合你的好姻緣。未婚沒對象者桃花機會頗多，但應該要慎選及觀察，才不會因為做錯決定而影響到接下來的感情發展。

事業　切勿因好高騖遠、追求名利，而忘了腳踏實地、認真耕耘的重要性。唯有慎選合作對象，一步一腳印，事業才會有所表現。

學業　應注意同儕之間的交友狀況，可能因太多朋友邀約而荒廢學業或影響到學習狀況。

健康　身體假使有病痛，別因為不好意思就醫而延誤了黃金治療期。與其使用朋友推薦的偏方，不如直接由貴人醫生給予專業建議來得妥當。

求子　求子若不順，應按部就班先釐清原因及問題，再配合貴人醫生的指示調理或治療。若一昧採取旁人給你的建議或藥物，不只容易傷到身體，也可能會錯失求子的良機。

財運　正財穩定。投資方面應謹慎評估自己的財力，切勿因他人慫恿，未經判斷就投入過多資金，不但難達期待，投入的金錢可能會有去無回。

籤詩典故

孟嘗君，姓田名文，戰國四公子之一，齊國的王室。孟嘗君非常喜歡交朋友，門下食客數千，不論是否真有本事，皆來者不拒，所以有許多亡命之徒或有罪之人也來投靠孟嘗君，諸如「雞鳴狗盜」、「狡兔三窟」的典故，全都是出自孟嘗君門客的計謀與伎倆。然而，雖然孟嘗君門客數千，但在他去世後，幾個兒子光顧著爭爵位的繼承，讓齊、魏兩國有機可趁，聯手滅掉了薛邑（孟嘗君後來是退居在其父的封地——薛邑），最終導致絕嗣而沒有後代子孫。

問神達人解籤

這支籤詩的重點在講一個人的個性，特別是「注重表面」的個性。孟嘗君招攬那麼多門人，名聲非常的響亮，全天下的人都認識他，最後還不是鏡中月、水中花，有影無形？原因是孟嘗君門人中的那些雞鳴狗盜之徒用途有限，最多只能幫助他逃過秦國的追殺，卻無法幫助齊國與秦國抗衡，一統天下。北宋的王安石就曾評孟嘗君道：「世人都說孟嘗君能羅致賢士，賢士也都來歸附他，後來更是憑藉賢士的力量，才從虎豹般凶殘的秦國脫逃出來。唉！其實孟嘗君只是雞鳴狗盜的頭目罷了，這些人哪裏能說得上是賢士呢？不然，憑藉齊國的富強，只要能得到一位賢士，應該就能南面稱王而制服秦國，哪裏還用的著借助雞鳴狗盜的力量？雞鳴狗盜出現在他的門下，真正的賢士就不願前來了。」

POINT 抽到這支籤詩後，你必須……

若抽到這支籤詩時事情已經開始做了或已經發生，神明是要告訴你：腳踏實地、穩紮穩打，對你才會比較好。一味好高騖遠，只圖虛名，身旁用什麼人都不過濾，或只招一些會小伎倆的人，最後不是效果有限，就是什麼都得不到。

相對的，若抽到這支籤詩時事情還沒開始做，神明是要告訴你：貴人固然重要，但更重要的是過濾一下身旁的一些朋友，不要讓他們間接影響你——雞鳴狗盜之徒不過是在耍些小聰明！不要胡思亂想，更不要愛慕虛榮，成大事者要腳踏實地才不會出差錯。

上 第19籤 吉

乙壬

劉智遠得岳氏

嗟子從來未得時，今年星運頗相宜，營求動作都如意，和合婚姻誕貴兒。

歸納：時機已到，順勢而為

家運　先前家裏的不順遂已將過去，家運開始漸漸起運，所求之事也都能達到期待。

本運　運勢即將轉強，可一掃先前不順的陰霾。好好把握接下來的機運，能讓你鴻圖大展

姻緣　已婚者與另一半在婚姻上的磨合及挑戰已過，感情會愈來愈堅定，不但能再次團圓，而且關係會更緊密，應好好珍惜。未婚有對象者在與另一半走過感情上的考驗與波折之後，目前感情幸福、穩定，可以開始計畫、安排攜手邁入婚姻，會是一段難得的好姻緣。未婚沒對象者的好姻緣對象即將出現，此對象會超乎你預期、是個人人稱讚的人，好好把握難得的機會，別錯失良緣。

事業　過去職場或事業不如意的局面即將翻轉，時運已到，任何想做之事或計畫，都能順心如意，甚至更上一層樓。

學業　考試或學習難達目標的狀況已過，目前考運正旺、學習能力佳。繼續努力研讀，會有不錯的成績表現。

健康　過去病況反覆發作、無法治癒的狀況即將改善，接下來會有貴人醫生的幫助，病情會有大幅度的好轉。

求子　過去求子之路坎坷，如今即將水到渠成。請把握這波好機運，求子成功指日可待。

財運　財運轉強。正財穩定成長，有加薪的機會；偏財、投資方面能掌握先機，很有獲利的空間。

籤詩典故

後漢高祖孝皇帝劉智遠，是五代後漢開國皇帝。劉智遠的元配是李三娘，也就是咬臍郎的媽媽。李三娘鼓勵劉智遠從軍，才開啟劉智遠的軍旅生涯。一次，劉智遠在天寒地凍中凍倒在路邊，被節度使岳彥真的第三個女兒岳秀英看到，將一件皇帝所賜的紅錦戰袍蓋在他身上。岳彥真看劉智遠一表人才，判斷他將來定有一番大作為，便把岳秀英嫁給劉智遠。岳秀英後來才知道劉智遠已經有了李三娘，但她不只不計較，甚至還催促劉智遠即日迎接李三娘回來團圓。

問神達人解籤

這支籤詩重點是在講「因禍得福」，劉智遠本來會凍死在路邊，想不到最後竟發展到娶了節度使岳彥真的三女兒岳秀英，後來還成了五代後漢的開國皇帝。

POINT 抽到這支籤詩後，你必須……

如果抽這支籤詩時事情已經開始做了或已經發生，而且不是很順利的話，神明是要告訴你：過去那一段坎坷與波折將要過去，接下來你的時運漸漸要起運，一切的不順遂都將會得到改善，甚至還會超出你的預期，因為「營求動作都如意」——經營、祈求、執行、成效都如意。

相對的，如果抽到這支籤詩時事情還沒開始做，神明是要告訴你：現在正是時機點，應該好好把握這難得的機會，這機會簡直是「和合婚姻誕貴兒」——就像「兩人從相愛到結婚，再順利誕生貴兒」那般的無殘念。

第20籤 下 下

乙癸

嚴子陵登釣臺

歸納：生不逢時、時機不對或個性

一生心事向誰論，十八灘頭說與君，世事盡從流水去，功名富貴等浮雲。

家運 家運已低迷一段時間。在等待起運的同時，若能良性溝通、互退一步，甚至家人間互相傾聽彼此的心聲、相互鼓勵，不只能凝聚向心力，更能使全家充滿正能量。

本運 運途的不順遂讓你有生不逢時之感，可檢視自己是否在某些事上太堅持、不願屈就，而總讓機會擦身而過。若不是，就是當下時機不適合你，可改變策略或轉換跑道。

姻緣 已婚者婚姻出現危機、紛爭不斷，可檢視自己個性是否萎靡不振、不正視婚姻中的問題，若不是，婚姻經營上就需重新調整，給予雙方再次努力的機會，才不致遺憾。未婚有對象者若感情不穩定，可檢視自己是否對這段感情不夠積極認真，或太執著在某些點而使彼此不愉快，若是在經營感情上用錯方法，就好好調整讓感情回溫。未婚沒對象者要注意，你在挑別人時，別人也在觀察你，選擇對象別太執著或挑剔；此外，一直沒有對象也可能是姻緣時機未到，可請示神明姻緣時機點。

事業 事業方面若一事無成，要檢視是否因個性上對工作太挑剔而錯失好機會。若無個性上的問題，而且本身很有長才、也很努力，卻有志難伸，那就是當下時機、環境不對，可試著轉換跑道或重新調整策略及方向，以突破困局。

學業 要改掉消極的個性及態度，不要怕辛苦，才能有好成績。若已用心苦讀卻無法達到期待，可思考一下是否改變學習方向、換個科系或目標，對於求取功名較有幫助。

健康 病痛治療狀況不佳時勿消極逃避就醫，可向神明問出貴人醫院及醫生，以對症下藥。

求子 若多年在自然受孕的方式上都求子不順，可嘗試接受貴人醫生的幫助，選擇其他適合的方法，如人工或試管。此外，還可以請示出求子的時機點，增加成功的機會。

財運 投資長期不順或有虧本，應檢討是否投資策略出了問題，需重新調整方法及方向，才會有所改善。另外，時運不對時投資最好要保守。

籤詩典故

東漢高士——嚴光，字子陵，是漢光武帝劉秀的同學。劉秀登基後，嚴子陵便隱姓埋名，不想出來當官，縱然漢光武帝數次徵召，但他都不為所動。嚴子陵在八十歲時於家中逝世，漢光武帝很傷心，下令把嚴子陵葬在富春山，後人便稱富春山為「嚴陵山」，富春山江邊有一處垂釣處「嚴陵瀨」，而那一處垂釣蹲坐之石就叫「嚴子陵釣臺」。

問神達人解籤

這支籤詩其實不是很好解，因為這支籤詩註有「下下」二字，看起來像壞籤，但從籤詩的詩句及歷史典故來看，又看不出哪裏有下下籤的涵義。我找了上百分的資料，一一比對，一一交叉閱讀後，終於歸納出這支籤為什麼會屬於下下籤。

這支籤詩講的重點在於生不逢時、時機不對和個性。看嚴光所處的時代背景，以及兩位皇帝（王莽、漢光武帝）找他出來當官的時機，就可以清楚他一生沒有功名，原因就在於生不逢時、時機不對和個性。

第一位皇帝王莽，王莽帶著虛偽的面具，從一位只有兩歲大的孩子劉嬰手中竊取漢朝江山，在當時可以說是千夫所指，人人都說他是謀反竄逆、間佞小人。當然，王莽非常器重嚴光，曾多次下詔請他出來做官，但都被嚴光拒絕——王莽是一位謀反竄逆、奸佞的小人，怎麼能在他的底下為臣呢？所以，嚴光不出仕，是因為生不逢時、時機不對。

後來，漢光武帝劉秀登基後前後三次找嚴光出來當官，嚴光還是拒絕。史家歸納嚴光拒絕的原因有三，都能看出其生不逢時、時機不對：

❶**因為侯霸這個人：**侯霸、嚴光和劉秀曾是同學，一起遊學長安，但侯霸後來離開嚴光和劉秀而投靠了王莽，後來見王莽大勢已去，才又回來追隨劉秀，最後當了大司馬，位列三公之首。以嚴光的個性與情操，是不能接受與這樣的人同朝為官的。

❷**怕有殺身之禍：**一次，嚴光與劉秀同榻而眠，但是隔天早上朝中太史卻奏報漢光武帝說：「陛下，昨夜有客星犯御主。」言下之意就是嚴光對劉秀有悖逆之舉。知道此事後，嚴光明白與帝王多半只能共患難，不能共享樂，稍有不慎，早晚會為自己帶來殺身之禍，便拒絕出仕。

❸**油燈將枯：**雖然兩次遭到嚴光拒絕，劉秀還是對嚴光不死心，當嚴光第三次、同時也是最後一次拒絕劉秀時，嚴光已年近八十歲，他自知自己是名油燈將枯的老人，能為朝廷貢獻的已經不多了，因此還是拒絕劉秀。

嚴光一生沒有功名，除了生不逢時、時機不對之外，史學家還提到嚴光自身的個性——太過執著、太過堅持，以至於一生沒有功名。

POINT 抽到這支籤詩後，你必須……

如果抽到這支籤詩時事情已經開始做了或已經發生，而且不是很順利的話，那就是神明要告訴你：以當下的時機來說，現階段你所做的事不太適合你，所以，建議你必須考慮是否要轉變、轉行或轉換跑道。

相對的，假使抽到這支籤詩時事情還沒開始做，那就代表神明在告訴你：你現在規劃的事既不合時宜、方向也不適合現在的環境，得再以整體環境為主要思考方向，改變策略與戰略。

除了生不逢時、時機不對，還有一點非常重要：如果你是在沒工作或一事無成的狀態下抽到這支籤詩，那就要從個性下去解籤：你的機會可能早就出現過好幾次，但你不是這個不想做，就是那個沒意願，白白錯失大好機會。如果是這樣，唯一解決的方法就是——改變自己的消極態度及價值觀。

更具體一點來解釋，抽到這支籤詩後，最好先檢視自己的個性是不是這個不想做、那個沒意願，這個嫌辛苦、那個嫌錢太少，導致至今仍一事無成。如果實際狀況是這樣，就非得改變自己的心態跟態度；若不是這樣，就得從生不逢時、時機不對方面下去解。

針對這支籤詩，如果沒有教大家這些觀念跟竅門，真的很難理解，但只要能掌握抽籤人現在處於什麼狀態，就可以把這支籤詩解得非常精準了。

下 第21籤 下

丙甲

孫龐鬥智結仇、須賈害范雎

歸納 人為因素的阻礙、陷害

與君夙昔結成冤，今日相逢顯惡緣，好把經文多諷誦，祈求戶內保嬋娟。

家運 家運不平穩，若過去曾與親友起衝突而有未解的糾紛，勿過度聽信友人言語而進行任何決策或計畫，恐再度影響到家運；小心保守避免再涉入人為事，可安然度過危機。若你是心懷不軌的那個人，提醒你勿陷害人，否則將自招禍端，影響家運發展。

本運 目前運勢尚低，建議凡事保守低調，勿強出風頭再度惹人眼紅，慎防親信友人言語慫恿。心存歹念之人抽到此籤，勿以惡小而為之，恐自食惡果。

姻緣 已婚者、未婚有對象者要避免口角衝突，雙方易聽信友人言語煽動而導致感情短時間內難修復，抑或讓有心人趁虛而入。單身者最近若遇見新對象，要多觀察對方為人再考慮是否交往。此外，不論已婚、未婚有對象、單身，切勿想要破壞他人感情。

事業 若過去曾與同事發生不悅，盡量與對方保持相敬如賓的關係，避免結怨，即便能力在他人之上，也要低調行事，以防有心人在背後中傷，導致主管同事對你有負面印象。

學業 小心交友不慎，否則恐影響成績、使學業停滯。若已遇到損友而荒廢學業，只要能遇得良師益友牽引，仍可有所成。此外，在學校裏可能要慎防霸凌，應尋求師長協助。

健康 身體如有病況，避免急病亂投醫而聽信、使用來路不明的藥物，若已服用一段時間，建議盡早中斷，尋求正常就醫管道，仍有好轉的機會。

求子 避免因長輩、親友的言語造成心理壓力，因而心理影響生理，也勿與另一半因求子之事起口角，盡量平常心以對，才不會影響身心，導致求子不易。

財運 財運偏低，勿盲目聽朋友介紹而投資、買賣，小心有心人趁機詐騙而血本無歸。若想與他人合夥創投，勿因小事而衝突結怨，以防對方臨時退股，讓財務出現困難。

籤詩典故——孫龐鬥智結仇

孫臏與龐涓是戰國時期著名的兵法家，同師鬼谷子。龐涓生性多疑、忌妒心又重，孫臏心思相對單純很多，很相信師弟龐涓，想不到最後龐涓竟是害他一生殘廢的主要凶手。正因為這樣，兩人結下了仇恨，而這對師兄弟也為了一爭高下，以天下為戰場，攪了個天翻地覆。

輔助典故——須賈害范睢

范睢，戰國魏國人，在魏國中大夫須賈家中當門客，算是一名家臣。一次，范睢、須賈出使齊國，齊王的幾次提問，范睢都能替須賈回答得很得體。齊王因而非常欣賞范睢，私底下贈送范睢許多黃金和禮物，但齊王對范睢的禮遇，讓須賈懷疑范睢跟齊王有勾結，而向魏國的丞相魏齊報告，導致范睢遭到逮捕，被鞭打得遍體鱗傷，還被丟進茅廁裏，後來靠著朋友張祿的幫助，才得以逃出魏國。

是人才，就不怕被埋沒。范睢過人的機智與善辯受到秦昭襄王的賞識，因而當上秦國的丞相。史上有名的「遠交近攻」，就是范睢提出的主張，在秦國統一天下的助力中，扮演著非常重要的角色。

有一次，秦國準備攻打魏國，魏國派須賈當使者，范睢得知後抓住機會羞辱了須賈，再逼得魏齊自刎，一雪當年之仇。

問神達人解籤

從這兩個歷史典故的共同點切入來看，這支籤詩有三個重點：

❶因果關係——先種下仇因，後得到惡果：不管是龐涓、須賈及魏齊，都是因為先傷害別人，然後再被人所傷害。

❷傷害的人都是你親近的人或相信的人。

❸如果想要把這支籤解得很精準，請先誠實的捫心自問：你是陷害別人的人呢？抑或你是被陷害的人？

POINT 抽到這支籤詩後，你必須……

抽到這支籤詩時，不管事情是已經開始做或還沒做，只要你是先陷害別人的人，那就是神明要勸你回頭是岸：不要心存歹念，更不要行歹事，如果一意孤行、執迷不悟，天道報應不爽，有朝一日必將禍及自身，如同龐涓、須賈、魏齊等下場。舉個具體的例子說明：如果你是詐騙集團而抽到這支籤詩，神明就是提醒你及早懸崖勒馬，走回正道，否則遲早禍及自身。

如果你是被陷害的人——猶如孫臏與范睢，而且抽到這支籤詩時事情已經開始做了，那就是神明要告訴你：雖然目前被親近的人、相信的人所陷害，但還不到絕望的地步，時機一到將峰迴路轉，會有貴人助你一臂之力，屆時一切將會雲開月明。相對的，如果你抽到這支籤詩時事情還沒開始做，那就是神明要勸你：最好不要做，也不要參與，一旦做了下去，你可能會像孫臏與范睢那樣被陷害，一定要三思而後行。

上　第22籤　吉

丙乙

李太白遇唐明皇

碧玉池中開白蓮，莊嚴色相自天然，生來骨格超凡俗，正是人間第一仙。

歸納　時機已到，但需謹記日中則移、月滿則虧

家運　不順遂已過去，家運將漸漸起運，家中若有任何決定要做什麼事，是開始著手計畫的時候了；若能請示神明進行的時機點，會更加有利。

本運　運勢漸漸轉強，相較於過去，目前所進行之事成功機會大，要好好把握。惟得意之時要懂得謙卑，才能為人際關係加分。

姻緣　已婚者感情穩定，若過去有一些感情風波，接下來將趨於平靜、感情回升。未婚有對象者有望和另一半進一步發展，可開始考慮規劃婚事。未婚無對象者將有機會遇得不錯對象，與對方交往時，記得行為舉止勿太過隨性，否則易引發對方的反感。

事業　工作事業即將起步發展，接下來將有機會大展長才，還會遇得貴人提攜，成功將指日可待，惟注意受主管重用時要懂得飽穗低垂，才有助於人際關係發展。

學業　領悟力、智慧逐漸轉強，而且會遇到良師指導提升成績，惟避免因此趾高氣揚，影響同儕間的相處。

健康　身體如有不適，將有機會遇得貴人醫生獲得改善，可請示神明貴人在哪一間醫院。惟避免自認為身體已好轉痊癒，又開始過度操勞，最後導致不適狀症復發。

求子　此時正是求子的好時機，亦可求註生娘娘幫助受孕順利。

財運　可著手進行投資、理財等規劃，有望達到心中之獲利，但要量力而為、勿過於自信而大量投入資金，以免突來的風險讓你措手不及。

籤詩典故

李白，字太白，號青蓮居士，唐朝浪漫派詩人，性格喜交友、愛飲酒吟詩，被後代譽為「詩仙」。開元二十三年（西元七三五年），李白得知唐玄宗（即唐明皇）要去狩獵，趁機獻上〈大獵賦〉，希望能夠博得唐玄宗的賞識。唐玄宗看到〈大獵賦〉後，對李白十分仰慕，便召李白進宮。李白進宮覲見那天，唐玄宗還親自走下龍輦，步行迎接李白。

李白不論談時事或書寫文章，都讓唐玄宗非常欣賞，甚至親手為李白調羹湯，而李白做的〈清平調〉更是字字珠璣，唐玄宗與楊貴妃都十分喜愛。然而，一次唐玄宗令李白為楊貴妃作詩時，李白竟帶著醉意上金鑾殿，唐玄宗賜李白衣物，而李白卻因為酒醉而沒有辦法更衣，還叫專門服侍皇帝的高力士為他脫鞋子，讓高力士自此對李白懷恨在心，時常向楊貴妃說李白的不是。後來，楊貴妃與高力士聯合在唐玄宗面前誹謗李白，導致唐玄宗與李白漸行漸遠。最後，李白便辭職回鄉。

問神達人解籤

這支籤詩的重點有二：一是唐玄宗非常喜愛李白的才華，唐玄宗可以說是李白生命中的重要貴人。二是李白不拘小節的個性無形中得罪了高力士，導致日後被「賜金放還」。

POINT 抽到這支籤詩後，你必須……

若抽到這支籤詩時事情已經開始做了或者已經發生，神明是希望你不要擔心，過去的不順遂將要結束，時機快要到了，此外還會受到生命中貴人的提拔，要好好把握這波機運。

相對的，如果抽到這支籤詩時事情還沒開始做，神明是要告訴你：時機已經到了，而且還會遇到欣賞你的人，所以可以著手進行。

要特別提醒的是，抽到這支籤詩時還必須特別注意一件事情：人在一帆風順時要更謙卑，高處不勝寒，登高必自卑，「日中則移，月滿則虧」，千萬不要像李白那樣得罪高力士，為自己帶來流言蜚語。

下 第23籤 下

丙丙

吳王愛西施

花開花謝在春風，貴賤窮通百歲中，羨子榮華今已矣，到頭萬事總成空。

歸納 沉迷過甚，玩物喪志＋時間點（立春）

家運 家中成員平時過度沉淪某件事物或偏心於某一位成員，而影響家庭之間的和諧、甚至家人之間彼此就像仇人似的。尤其是在立春過後，影響家運狀況更加明顯。建議放下心中不滿，情形會漸漸改善。

本運 目前運勢低迷，勿再耗費時間過度耽溺於毫無意義之事，要懂得明辨該為與不該為，稍有不慎，恐走到無力回天的地步，情況在立春過後尤其嚴重。

姻緣 已婚者、未婚有對象者應慎防另一半結識第三者之可能性、抑或另一半可能過度沉溺於聲色場所，立春過後可能會因為某事引發感情破裂而無法挽回，要留意。未婚無對象者勿將太多精神陷溺在某事物上，而遲遲無法將心思放在戀愛交往，讓姻緣停滯。

事業 立春過後別再過度沉迷於不務正業之事，影響正業收入，時間一久恐讓你一蹶不振，毫無心思致力於事業發展。

學業 對於玩樂或其他娛樂活動勿過度沉迷，立春過後影響學業進展會更為嚴重。

健康 身體不適者千萬要戒掉長期菸酒、檳榔等不良習慣，立春後身體恐會出現明顯變化，不得不慎。除了遵循就醫管道及醫生叮嚀，平時應珍惜健康，以免失去時才懊悔。

求子 另一半目前較沒有將心力放在求子之事，建議立春過後雙方要積極溝通規劃，不然，時間一天天過去，隨著年紀增長，求子的困難度會增加。

財運 目前運勢低，立春過後應步步為營，千萬別過度沉溺股票、置產或賭博性娛樂等投資致富的心態，得失心太重而投入更多，一旦被套牢了，恐無翻身機會。

籤詩典故

春秋末期，吳王夫差出兵伐越國，越王勾踐為了保護越國不被吳國滅掉，只好投降並且答應到吳國為奴，跟隨勾踐到吳國為奴的，還有王后、越國軍師范蠡等一行人。勾踐在吳國為奴，每天想的都是如何雪恥復國，後來范蠡就利用美人計，獻上西施（本名施夷光）欲迷惑吳王夫差。果不其然，夫差非常寵愛西施，在姑蘇臺建造了春宵宮，久而久之，荒廢了朝政。吳王夫差放越王勾踐回越國後，勾踐每日臥薪嘗膽，十年生聚，十年教訓，歷經了二十年的時間，終於戰勝吳國，夫差自刎而亡，公元前四七三年，吳國亡。

題外話，中國歷史上四大美女，有沉魚落雁之容，有閉月羞花之貌——西施（沉魚）、王昭君（落雁）、貂蟬（閉月）、楊玉環（羞花），但這四位絕代美女最終命運皆不是很好。

問神達人解籤

這支籤詩的重點之一是在「沉迷過甚，玩物喪志」：吳王夫差戰勝越國後，聽從伯嚭的建言而未滅越國，改讓越王勾踐來吳國為奴，以顯示吳國的權威，沒想到范蠡獻上西施，迷得夫差荒廢朝政，最終導致吳國滅亡——原本有大好的前途名望，卻因為太過沉迷女色、玩物喪志，導致喪失掉原本擁有的東西。

這支籤詩的另一個重點是時間點：「花開花謝在春風」，指春天（立春）。

POINT 抽到這支籤詩後，你必須……

若抽到這支籤詩時事情已經開始做了或者已經發生，神明是要告訴你：你太沉迷在某個人或某件事而導致迷失方向，如果再不趕緊振作、堅持原則，不只得不到你所沉迷的某個人或某件事，甚至還可能會失去你目前擁有的一切，賠了夫人又折兵。諸如沉迷賭博性電玩等壞習慣，或在婚姻、感情上又認識其他人（出軌），都在這支籤詩的隱喻範圍，不可不慎。

相對的，要是抽到這支籤詩時事情還沒開始做，神明是要告訴你：這件事情最好不要進行，雖然你內心很想做，還被「迷得神魂顛倒」，導致無法做出正確判斷，然而一旦你做了，最後很有可能會變成「想要的得不到，再回頭也沒回頭路」的結局，一定要三思而後行。

另外，這支籤詩有另一個重點：時間點。「花開花謝在春風」代表春天（立春過後），因此，立春一到，你就要特別注意。

中 第24籤 吉

丙丁

張騫悞入斗牛宮

一春萬事苦憂煎，夏裏營求始帖然，更遇秋成冬至後，恰如騎鶴與腰纏。

歸納 時間點——冬至後

家運 家運在春季低迷，夏季才會稍微平順。別過於擔憂，秋天會有轉機，冬至過後會有所好轉，如果有任何計畫，亦請在冬至後再進行，成功機率較大。

本運 春季運勢較多曲折變化，夏季尚非最佳時機，凡事忍耐以待，待冬至過後漸漸起運，所進行之事較容易達到心中期待。

姻緣 已婚者、未婚有對象者在秋季前雙方易有口角、多紛爭，冬至過後問題會漸漸改善、漸趨穩定，情感會加溫、更融洽。單身者冬至過後有機會結識新對象，要好好把握。

事業 春季工作事業發展較奔波勞碌，夏季尚趨平穩，建議繼續耐心以待，秋天會有轉機，冬至過後將會進入順遂的好時機。有意轉職者亦等冬至過後再進行，較容易找到合適工作機會，在此之前應加強自我能力、提升職場競爭力。

學業 春夏之時考運較容易不如預期，建議趁此時多多充實自己弱項的科目，冬至過後配合好時運，考取機率更高。

健康 身體微恙者春季時病況反覆較明顯，夏季會稍趨穩定，勿過於憂心忡忡，放寬心情、細心調養，待至冬至會有機會好轉，亦可請示神明貴人醫院及醫生。

求子 春夏兩季可能容易處於忙碌奔波狀態而無暇於求子之事，冬至過後漸入平順，此時可開始好好規劃經營，受孕機率較大。

財運 春季易受時運影響，此時進行投資、股票較不易積財，夏季稍微平穩，最佳時機在冬至過後，只要規劃妥當，會有不錯的獲利成果。

籤詩典故

張騫奉漢武帝之命出使大月氏國，一天，張騫坐著浮槎（來往海上到天河間的木筏）先到天河的斗宿，之後到了牛宿。張騫在牛宿看到許多織布的婦人和一位牽牛人，牽牛人很訝異地問他：「你為什麼來這裏？」張騫說明來意後，牽牛人告訴他說：「這裏是牛宿，你趕緊回去！你是客星，可別犯到牛宿，八月秋天以後再說吧。」於是，張騫便又坐著浮槎回到原來的地方。

問神達人解籤

這支籤詩的重點在「時間點」。典故裏的「斗牛」，指二十八星宿中，北玄武裏的斗宿、牛宿。二十八星宿分屬東青龍、南朱雀、西白虎、北玄武四方，裏面各有七個星宿，當時張騫坐著浮槎先後到斗、牛二宮，張騫是來客，所以是客星，斗宿星、牛宿星則是主星。

東西南北四方則代表不同的時間：因為東是春季、南是夏季、西是秋季、北是冬季，所以東青龍屬春季、南朱雀屬夏季，西白虎屬秋季、北玄武星宿屬冬季。因此，斗宿、牛宿所在的北玄武，代表的時間點是冬季。根據牽牛人的話可知，當時還沒到冬季，代表天運氣數還沒走到北玄武的時間點，張騫就來了，因此才會客星犯主星。假設張騫是在秋冬坐著浮槎來，就比較不容易犯主星，但最保險還是冬至後，屆時會主客相盡歡。

從詩句的角度來看，同樣提到最好的時機點在冬季：春季做事比較讓你煎熬，夏季平平，秋冬來做才是最佳時機，尤其是在冬至後，會「恰如騎鶴與腰纏」——很有機會腰纏萬貫、騎鶴上揚州。「騎鶴」指古時候一位名叫富貴仙的仙人在秋冬之際騎鶴飛向揚州，自此揚州就成了人們心中出仕宦的好地方。

POINT 抽到這支籤詩後，你必須……

如果抽到這支籤詩時事情已經開始做了或者已經發生，而且不太順，神明是要告訴你：先暫時再忍耐一下，等到秋季，就會慢慢有轉機，到冬至時會有所改善。這同時表示，你在不對的時機點做了這件事，才會有目前這個結果，所以只能暫時先忍耐。

相對的，如果抽到這支籤詩時事情還沒開始做，神明是要告訴你：先忍耐一下，等到冬至再來做，那時才是最佳的時機，這件事的成功率也會比較大。

中 第25籤 平

丙戌

唐明皇遊月宮、芙蓉鏡下及第

寅午戌年多阻滯，亥子丑月漸亨嘉，待逢玉兔金雞會，枯木逢春自放花。

歸納　時間點——隔年農曆4月

家運　目前家運較多阻礙且紛擾不順遂，待農曆10、11、12月會漸入佳境，明年農曆4月是最佳時機點，建議寬心以待，任何決定待明年農曆4月再來著手進行。

本運　農曆10月前運勢易呈現停滯不前、謀事較難成，農曆10、11、12月才會趨平穩，不妨趁今年好好韜光養晦、充實自我能力，待明年農曆4月時機好轉，有望大展長才。

姻緣　已婚者、未婚有對象者今年易與另一半因意見紛歧、摩擦而影響感情，農曆10、11、12月會漸漸改善，明年農曆4月矛盾會逐漸化解。未婚無對象者今年較難遇到屬意的另一半，待明年農曆4月姻緣時機到，有望遇得良緣，現在先多充實自身條件。

事業　工作事業進展較難稱心如意而多阻滯，避免因情緒不佳而與同事起衝突，影響人和問題，農曆10、11、12月不順的情況會趨緩，明年農曆4月會有轉機，事業運漸回升。

學業　今年考運較低迷，即便投入諸多心血仍可能未達期待，切勿洩氣，學如逆水行舟，只要努力不懈，在農曆10、11、12月時，學習力與領悟力會逐漸增強，待明年農曆4月事考運正強之際，有機會考取理想中的學校。

健康　身體若有微恙，今年在健康上反覆不適的狀況會比較勞費精神與體力，除了好好調養外，農曆10、11、12月會漸漸改善，明年農曆4月有機會遇到貴人醫生。

求子　之前求子之事較不順，但農曆10、11、12月時機「將近」，可以開始先調養身體，以求好好把握明年4月的最佳時機，可望受孕成功。

財運　正財守住就好，若有意進行投資，目前仍不宜，受運勢低迷影響，今年恐從盈轉虧，農曆10、11、12月時可先觀察，待明年農曆4月再投資，才有獲利機會。

籤詩典故——唐明皇遊月宮

唐朝鄭棨的《開天傳信記》、《明皇雜記》，都提到唐明皇遊月宮的事：一天，唐明皇處理完國事之後感到有些昏沉，接著就睡著了，並夢到自己來到一個地方。

唐明皇發現自己所在的地方很高，而且到處都是雲，抬頭一看，見一匾額，上面寫著「廣寒宮」，他訝異地說：「廣寒宮不就是月宮嗎？我怎麼來月宮了？」踏進廣寒宮，唐明皇便聽到悅耳到人間未曾聽過的雅樂——「霓裳羽衣曲」。正當他想要加快腳步以聽得更清楚一點時，忽然有一位宮女叫喚他，唐明皇醒了過來，才發現原來這是一場夢，而自己還睡在金鑾殿上呢！

輔助典故——芙蓉鏡下及第

唐朝李固言在元和六年進京趕考，不幸名落孫山，於是到蜀郡遊玩散心，途中遇到一位老婆婆，對方跟他說：「你明年芙蓉鏡下及第。」第二年，李固言果然高中狀元。更奇妙的是，會考的題目竟出現「人鏡芙蓉」這幾個字。因為這個故事，後人便以「人鏡芙蓉」比喻科考高中。

問神達人解籤

這支籤詩的重點在時間點。「寅午戌年」（參見「寅、午、戌年對照表」P125）是指歲運，你在這幾年當中抽到這支籤，代表該年運勢較有阻礙，要等到「亥子丑月」——十、十一、十二月——才會慢慢起運，到隔年農曆四月（玉兔）的酉日（金雞）開始，就會「枯木逢春自放花」——如同春天一樣百花盛開，因為時機正是時候。

那是不是一定要等到隔年四月呢？是的，詩句已明明白白的講「寅午戌年多阻滯」，特別指示是「年」——這是其他籤詩所沒有的，其他談到時間點的籤詩，雖然也以天干、地支或生肖來代表，但都沒特別講到「年」，既然籤詩講明是「年」，就一定只能從年份解（若沒有特別講到「年」，那年份、月份都有可能）。

為什麼要等到「隔年」的四月才會「枯木逢春自放花」呢？這是因為「亥子丑月漸亨嘉」，十月、十一月、十二月運勢才開始好轉，而這三個月都已接近年底，由此斷定，只要在寅、午、戌年抽到這支籤詩，都要到隔年四月才會迎來大好時機。

那麼，如果抽到這支籤詩不是在寅、午、戌年呢？一樣要等到明年四月，因為歷史典故中李固言是隔年才中狀元。因此，不管何年、哪一個月抽到這支籤詩，都要忍耐到隔年四月。

POINT 抽到這支籤詩後，你必須……

如果抽到這支籤詩時事情已開始做或者已經發生，而且不順利的話，神明是要告訴你：先暫時再忍耐一下，明年四月一到，就會有大轉機。

相對的，若抽到這支籤詩時事情還沒開始做，神明是要告訴你：先暫時再忍耐一段時間，因為隔年四月才是最佳時機，到時再做，成功率才會比較高。

戊戌年	甲午年	壬寅年
民國107年	民國103年	民國111年
庚戌年	丙午年	甲寅年
民國119年	民國115年	民國123年
壬戌年	戊午年	丙寅年
民國131年	民國127年	民國135年
甲戌年	庚午年	戊寅年
民國143年	民國139年	民國147年
丙戌年	壬午年	庚寅年
民國155年	民國151年	民國159年

中 第26籤 吉

丙己

邵堯夫告天

年來豐歉皆天數，祇是今年旱較多，與子定期三日內，田疇霑足雨滂沱。

歸納

時間點——抽籤日算起的3日後，凡遇丁日或凡遇癸日

家運 因流年所致，家運已低迷不振一段時間，雖然目前仍未見起色，但並非會一直處於谷底，不必失志，凡事保守勿躁進，待時機一到，仍可平步直升。可請示神明時機點，並祈求家運平順發展。

本運 受流年運勢影響，目前尚處低潮期，若有任何計畫，建議暫且按兵不動，可請示神明進行的時機點，並求神明助一臂之力，屆時事情進展會更順遂。

姻緣 已婚者、未婚有對象者今年要特別注意口角，人與人相處必有摩擦，凡事多忍讓並建立起良性溝通，感情才能長久，亦可求神明助兩人感情更融洽。未婚無對象者可直接向神明請示姻緣時機點，屆時積極參加聯誼，有機會遇到適合的對象。

事業 經濟長期不景氣加上工作事業受挫，讓你心力交瘁，眼下難以克服的瓶頸雖然仍無法得到理想的發展，但只要心態正面、持之以恆並祈求神明幫助事業起運，仍有希望扭轉乾坤。

學業 過去考運不順，今仍處撞牆期，別氣餒，可求文昌帝君助智慧提升，求取金榜題名。

健康 受流年氣數影響，若過去至今身體痛運已有一段時間無明顯改善跡象，建議可求神明指示貴人醫院與痛運改善的時間點。

求子 多年求孕未果，今年求子之路可能依然艱辛，別灰心，建議向神明請示出時機點，或求註生娘娘幫助求子順利。

財運 正財能安然守住就好，受流年運勢低迷影響，偏財不宜進行，恐不如預期。

籤詩典故

邵雍，字堯夫，宋朝人，後世人稱邵康節，少年時期博覽群書，一心苦讀向學，特別專精於天文、易理學問，後來又得到李之才傳授物理、性命之學，更上一層樓。除了這些，相傳邵雍的《梅花心易》、《鐵板神算》更是神準。

一年，正逢乾旱，百姓顆粒無收。由於不忍人民挨餓，邵雍擺上香案，誠心為民祈雨。祈雨後沒幾日，上天果真降下滂沱大雨，解除百姓旱災之苦。

問神達人解籤

這支籤詩的重點在時間點。過去一年以來的不順遂是註定的，非人力可以改變，偏偏今年旱象又多。既然天數與天意如此，凡事便不要太急，也別垂頭喪氣，只要誠心祈求上天、神明幫助，定可天降甘霖，轉危為安。

至於時間點的推算，在抽籤日算起的三日後，只要遇到「丁日」或者遇到「癸日」，那一日開始就是時機點。

「三日內」出自於《易經》的「巽為風」的九五爻。九五爻曰：「貞吉悔亡，無不利。無初有終，先庚三日，後庚三日，吉。」為何是丁日跟癸日？因為天干庚的排序前三個，就是丁，庚的排序後三個就是癸。這就是先庚三日為丁，後庚三日為癸（天干排序：甲↓乙↓丙↓丁↓戊↓己↓庚↓辛↓壬↓癸）。

雖然詩句是說三日內，但我認為不必執著一定是三天，可解釋成：抽籤日算起的三日後，不管遇到「丁日」或「癸日」，從那一日開始算起的三個月內都是有利的時間點。

POINT 抽到這支籤詩後，你必須……

如果抽到這支籤詩時事情已開始做或者已經發生，而且不順的話，除了暫時再忍耐一下，建議你應該同時向該廟的神明祈求，神明定會幫你轉危為安、化凶為吉。

如果抽到這支籤詩時事情還沒開始做，那先不要急著做，因為還有一段註定的波折需要避開，避開後再來做，才是最佳時機。至於最佳時機在何時呢？第一、建議請示抽到這支籤的該廟神明最準確，籤詩既然說「與子定期三日內」，那就是暗示著神明可以幫你，而且時間快到了。第二、你也可以查閱農民曆或萬年曆，在抽籤日算起的三日後，凡遇先庚三日為「丁日」，或凡遇後庚三日為「癸日」，那一日開始算起的三個月內都是時機點。

中 第27籤 平

丙庚

江東得道、項仲山飲馬投錢

世間萬物各有主，一粒一毫君莫取，英雄豪傑自天生，也須步步循規矩。

歸納 切勿執著，需轉換方向

家運　家運平順，若偏執靠副業來改善家庭經濟，或執意執行某事來改善家運，卻遲遲未達實際效果，那就該考量其正當性、方向及是否有完善規劃，才會對實際現況有助益。

本運　運勢平穩，但若太執意堅持個人想法或理念，且進行已有一段時間仍未見成效，請思考是否該轉換、調整做法或方向——跳脫舊思維的框架，才會有所斬獲。

姻緣　已婚者、未婚有對象者若與另一半感情陷入膠著，要思考自己的想法或要求是否讓對方不舒服，若是如此，你得先改變自己才能提升彼此的信任與熱情，讓感情更長久。未婚無對象者勿過度執著擇偶的條件，設限太多反而耗費時間，錯失對的人。

事業　無論就職中或創業中，若工作事業遲遲無法達到理想績效，就該考慮調整現有的模式，改變創新或轉換經營策略；尚在計畫要創業的人，則要思考是否已掌握市場需求、了解自己，才能精準地找出適合自己的未來道路。

學業　若已十分致力於課業但成績始終不理想，該思考是否太過墨守成規而不知融會貫通，多向師長、同儕請益，以找到適合自己的學習方式。此外，若你選擇要考的科系已多次落榜，該考慮是否適合自己未來研讀方向，或思考其他擅長或有興趣的科系。

健康　身體有微恙者太固執傾向於偏方治療，而不去尋求正式醫學的醫治。建議透過正確醫療診斷，才能盡早對症下藥。

求子　堅持傳統或單一方式未必能成功，諮詢多位專業醫生的診斷及評估，找出癥結點後進行治療，受孕機率相對提高。嘗試自然懷孕以外的方式，或許能提高成功受孕機會。

財運　正財平平，偏財部分若已長期沒有獲利，勿再執著投入資金、期望回收利潤，而是要思考風險性較低的投資方式，相對來說，較能避免錢財持續流失。

籤詩典故——江東得道

唐朝人士羅隱，本名羅璝，字昭諫。羅隱相貌非常醜陋，個性恃才傲物，所以人際關係並不是很好。從二十八歲到五十五歲，羅璝總共參加十次科考，沒有一次榜上有名，最後他絕望地發誓不再參加科舉考試，並且把所有教科書全部燒掉，改名為羅隱，字號江東生。相傳，羅隱之後曾遇到一位異人傳以心法，因而得道。

輔助典故——項仲山飲馬投錢

《三輔決錄》記載：項仲山，安陵人士，是一位相當潔身自愛的人，不是自己的東西，從不隨便取拿。項仲山每次牽馬到渭水河邊餵馬喝水後，從不會忘記往河裏丟個幾文錢，旁人問他為什麼要這麼做？他回答：「物各有主，不敢亂食。」

問神達人解籤

這二個歷史典故講的都是同一個道理：天下萬物都有主，自有適合它走的一條路，切勿強求與執著。換句話說，當你不是這一件事情的「主」時，一路走來就可能會很辛苦，甚至會跌跌撞撞。雷雨師百首籤詩裏有關羅隱的籤詩共兩支，一支是第二十七丙庚籤，另一支是第三十六丁己籤P154，為避免混淆，是以加一個輔助典故，讓解籤者更加清楚籤詩的涵義與方向。

這支籤詩的重點是：羅隱從二十八歲到五十五歲共考了十次科考，沒有一次榜上有名，直到年老時才遇到一位異人傳授心法而得道。這意謂著：每個人都有每個人該走的路，不要強求，一條路適合你走，不一定就適合我走——天賦異稟，因人而異。

要特別提醒大家的是：這支籤詩跟第三十六丁己籤的歷史人物，講的都是羅隱，然而，人物雖然一樣，所代表的意義卻不同，你必須要會區分抽到第二十七丙庚籤的解法，跟抽到第三十六丁己籤的解法的差別，千萬不可混為一談，否則會誤人又誤己。

POINT 抽到這支籤詩後，你必須……

如果抽到這支籤詩時，有一件事已經做了一段很長的時間，也努力了很久，但都沒有成功，神明是要告訴你：不要執著這條路，轉換個方向也許更適合你。因為籤詩中講到「世間萬物各有主」，上天造人時會給每個人一條最適合他走的路——「一枝草，一滴露，天無絕人之路」，如果一味強求，太過於執著，也許會浪費掉大好的光陰。

相對的，如果抽到這支籤詩時事情還沒開始做，神明是要告訴你：你選的這個方向不適合你，可再多想幾個選擇方案，有機會能夠找到最適合你的。走最適合自己走的路，不僅會節省很多時間，更能收事半功倍之效。

上 第28籤 吉

丙辛

相如題橋

公侯將相本無種，好把勤勞契上天，人事盡從天理見，才高豈得困林泉。

歸納 堅持下去，有志者事竟成

家運　家運即將轉強，只要是正當且合理性的決策，能幫助家中狀況，執著不懈努力下去，必能獲得豐碩果實。

本運　運勢即將轉強，朝著目標前進，加上勤奮與毅力，必將能夠平步青雲，成功一定會屬於你的。

姻緣　已婚者、未婚有對象者與另一半都是很有想法的人，相處時難免會因各自的堅持而產生爭執，只要互相體諒寬容、好好溝通，感情將能細水長流，白頭到老。未婚無對象者若有心儀對象，積極釋出誠懇、適度關心，終能擄獲芳心，獲得對方青睞。

事業　目前的工作事業很適合你，請隨時不斷自我充實，讓自己的專業價值倍增，今日付出的努力終能獲取主管賞識。若是正在求職中者，只要設定目標，有信心地堅持到底，絕對找得到出路。

學業　目前所選擇的科系非常適合你，下工夫學習、不懂之處隨時請益師長，會如你所願考取理想成績。

健康　只要持續配合醫生診治，重要的是不因卻步而中斷治療，有機會痊癒。

求子　受孕機會還是有的，鼓勵自己要有正面態度、堅持下去，隨時準備好孕到。

財運　正財運會漸漸走強，理財、投資方向準確，有機會獲得盈利。

籤詩典故

司馬相如，本名犬子，字長卿，因非常尊敬與崇拜戰國時代完璧歸趙的藺相如，後來才改名為相如。司馬相如少年勤奮讀書，善於寫詞作賦，雖然文采豐富，卻時運不濟，一直不能得志，落魄了一段時間。一次，司馬相如要過城北的「升仙橋」時，看到一位大官的車隊也要過橋，其車隊前呼後擁的，好不威風！相如十分感慨，等這位大官的車隊過橋後，便在橋上寫了十三個字：「他日若不乘高車駟馬，不過此橋。」後來時運到，司馬相如獻〈子虛賦〉、〈上林賦〉、〈長門賦〉給漢武帝，得到漢武帝的賞識，因而發跡做了大官。

問神達人解籤

這支籤詩的重點在：司馬相如雖勤奮讀書，無奈時運不佳，落魄了一段時間不能得志，但他並未因而失志，反而寫了十三字自我激勵，最終如願以償。這支籤詩跟第二十七籤不一樣，第二十七籤講的是轉換方向，而這支籤講的是堅持下去。

POINT 抽到這支籤詩後，你必須……

如果抽到這支籤詩時有一件事已經做了一段很長的時間，也努力了很久，但都沒有成功，代表神明要告訴你：要堅持下去，因為「才高豈得困林泉」，只要有才情，是不會一直被困在淺灘的。因此，有志者事竟成，不要放棄，將來會有成功的一天。

相對的，如果抽到這支籤詩時事情還沒開始做，神明是要告訴你：你選的這個方向適合你，但要經過一段時間才會達到期待——要有持之以恆、堅持到底的意志力才能成功。

上　第29籤　上

丙壬

司馬溫公嗟困

歸納 目前雖有阻礙，但會化險為夷

祖宗積德幾多年，源遠流長慶自然，若更操修無倦已，天須還汝舊青氈。

家運　雖然目前家運較低，凡事會比較辛勞、屢受挫折，幾乎讓人無力振作，但是只要挺得住，等時機一到，便能走出低潮。建議可以請示神明運勢起運的時機點。

本運　好運的降臨必須等待，目前的阻礙雖然壓得你喘不過氣，但只要能堅強地捱過去，時來運轉時，凡事便能易如破竹。建議可請示神明運勢轉強的時間點在何時。

姻緣　已婚者、未婚有對象者若感情經營艱辛，只要彼此有心維持下去，不久的將來會雨過天晴，回到如同以往的甜蜜。未婚無對象者有望透過朋友的介紹覓得良緣，可請示神明時機點。

事業　目前的工作可以繼續進行，惟勿因為遇到困難而萌生退意，面對的障礙愈高，所得的磨練愈珍貴，若能不斷從錯誤中學習，再困難的任務最終都有可能化險為夷，待時機到，漸漸能得心應手，提案有望得到主管支持。建議可請示神明時機點。

學業　學業成績頻頻受阻、遲無顯著提升，勿自暴自棄，待考運轉強，仍大有進步的空間。建議可求文昌帝君助考運亨通。

健康　身體如有不適，短時間內反覆出現的病況可能讓你心力交瘁，假使能耐心持續配合治療，仍可改善治癒。

求子　勿因求子不順而灰心失志，幾度的失敗或許讓你想要放棄，但只要樂觀面對，保持身心最佳狀態，待時運到，受孕機率相對較高。建議可向神明請示出求子最佳時機點。

財運　目前守住正財就好，待時運起才會漸轉強。偏財先不宜進行，風險波動易造成虧損。

籤詩典故

司馬光，字君實，宋朝人士，中國名著《資治通鑑》的主編。司馬光為官清廉，恭謙正直，就連他的政敵王安石也非常欽佩他的品德，甚至願意跟他成為鄰居。司馬光有感於百姓困苦，在為國為民的立場上，竭力反對神宗支持王安石變法，後來看到新法勢在必行，便以「冰炭不可共器」為由，自請離京，回洛陽。在往後的十幾年，司馬光一心致力於《資治通鑑》的編撰，算是成就一部影響後世甚鉅的大作。

後來宋神宗駕崩，不到十歲的宋哲宗登基，召司馬光入朝主政，任左僕射。司馬光主政後便接連上奏，最終廢除了王安石所主張的變法新政。可惜的是，才上任短短八個月，司馬光就過世了，被追封為司馬溫公。

問神達人解籤

這支籤詩的重點在：司馬光反對王安石變法，但是得不到宋神宗的支持，最後自請離京回洛陽，經過一段時間後，宋哲宗即位，找回司馬光並支持司馬光的主張——採行舊法，廢除王安石所有的新法。

POINT 抽到這支籤詩後，你必須……

如果抽到這支籤詩的時候事情已經做了，而且都沒有成功，神明是要你堅持下去，目前的情勢雖然對你不利，但是只要時機一到，而你自己也沒有放棄自己的話，上天會幫助你找回失去的東西。

相對的，如果抽到這支籤詩時事情還沒做，神明是要告訴你：可以做是可以做，但有可能得不到支持，也會遇到一些阻礙，而這些阻礙會讓你承受不小的壓力，你甚至可能會因為受不了這個壓力而自己選擇離開。然而，只要你能不放棄地堅持下去，等時機一到，會有支持你的貴人出現，屆時情形將對你大大有利。

中 第30籤 吉

丙癸

柳毅傳書

歸納

目前雖有阻礙，但有貴人相助＋時間點（立秋）

奉公謹守莫欺心，自有亨通吉利臨，目下營求且休矣，秋期與子定佳音。

家運　目前的阻礙容易導致家裏的氣氛不佳，此時凡事勿急躁，待立秋時，有貴人相助，否極泰來。

本運　目前運勢較多阻礙，眼下困境易使人進退兩難，此時任何決策皆不宜妄取，立秋後有貴人出現，自有亨通吉利的好運來。

姻緣　已婚者、未婚有對象者與另一半若感情面臨僵持不下的窘境，切勿再以憤怒情緒讓氛圍更不好，立秋後有機會透過親友化解衝突難題。未婚無對象者立秋後姻緣就會來敲門，屆時要好好把握時機，多聯誼、透過親友介紹，機會更高。

事業　目前工作執行易受挫、孤立無援，總得不到正面回饋，不要被沉重的壓力擊垮了，立秋過後有機會遇得貴人相助，屆時自會平順進展。

學業　勿因現況的成績不理想、課業艱深無法領悟等因素而挫敗、失去信心，立秋後考運及領悟力漸轉強，還有良師益友適時拉你一把，學業會進步神速。

健康　身體如有不適，立秋前治療效果較易出現停滯狀況，勿過度擔心，立秋後整體狀況會逐漸改善，有望遇得貴人醫生治癒。

求子　立秋前較多阻滯，受孕機率較低，若有意求助不孕治療，立秋後成功機率相對較高，且易遇得貴人醫生找出確切因素。亦可求註生娘娘幫忙，增加成功受孕機率。

財運　正財、偏財在立秋前難有顯著進展，維持穩定就好。立秋後再計畫理財投資，易有貴人提點。

籤詩典故

柳毅，唐代間傳奇故事人物，湖北人士。他在前往長安趕考途中遇到洞庭湖龍宮的三公主，而三公主已是涇水龍王的十太子的妻子，但這段婚姻委屈又無奈，還沒有管道對娘家的人訴苦，於是柳毅自告奮勇，放棄考試幫公主送信回家鄉。柳毅回到洞庭湖畔，為三公主送信給龍宮，但洞庭君礙於與涇陽君的多代姻緣，想息事寧人，而洞庭君的弟弟錢塘君則大大相反，知道了這件事後，非常生氣地帶著軍隊去解救三公主，還怒殺了涇水龍王的十太子。後來，錢塘君為了撮合柳毅跟三公主，化身為媒婆前往柳家說媒。最後，二人有情人終成眷屬，成為一段佳話。

問神達人解籤

這支籤詩的重點有二：一是洞庭湖龍宮的三公主的婚姻委屈與無奈，經柳毅暗中幫忙才得以解脫；二是柳毅看龍宮三公主的不幸，挺身而出，最後不但幫龍宮三公主解脫困苦，還因為這件事與三公主結為連理。解這支籤詩時，記得要整合這兩個重點。

POINT 抽到這支籤詩後，你必須……

如果抽到這支籤詩時事情已經做了，神明是要告訴你：目前這件事雖有阻礙，一時之間令人不知所措，而且「目下營求且休矣」，想找人營救，也沒有任何管道，可以說是進退皆無路，讓人內心滿是委屈與無奈，但不用擔心，接下來會有貴人助你一臂之力，屆時將化險為夷，最終得以遇難呈祥。此外，注意「秋期與子定佳音」——貴人出現的時間點就在秋季，以節氣來推算，是在立秋之後。

相對的，如果抽到這支籤詩時事情還沒做，神明是要告訴你：做這件事最好的時機是在秋季，也就是立秋之後，因為比較有貴人相助。若沒有在對的時機做，反而容易讓自己陷入困境，到時還需要一段較長的時間才可以脫困，得不償失。

此外，如果你是問婚姻、感情而抽到這支籤詩，而且目前單身、沒有對象的話，也許你的緣分會在曾經有過一段婚姻的對象身上，因為錢塘君最後撮合了柳毅跟三公主（三公主原本已是涇水龍王的十太子之妻），使二人有情人終成眷屬。

中 第31籤 吉

丁甲

蘇卿負信

秋冬作事只尋常，春到門庭漸吉昌，千里信音符遠望，萱堂快樂未渠央。

歸納 苦盡甘來+時間點（立春）

家運 家運艱難困苦的日子將進入尾聲，立春後漸漸開雲見日。若過去曾蒙受他人惠益，別忘了尋恩回報、飲水思源。

本運 過去運勢低迷，飽受挫折，這些經驗是促使你成功的催化劑，艱苦的時光漸漸過去，立春後運勢否極泰來。別忘了一路上給予援手的親友的諾言，言而有信才能受他人的尊重，進而更有利各方面的進展。

姻緣 已婚者在致力為生計打拼的同時，別忘了背後默默支持的另一半，適時給予關心有助於婚姻經營長久，立春後感情將更緊緊相繫。未婚有對象者別忘了與你一起奮鬥、共患難的另一半，立春後可好好規劃兩人的未來。未婚無對象者立春後將有機會透過親友介紹結識不錯的對象，可別忘了感謝親友的幫忙喔！

事業 工作的瓶頸可能已困頓你一段時間，別失志，立春後將有轉機。惟別忘了在困苦時期支持協助你的同事夥伴，人際上的禮尚往來有利於日後工作的推動及人脈。

學業 立春一到，不論學習或考運，一切的努力將會苦盡甘來；除了學習有明顯的進步，也較有機會達到目標，要記得感謝報答這段時間師長無私的指導或長輩們的提攜。

健康 身體長期不適而接受治療者的病況在春天會緩解且獲得改善，別忘了感謝長期以來家人無微不至的照顧與包容，以及醫生的細心醫療照護。

求子 過去求子艱辛，立春後將有眉目消息，若曾求助於註生娘娘或神明，記得要答謝。

財運 正財、偏財過去較不如期待，立春後將有機會轉強且穩定發展。過去若曾接受他人慷慨解囊，當你財源富裕時，勿忘當初曾幫助過你的人，或是記得歸還他人錢財。

籤詩典故

蘇武，字子卿，奉漢武帝之命出使匈奴，一去就是十九年。據傳聞，蘇武在匈奴時，匈奴右賢王的掌上明珠紅嫒公主對蘇武很好，蘇武後來娶了她，她則為蘇武生下了兩男一女。蘇武要回漢朝時，曾跟紅嫒公主說回漢朝後會再回匈奴接她和孩子，但她卻遲遲等不到蘇武。後來，紅嫒公主讓兩個兒子去找蘇武，要他不要忘了當時的承諾，無奈蘇武依然沒有履行承諾，氣得紅嫒公主罵蘇武空有氣節卻無信用。

問神達人解籤

這支籤詩的重點在：蘇武歷經十九年才得以回到漢朝，雖然是歷經了滄桑，但他在匈奴的期間也娶紅嫒公主為妻並育有二男一女；蘇武回漢朝前承諾紅嫒公主會回匈奴找她卻失信了，讓紅嫒公主忍不住罵蘇武雖有氣節卻無信用（「萱堂」是母親的尊稱）。

POINT 抽到這支籤詩後，你必須……

如果抽到這支籤詩時事情已經做了，神明是要告訴你：雖然這件事拖磨了很長一段時間，但不要太擔心，曙光即將出現，因為「春到門庭漸吉昌」，只要立春一到，事情就有改善與好轉的機會。要注意的是，若在你忍受煎熬的這一段期間曾有人幫助過你，而你也對對方許下承諾，屆時別忘了這些曾經幫助過你的人，尤其是那些曾與你共患難的人。

相對的，如果抽到這支籤詩時事情還沒做，神明是要告訴你：這件事已耽擱或已計畫了一段時間，如今時機——立春——差不多快到了。此外，這支籤詩還可以再解得深入一點：

❶你在計畫這件事的這段期間，若曾對人許過承諾，千萬不要忘記這些諾言。

❷你在計畫這件事的這段期間，若曾對人誇下豪語，信誓旦旦地描繪理想的藍圖說該怎麼做，或者是這件事如果做了會如何美好。現在時機到了，千萬不要忘記你說過的話，大家都等著看你的表現，好好加油！

❸如果你配對到欠點而抽到這支籤詩，那就是曾經有對神明許過什麼願而忘記了，神明在提醒你要趕緊兌現。

❹如果是問婚姻、感情而抽到這支籤詩，神明是在提醒你：你即將功成名就，此時別忘了曾經與你一起奮鬥、共患難的另一半。

下　第32籤　下

丁乙

周公解夢、盧杞陰司口舌

勞心汨汨竟何歸，疾病兼多是與非，事到頭來渾似夢，何如休要用心機。

歸納：小心保守，切勿躁進

家運　目前家運甚低，若家中成員仍執意在這個不對的時間點進行計畫或決策，不僅會徒勞無功，還會大跌一跤，影響家中層面甚大，建議現狀小心保守，勿急於一時。

本運　運勢處於低谷，勿再想方設法做任何改變，眼下先保守，勿急躁冒進，可請示神明起運時機點。記得不要在情急下選擇了旁門左道，一不小心，恐造成巨大的風波。

姻緣　已婚者、未婚無對象者若感情幾近谷底，勿以不當手段挽回，以免加深反感、使彼此更疏離，甚至做錯決定，建議雙方都要冷靜思考。單身者姻緣運低，找尋對象切忌只為滿足欲望而欺騙對方感情，恐承受嚴重後果；可向神明請示出姻緣時機點。

事業　目前不順遂，你工作的行事作風可能不被主管認同，勿再要小手段博取主管對你能力的認同，亦勿與同事為敵，嚴重的話，恐怕會逼得你不得不離開目前的崗位。

學業　目前考運不佳，建議保守等待起運，可請示神明時機點在何時，讓自己有個底，千萬別想以作弊或投機取巧的方式取得好成績，嚴重者恐影響到未來人生及學業發展。

健康　身體如有不適，因為目前健康運勢低迷，除了循規蹈矩配合醫學治療，勿心急，更別想以非正當性的醫療來雙管齊下、加速治癒，不但無法收到實質效益，嚴重者將加劇病況，得不償失。

求子　現在還不是求子的時機，先好好調養、勿躁進，時機到時若身體狀況好，成功機會才會高。勿冒然使用偏方，用錯方法可能傷身又傷財。求子時機點可請示神明。

財運　正、偏財運欠穩，理財投資均不宜，建議現況要保守，切勿伺機利用旁門左道或借貸利滾利來獲取更多錢財，到頭來只會空忙一場，一時的貪念恐讓你付出慘痛代價。

籤詩典故——周公解夢

周公，名旦，周文王第四個兒子。傳說中，一個人將要發生什麼重要的事情時，周公就會來入夢，告訴那個人要小心。孔子畢身倡導周公的禮樂制度，對周公非常非常的尊崇與敬重，是以讓孔子「日有所思，夜有所夢」——經常夢到周公。孔子年老時，還很感歎地說了一句話：「我老了，很久沒有夢見周公了！」自此，後世開始把周公稱為「夢神」。

輔助典故——盧杞陰司口舌

唐朝時，有一位口才不錯的人，叫盧杞，但他面色泛藍，眼神常出現異光，曾經被一位命相師說不是大貴、就是大凶。後來，盧杞成功當了宰相，但他妒忌賢能，有仇必報，陷害忠良，張鎰、揚炎、顏真卿、李懷光等都被他陷害。若干年後，那位斷盧杞面相不是大富、就是大凶的命相師再次看到他，這一次命相師告訴他：「你臉上的黑氣如煙，朦朦朧朧罩住整張臉，一點兒生氣也沒有，近日內必遭陰司口舌。」果然，盧杞因罪被貶，貞元七八五年，在被貶途中病死於船上，葬於嘉魚王家灣。

問神達人解籤

這支籤詩的重點有二：

❶ **一個人要發生什麼重要的事，周公就會來到夢中提醒他要小心：**代表接下來有事即將發生，不得不注意。

❷ **盧杞妒忌賢能，有仇必報，陷害忠良，後來在因罪被貶的途中病逝：**意謂著害人又害己。

POINT 抽到這支籤詩後，你必須……

如果抽到這支籤詩時事情已經做了，神明是要告訴你：做了這件事只是讓你徒增是非，並無任何效益，就算用盡心機，到頭來仍會是一場夢；更重要的是，做了之後會迎來一連串的風波，會對你造成極大的影響。若現在能即時喊停，也許還來得及不讓風暴擴大。

相對的，如果你抽到這支籤詩時事情還沒做，神明是要告訴你：做人要心存善良，切勿選擇旁門左道，就算你為了這件事用盡心機，一旦做了，就很可能會面臨想像不到的後果，建議你一定要思考再三。

第33籤

中 吉

丁丙

莊子慕道

不分南北與西東，眼底昏昏耳似聾，熟讀黃庭經一卷，不論貴賤與窮通。

歸納 個性

家運 家中運勢穩定發展，若有計畫亦可進行，但需縝密的思考及規劃；執行過程中，相對來說會出現一些瑣碎或繁雜狀況，比如你大而化之的想法容易與家人產生分歧，不過多半還是能克服完成，只是過程較辛苦。若保持現狀，相對來說能維持家庭和樂。

本運 運勢平順，若有計畫或不錯的機會發展，可以嘗試，只是你過於隨意的個性，可能會讓自己對過程中所出現的狀況看不順眼，凡事多忍耐，終究能克服問題。

姻緣 已婚者、未婚有對象者容易因另一半生活上不拘小節的個性而不悅，或因對方率直的言語而被傷到自尊心，雖然無傷大雅，但相互尊重與包容才能使感情更濃密。未婚無對象者個性上太過嚮往安然自在，久了容易忽略自己的姻緣大事。

事業 在職者目前的工作其實適合你且足以勝任，未來亦有升遷機會，但可能環境、人為或制度等方面與你的性格不合，易生排斥，若能調整心態，仍可克服。有意轉職者的新工作發展不錯，你的能力足以擔當新職務，但會因為個性而有一段辛苦的磨合期。

學業 你資質好、學習力強，但課業繁縟與教學刻板與你渴望的自主隨性學習大相逕庭，使你對學業沒興趣，若能克服排斥心，專注於課業，必能突飛猛進，達理想目標。

健康 別因為是小病痛而忽略了要去求診，雖然初期不會有太大的狀況影響到身體的機能，但拖久了就不容易治癒，建議尋求專業醫師的協助及時治療比較妥當。

求子 懷孕機會還是有的，只是另一半不強求、隨緣的個性，容易導致兩人意見不同，建議多溝通達成共識後再進行，更有利受孕順利。

財運 正財穩定持平，偏財不宜進行複雜又高風險性的投資理財，保持現狀亦能穩定積蓄。

籤詩典故

莊子，名周，戰國時期宋國蒙人，是著名的思想家與哲學家，也是道家學派的代表人物，與老子並稱為「老莊」。戰國時，楚威王聽說莊子賢明且學識淵博，便派使者前往聘請莊子來楚國當卿相，但是莊子卻以「我嚮往清淨無為的大道，比較希望以遊戲的方式來暢快自己的志向」為由，拒絕了楚國使者。

問神達人解籤

這支籤詩的重點在：莊子雖然賢明又學識淵博，但他嚮往的是清淨無為的大道，更習慣以逍遙的方式闡述志向，所以婉拒了楚國卿相之職。

POINT 抽到這支籤詩後，你必須……

如果抽到這支籤詩時事情已經做了，神明是要告訴你：以你的能力來說足以勝任，但卻不怎麼適合你的性格，你個性不拘小節，習慣以遊戲態度面對萬事萬物，不論貧富貴賤都一視同仁，但做這件事需要的是謹小慎微的個性，顯然與你格格不入，既然事情已經做了，如今你能做的就是調整一下性格，如此還是有能力克服難關——縱然需要時間，也會比較辛苦些。

相對的，若抽到這支籤詩時事情還沒做，神明是要告訴你：雖然這是個不錯的機會，你也是有能力的人，但依你的性格或依現階段的情形，一動不如一靜——先別做動，以能力來說雖然可以克服，但需要時間改變自己，會比較辛苦；靜則能優游自在且安穩如山。以神明的建議來說，以保持現狀為優先考量較佳。

中 第34籤 吉

丁丁

蕭何追韓信

歸納　尚有波折，需等待時機

春夏纔過秋又冬，紛紛謀慮攪心胸，貴人垂手來相接，休把私心情意濃。

家運　目前家運尚多波折，容易心有餘而力不足，時機未成氣候前建議耐心等待，明年立春後會時至運來，並得貴人相助，事情自然迎刃而解。

本運　若有計畫或變動要執行，目前還不是時候，眼下運勢較低，建議可先更仔細規劃，待明年立春後——天時地利人和俱足了——再進行，屆時計畫必然水到渠成。

姻緣　已婚者、未婚有對象者若對這段感情失去信心、懷疑能否走下去時，建議勿心急而做出錯誤決定，明年立春後彼此的想法與堅持會改變，事情還有轉圜餘地。未婚無對象者明年立春後較容易出現心儀對象，屆時還有貴人撮合，有進一步交往的機會。

事業　目前的職場可能讓你有長期低成就、薪水與付出不成正比等負面感受，而出現轉換跑道的念頭，但現階段運勢低，不適合有所變動，待明年立春後運勢回升，有一轉變的契機，有望貴人提攜，大展你的專業長才。所以，建議目前不要變動會比較好。

學業　如果很努力成績卻未到應有的水準，不要灰心，目前考運非最佳時候，明年立春後考運漸漸轉強，有師長益友會給予課業輔導、指點要領，成績將達理想目標，令人刮目相看。

健康　身體如有不適，短時間沒辦法痊癒，這可能會讓你精疲力盡、想放棄，建議持正面、積極的心態才有助於健康。可請示神明貴人醫院，明年立春後有機會改善治癒。

求子　目前求子尚不是最佳時機，過程的波折難免讓你沮喪，建議可請示神明貴人醫院，明年立春後將有機會受孕。

財運　投資理財不是進場的最好時機，一旦進行了，可能面臨一段風險波動。暫且觀望，勿心急，明年立春後有機會遇到專業人士提供市場分析及建議，獲取不錯盈利。

籤詩典故

楚漢相爭時期，韓信在項羽陣營裏只被視為擲戟郎中，不受重用，投奔劉邦陣營後，仍得不到賞識，於是再度選擇離開。蕭何知道韓信是個不可多得的大將，劉邦要打敗項羽而一統天下，非得有韓信在，便連夜追回韓信。最後，韓信以他的軍事天賦助劉邦打敗項羽，建立漢朝。

問神達人解籤

這支籤詩的重點在：韓信先後在項羽、劉邦帳下都得不到重用，他趁夜離開劉邦陣營，又被蕭何連夜追回來，最後得以功成名就。這暗示著，雖然春夏過了秋冬來，都未能如願以償，所幸最後有「貴人垂手來相接」——雖然可能一波三折，但時機一到，有機會願望成真！

POINT 抽到這支籤詩後，你必須……

如果抽到這支籤詩時事情已經做了，神明是要告訴你：你有能力，能衝鋒陷陣，可惜讓你一展長才的時機還沒有到，也還未能遇見賞識你、可以提拔你的貴人，因此才有現在這種懷才不遇的鬱悶。然而，現階段你更不能躁進，應等待機運的到來，最佳時機點是在明年——因為「春夏纔過秋又冬」代表四時都要走過一遍——明年立春過後，情況就會好轉。

如果抽到這支籤詩時事情還沒做，神明是要告訴你：你有能力，能衝鋒陷陣，但現在還不是你一展長才的時候，因為能助你成功的兩大關鍵，目前都還不具備：一是時機，二是貴人——在時間、空間都不具備下做這件事，很有可能會像初期的韓信一樣，先不受到項羽的賞識，後也得不到劉邦的關愛，處處碰壁。建議你明年立春過後再來做，才會比較順利。

下 第35籤 下

丁戊

王昭君和番

一山如畫對清江，門裏團圓事事雙，誰料半途分折去，空帷無語對銀缸。

歸納 個性＋欠點

家運　家運如暴風雨前的寧靜，背後有一欠點並已存在一段時間，須找出欠點並改善才能擺脫陰霾。欠點影響的期間，注意容易因家人間的直衝個性而導致紛爭、情感疏離。

本運　運勢漸走下坡，背後有一欠點導致要進行的事情面臨困境，再加上你的個性、處事不夠圓融，更讓事態進展停滯。先找出欠點並解決掉再進行計畫比較保險。

姻緣　已婚者及未婚有對象者感情存在摩擦點許久，中間可能會因為一時的言語、暴力相激或個性強硬而使兩人感情變調，嚴重者甚至可能面臨分手。單身者除了要調整個性，也要留心欠點導致你沒機會遇到對象，找出欠點並解決掉，姻緣才會來。

事業　即便你有衝勁及才華，但在職場上容易因個性上的口直心快而言語傷害到他人，導致事業不順，再加上欠點尚未解決，較難有所成就。

學業　學業進展會受到欠點影響而屢受挫折，在解決欠點前，應避免因受挫而影響情緒，一時言語不當而頂撞師長或導致同儕間的衝突，會影響到學業及導致人際關係被孤立。

健康　若身體長期欠安、久久未癒，建議問出欠點原因，解決後再配合貴人醫院及醫生來對症下藥。注意避免心情低落而言語遷怒家人親友，嚴重者會傷了彼此情感。

求子　欠點是造成多年不孕或胚胎著床失敗的原因，加上個性說話太直、太硬而傷到另一半自尊心，這些勢必都會影響到求子。

財運　財運偏低，欠點未解決前勿再輕舉妄動、進行理財投資。若已是合夥投資中，先維持觀望，勿再投注資金，彼此合作期間會隨時因某一方言語衝突、中途退出而導致經營出問題，嚴重者恐面臨倒閉，但若能調整個性，也許會有機會避開。

籤詩典故

王昭君是中國四大美女的「落雁」，漢元帝時被選入宮為宮女。王昭君品行高尚，講話直接，因不願賄絡當時的宮廷畫家毛延壽而被故意畫醜，導致她入宮五年還都無法見到皇帝，內心非常悲傷哀怨。竟寧元年，匈奴單于請求和親，王昭君自願嫁到匈奴，出塞那天，皇帝終於見到了王昭君，可惜為時已晚，王昭君還是嫁到匈奴去了。

王昭君成為單于之妻後，被封為王妃——「寧古於氏」。後來，單于死了，按照匈奴習俗，兒子是可以娶後母的，縱然王昭君百般不願，最後還是嫁給新任的匈奴首領。

王昭君出塞為漢朝與匈奴之間帶來了五十年的和平，功勞很大。

問神達人解籤

這支籤詩的重點有二：一是個性，二是欠點。首先是個性，王昭君個性正直，不願賄賂毛延壽，而且講話直接、犀利，導致毛延壽懷恨在心，故意在畫畫像時醜化她，以致進宮五年都無緣面聖，雖然事後毛延壽也為此付出慘痛代價，但這已對王昭君的命運造成無法彌補的後果。在欠點方面，雖然內心有滿腔熱血，目前情況也大致還好，但背後卻暗藏了一個問題點，而且「誰料半途分折去」——這個問題點會讓這件事出現難以預料的分離，或許親情之間，或許骨肉之間，或許夫妻之間，最後導致你獨自一人無語問蒼天。

要把這支籤詩解得精準且深入，就要把個性跟欠點一起整合交叉來解籤：目前情況雖然還相安無事，然而一旦發生事情——❶講話太過犀利、個性太直接，加上❷背後有潛伏已久的欠點，二個因素同時引爆——將會一發不可收拾。

POINT 抽到這支籤詩後，你必須……

如果抽到這支籤詩時事情已經做了，神明是要告訴你：一旦開始感到不順，建議要先問出有什麼欠點，因為它是一個影響你未來的重要因素，找到欠點後加以處理，事情都還有機會解決。此外，在處理欠點的期間，在說話方面要盡量圓融一點，才不會讓事態更加嚴重。

「智者應該要見於未萌」，我們最好能在事情還沒有發生時就看出一些端倪，而不是等到事態嚴重時再來處理，屆時要花費好幾倍的時間與精力挽救，所以，如果抽到這支籤詩時事情還沒做，神明是要告訴你：有一個欠點在背後影響著你，建議先不要進行，等問出欠點且解決了之後再來做最保險。

上　第36籤　吉

丁已

羅隱求官

歸納　時機已到，順勢而為

功名富貴自能為，偶著先鞭莫問伊，萬里鵬程君有分，吳山頂上好鑽龜。

家運　運旺時盛，有別於過去，家人間的情感、凝聚力逐漸提升，家庭和諧安樂。

本運　目前時機已成熟，不用質疑你所問這件事的成與敗，此事可大膽去進行，而且正好是你能力所及的方向，後勢會有不錯發展。

姻緣　已婚者及未婚有對象者所選擇的另一半或許平庸、外在並非最出眾，但本質上是值得信賴、能夠託付終身的另一半，是一段幸福且能維持長遠的婚姻與愛情。未婚無對象者的姻緣時機即將出現，請好好把握，但要注意，有追求者時不要因外在條件等因素而立即回絕，這樣反而容易錯失真正適合你的人。

事業　事業運逐漸轉強，目前的工作非常適合你，正能發揮你的長才，好好表現，事業能達高峰。

學業　考運正強，而且你目前選擇的科系很適合你未來的人生方向，或許在旁人眼裏是較不起眼的科系類別，但在你身上卻可以表現出色並能學以致用。

健康　因為健康運勢漸強，過去身體微恙者有機會改善治癒，可請示神明貴人醫院，遇得貴人醫生進行完善治療。

求子　現在開始正是求子的好時機，好好把握機會，可求註生娘娘幫助提高受孕機會。

財運　正財會開始走順。若有意投資理財，不見得要選擇高利潤的，低風險、低利潤的投資也會讓你慢慢累積一筆財富。

籤詩典故

唐朝人士羅隱，本名羅璝，字昭諫。十次考試皆落榜，在還未遇到貴人傳授心法前，他對自己一再落榜覺得很莫名奇妙，認為以自己的才情不可能是這種結果，於是找了命相師解惑，命相師對羅隱說：「你考取功名的機會實在渺茫，如果願意，依你的命相來看，投靠亂世霸主才是最適合你的路。」

後來，羅隱去投靠吳越王錢鏐，而錢鏐對羅隱可以說是禮遇有加，還授羅隱為錢塘縣令。後羅隱卒於開平三年，西元九〇九年，年七十七歲。

問神達人解籤

這支籤詩的重點在：羅隱參加了十次考試都名落孫山，經由一位命相師解惑而放棄了科考之路，投靠自己「沒想過的主」——亂世霸主錢鏐，果然錢鏐對羅隱非常器重，最後授羅隱為錢塘縣令。

丙庚籤和丁己籤都講羅隱的事，丙庚籤講的是這一條路不適合你，而丁己籤講的是：有一條路「看似」不適合你，其實只是「你從來沒想過」，但它其實是適合你的路。為什麼你從來沒想到呢？因為你從一開始就沒有很看重它，所以壓根兒就不會選擇這條路走，才導致像羅隱那樣一心一意只想參加科考而經歷了十次的失敗，白白浪費許多光陰。

POINT 抽到這支籤詩後，你必須……

如果抽到這支籤詩時事情已經做了，神明是要告訴你：這條路或這個方向雖然跟你當初的期待、條件都不一樣，甚至更差，但依你的命格來看，這一條路、這一個方向才是最適合你的，千萬要好好把握這個機會，別看不起它，之後會有不錯的發展。

如果抽這支籤詩時事情還沒做，神明是要告訴你：不要猶豫不決了，雖然條件不好，但依現在的狀況來看，這一條路、這一個方向是最適合你走的——看事情不要看表面，好好把握這個機會，別看不起它，有時候在小廟當大神會比在大廟當小神有更不錯的發展。

中　**第37籤**　吉

丁庚

邵堯夫祝香、周孝侯射虎斬蛟

焚香來告復何辭，善惡平分汝自知，屏卻昧公心裏事，出門無礙是通時。

歸納　個性

家運 家中運勢雖然平穩，但最重要的是你要能與家人相處圓融，勿常與人有口角，這樣氣氛會更好。記住，敬人者人恆敬之，積善之家必有餘慶，自然家運興隆。

本運 運勢平順，但要注意處事若太過強勢或霸王心態，不僅會給自己帶來麻煩，還會招來別人的厭煩，恐受難時會被落井下石、冷嘲熱諷。能種善因，必得良緣，相對也能為你招引貴人相助，神明也會在背後助你一把，有利各方面進展。

姻緣 已婚者及未婚有對象者要注意互相尊重，過分強勢、頤指氣使都容易使長期屈就的另一半感到不被尊重與珍惜，而影響到感情發展。單身者有追求者時勿將自己的姿態擺太高，不斷考驗對方而拒人於千里之外——懂得放低姿態，幸福才會來敲門。

事業 職場上與人來往，若態度氣勢凌人或語帶諷刺，必犯眾怒而沒人願意親近，凡事以和為貴，自然利於工作推行、人際關係發展及貴人提攜。

學業 你在團體生活中個性可能過於強勢、仗勢欺人，甚至會霸凌同學，建議要有同理心，多想想自己被欺負、孤立無援下的感受，以體會當事者的心情。若能改善師長、同儕對你的排斥與厭惡，將有利於人際關係，否則影響學業的層面會很廣。

健康 衝動、性情不定的個性容易動怒，使肝火上升，過度的情緒會損害健康。

求子 容易因另一半過於強勢、冷漠而缺乏溝通交流，導致雙方感情的互動差，而影響到求子之事；只有多溝通、理解及寬容，才能促使感情升溫，讓求子順利。

財運 若有與人合夥投資，脾氣方面需要多控制，勿輕易暴躁動怒，恐影響投資和諧。

籤詩典故——邵堯夫祝香

邵雍，字堯夫，後人也稱邵康節，他喜愛讀書，幾乎什麼書都讀，精通易理、天文、術數。相傳邵雍焚香禱告上天，從來都沒有一次是為了自己的事，全是為了國家大事、親人才焚香禱告的——他就曾為飽受旱災所苦的百姓求雨，後來上天果真下起滂沱大雨。

輔助典故——周孝侯射虎斬蛟

晉朝時期，義興一地有「三横」——水中蛟龍、山上猛虎、周處。有人說服周處去除掉危害鄉里的三横，周處一口答應，在準備就緒後先上山除掉猛虎，再深入海中除掉蛟龍。周處潛入海中除蛟龍時，鄉里百姓以為周處被蛟龍咬死了，高興得互相慶賀，周處這時才知道原來大家怕他更甚猛虎與蛟龍，內心非常難過與慚愧，於是下定決心痛改前非，後來成為一位忠臣孝子。

問神達人解籤

這支籤詩還需一則輔助典故搭配來解，才能夠更精準，因為籤詩的詩句內容與第一個歷史典故「邵堯夫祝香」關聯性合不太起來。詩句的大意有關焚香稟報，只要善惡分清楚，不要昧著良心做事，做什麼事都會沒有阻礙，這看起來跟邵雍悲天憫人的品性沒有相關（邵堯夫不忍百姓因旱災受苦而求雨，最後上天應了他的祈求下起滂沱大雨），因此，必須要有「周處除三害」這則輔助典故來搭配，才能夠將籤詩解得合邏輯又精準，而《世說新語》中「周孝侯射虎斬蛟」的典故也比較吻合籤詩的詩句。

這支籤詩的重點在：要「明心見性」，有害他人之心，將容易受他人所害。當你焚香祈求神明一件事時，心裏的善惡要分清楚，如果分不清楚，就算神明要幫助你，效果也有限，因為你的人際關係很差，差到沒有人要幫你。捫心自問，如果神明要幫你，但人人不想幫你，那神明還能夠使得上力嗎？「天時不及地利，地利不及人和。」講的就是這個道理。

POINT 抽到這支籤詩後，你必須……

如果抽到這支籤詩時事情已經做了或已經發生，神明是要告訴你：問題出在你本身，因此要先知道自己的缺點，深刻反省，才有辦法再談後面的事；如果一味的堅持自己沒錯，千錯萬錯都是他人的錯，那這件事要善了，難度就會很高；相對的，如果能像周處一樣反省、改過，那這件事會有好轉的機會。

相對的，如果抽到這支籤詩時事情還沒做，那就是神明要告訴你：能不能做或要不要做都不是重點，最重要的是改善你的個性跟行為舉止，不要處處與人為敵——人際關係不好，就算神明牽了一個絕好的機會給你，那也是曇花一現，一下子就沒了。也就是說，只要能改善缺點，這件事就可以做，而且不會有阻礙；但如果不先改善個性就做了，就算神明願意幫你，還是會處處碰壁，效果有限。

下　第38籤　下

丁辛

孟姜女思夫

螢吟唧唧守孤幃，千里懸懸望信歸，等得榮華公子到，秋冬括括雨靡靡。

歸納　保守以對，切勿躁進

家運　家運不佳，屋漏偏逢連夜雨，此時應冷靜應對、勿躁進。秋冬時可能還有突發變化，一定要沉住氣、正面看待。任何計畫都先暫緩，靜待轉機，可先請示出時機點。

本運　運勢低落，阻礙重重，所進行之事容易生變，秋冬時出乎意料的轉變可能再讓你面臨一段困頓期；即便困境無法改變，但你可以積極樂觀面對，勿被悲觀情緒困縛而影響未來發展。如果事情還未進行，建議先停下腳步，任何規劃都待明年再決定。

姻緣　已婚者、未婚有對象者聚少離多，秋冬易因長期缺乏交流而面臨分手，應冷靜溝通、思考未來發展，縱使最後走到盡頭，也別深陷情傷。單身者今年姻緣機會少，即便認識對象，多是萍水相逢，難有進展，先整頓好內外在以待時機；時機點可請示神明。

事業　目前事業運低迷，原本調職升遷的機會或眼看要到手的案子，可能最後會拱手讓人，讓你大失所望與不滿，就算真的發生了，還是要調整心態，暫且忍耐，持續累積自己的實力最重要，待時機運起，還是有機會向上爬升。可請示神明時機點在何時。

學業　考運低迷，課業壓力讓你無助，秋冬時易因壓力導致情緒失控而影響學業，可試著降低標準及調整心態，即便失敗，仍有其他方式提升成績及自我能力，請平常心看待。若想轉學考，今年上榜機會不大，建議明年再決定。可請示神明考運較好的時間點。

健康　因長期操勞導致老毛病出現，在治療上有較多波折，秋冬時突發狀況較多，建議多配合醫生囑咐治療，勿因此放棄而影響治癒。

求子　目前求子之路不順遂，可能你滿心期盼等著好消息，卻又迎來失敗的結果，秋冬時還可能因其他外在因素讓你身心俱疲，進而影響求子之事。建議現階段好好調養身體、調適心情，平常心以待，亦可請示神明時機點，讓自己有個底。

財運　財運低迷，不要因為在投資理財上一時嚐到利潤甜頭，就把所有資金砸下去，秋冬時尤其可能因為市場局勢突發轉變，而無法及時抽身而退，造成莫大的損失。

籤詩典故

孟姜女與萬杞良是七世夫妻的第一世。萬杞良是孟姜女的夫君，在新婚之夜就被秦始皇徵召去修萬里長城，孟姜女只能哭著看著丈夫離去。自那時起，孟姜女日日夜夜等待著丈夫歸來，然而半年過去了，卻一點丈夫的消息都沒有，加上天氣漸漸變冷，孟姜女愈來愈思念遠在北方修築長城的夫君，便興起動身尋夫的念頭，並且順道帶上幾件禦寒衣物給萬杞良。

問神達人解籤

這支籤詩的重點在：萬杞良在新婚之夜就被徵召去修築萬里長城，從此與愛妻孟姜女相隔千里，許久未仍相見，徒留孟姜女獨自一人面對孤幃，痴痴等待丈夫回來的信息。如今，正逢秋冬季節，寒冷之至，更是加深孟姜女對丈夫的思念。

POINT 抽到這支籤詩後，你必須……

若抽到這支籤詩時事情已經做了或已發生，神明是要你以平常心看待、順其自然就好，結局也許不如期待，但總還有其他條路可走，此時最重要的是調適好心情，別讓悲傷淹沒了理智。

相對的，若抽到這支籤詩時事情還沒做，神明是要告訴你：這件事最好不要進行，一進行很可能會馬上有變化——就像萬杞良在新婚第一天就被徵召，變化的速度快到你無法想像——而這個變化會讓這件事無法有圓滿的結果。

此外，秋冬季節一到，這件事會開始變嚴重，此時更要注意，讓心緒沉得住。但如果這件事你沒有做，就不用特別留心這個問題了。

中 第39籤 下

丁壬

陶淵明賞菊

北山門外好安居，若問終時慎厥初，堪笑包藏許多事，鱗鴻雖便莫修書。

歸納 須調整人的個性及心態

家運　尚平順，稍有阻礙、紛擾，以平常心看待，凡事不要太堅持己見，將更能凝聚家族向心力。

本運　運勢尚平穩，只是目前生活中事情的發展，以你正直的個性，可能比較不能接受，若能放寬心看待，勿過度放大檢視每一件事，事情自然能順利進展。

姻緣　已婚者及未婚有對象者可能容易因雙方價值觀或理念不同而爭執，甚至導致分手，若能互相包容、體諒、理解對方，有望消除隔閡，使感情回溫。單身者身邊不缺追求對象，但要調整太堅持原則的個性，才比較容易與合適的對象有進一步發展。

事業　若目前工作面臨圓滑世故的人際關係、不認同主管作風、不適應工作環境氛圍等，與你剛直坦率的個性牴觸而想離職，把注意力聚焦於工作而非人為問題較能克服心理上的排斥而堅持下去。離不離職，端看你的個性能否克服眼前的問題；若無法克服，轉換跑道也是種選擇，但評估現實環境，建議要有下一工作備胎機會時再轉職。

學業　學業尚可，若覺得就讀的科別與興趣或個性不合，建議先尋求師長意見、仔細評估是否有其他方式可提升興趣或引發學習動力，若確定無法在目前的科系有更多的學習空間，就盡早找到合適的科別，趁早立定志向，全力以赴，依舊能走出自己的路。

健康　大致不會有什麼大礙，凡事心平靜氣看待，別讓鬱悶、負面的情緒影響到生理健康。

求子　有機會受孕，夫妻雙方若能達成共識、調整彼此個性，求子之事相對會更順利。

財運　尚遂意。若有意與人合夥投資，過程中易因雙方經營模式和理念的差異、權責劃分不清等，讓你萌生退出的想法；若雙方能良性溝通、達成共識，使經營方向一致，仍可持續進行，也有獲利機會；就算選擇退出，對你也不會造成太大的財務損失，端看你如何衡量取捨。無論如何，任何投資都須謹慎評估、清楚風險高低再進行。

籤詩典故

陶淵明，字元亮，號靖節先生，是晉代文學家，因居處有五棵柳樹而又稱「五柳先生」。陶淵明年少時就有過人的高尚志願，博學多聞且擅長寫作，以清新自然的詩文著稱。陶淵明在當彭澤縣長的時候，督郵要來視察。長官視察，一般來說至少要整理好儀表來迎接，陶淵明卻歎息說「我不能為五斗米折腰」，辭官而去，還寫了一篇〈歸去來兮辭〉來表明心志。

陶淵明非常喜愛菊花，每天早晨一定都要在庭園看菊花。

問神達人解籤

這支籤詩的重點在：陶淵明耿介的個性與東晉官場的腐敗氛圍格格不入，最後辭官歸去。雖無法繼續為國效力，生活又清苦，卻不違本身原則。躬耕於田園，怡然自得，也有何不可。

POINT 抽到這支籤詩後，你必須……

如果抽到這支籤詩時事情已經做了或已經發生，神明是要告訴你：雖然這件事讓你無法忍受或是不符合你的想法，導致你萌生離開之意，但現階段還是建議你好好思考一下整體環境再做決定，看是要改變自己的原則而和光同塵，或是要尋找他路、另奔前程。這二個選擇並沒有哪一個最好，完全取決於哪一個方案可以讓你更怡然自得、讓你做得更開心。

相對的，如果抽到這支籤詩時事情還沒做，神明是要告訴你：這件事也許會發展到讓你看不下去，甚至整個氛圍與你的個性無法相融，到時會做得相當辛苦。若能克服這點，當然可以做，但如果做不到這一點，那就不要進行，再找其他方案，以免到時陷入進退兩難的窘境。

上　第40籤　吉

丁癸

漢光武陷昆陽

歸納　時機已到，順勢而為

新來換得好規模，何用隨他步與趨，只聽耳邊消息到，崎嶇歷盡見亨衢。

家運　困苦磨難皆已過去，目前家運如撥雲見日，光輝漸漸耀眼，將漸入佳境。

本運　運勢逐漸明朗，憑藉著你過去在困境中展現的智慧與毅力所付出的努力，終於能在此時好好回收成果。只要有信心，接下來你所求之事皆能克服、順遂發展。

姻緣　已婚者過去與另一半同甘共苦，一路陪撐過來，感情日趨穩定，能同心協力為家庭幸福打拼。未婚有對象者過去感情雖然一波三折，如今感情會日趨深厚，將有機會攜手共度未來。未婚無對象者的姻緣時機成熟了，要好好把握，若能對自己有信心，必能吸引周遭更多目光，提高成功機會。

事業　事業運逐漸開明，過去在工作中所承受的沉重壓力、困難及磨練提升你解決問題的能力，是增加你優勢的墊腳石，此時若能好好運用你的專業才能，或平時工作之餘有多學習一技之長、實務技巧，都能使工作事半功倍。再努力一下，將有機會受到主管看重而調職升遷，事業蒸蒸日上。

學業　過去學業有阻礙，不過你是個有實力的人，靠著平時穩紮穩打的學習態度與恒心，接下來考運轉強，成績將不同以往，好好努力，上榜指日可待。

健康　健康狀況漸入佳境，若有長期操勞而導致的身體老毛病，將慢慢獲得改善，配合正常作息及調養，很快就能恢復健康。可配合請示神明貴人醫院。

求子　過去求子不順，現在好好把握時機再努力一下，有機會受孕，亦可求註生娘娘賜子。

財運　揮別過去財運的低潮期，正是已準備好的投資者考慮進場的時機，依現在的局勢，加上你完整的規劃，會有符合期待的獲利值。

籤詩典故

漢光武帝劉秀，字文叔，東漢帝國的創始者。新莽天鳳五年，天下大亂，赤眉軍跟綠林軍皆起兵反王莽。地皇四年，劉秀在昆陽率綠林軍以一萬兵力大敗王莽的四十二萬兵馬，取得昆陽大捷，卻也同時遭到當時已稱帝的劉玄的猜忌。果不其然，劉秀的哥哥劉縯被劉玄殺死，劉秀見狀只好向劉玄請罪，處事低調並暗中在河北積蓄力量，直到時機到了，便在鄗城稱帝，率軍擊敗劉玄，在建武十二年十一月的己卯日攻克成都，統一天下。

問神達人解籤

這支籤詩的重點在：漢光武帝劉秀以少勝多，大敗王莽，卻又因此引起劉玄的猜忌，只好再低調行事，暗中積蓄力量，最後終於擊敗劉玄，統一天下。這意謂著黑暗時期即將過去，接下來要迎接曙光的到來。

POINT 抽到這支籤詩後，你必須……

如果抽到這支籤詩時事情已經做了或已經發生，神明是要告訴你：你憑藉著智慧、勇氣與毅力而從過去堅持到現在，如今所受的苦難及磨難都將要過去，你的前途將會一片光明，可以說是苦盡甘來、遇難呈祥。

相對的，若抽到這支籤詩時事情還沒有做，神明是要告訴你：雖然整體環境看似條件不是很好，不用擔心，你有足夠的智慧與勇氣克服一切，最後將會成功，就像漢光武帝以少勝多贏了王莽，還光復了漢朝。本籤詩不只告訴你時機已到，可順勢而為，也是在穩固你的自信心。

上　第41籤　吉

戊甲

劉文龍求官

歸納　時間點——農曆1月底接近2月

自南自北自東西，欲到天涯誰作梯，遇鼠逢牛三弄笛，好將名姓榜頭題。

家運　過去家運浮浮沉沉，凡事切勿心急，農曆1月底接近2月會有個最佳時機點，屆時再來合議規劃進行家中事務，事情進展較能亨通順利。

本運　過去運勢較不和順，行事多有波折，再耐心沉住氣一下，農曆1月底接近2月時運勢將漸漸回升，屆時便會順利無阻，所進行的計畫也較容易推行。

姻緣　已婚者及未婚有對象者長期以來面臨的感情困境，將在農曆1月底接近2月時有新契機，問題將迎刃而解，重拾以往的甜蜜。未婚無對象者在農曆1月底接近2月時姻緣運轉強，有機會遇到適合的新對象，屆時要把握時機，積極參加聯誼、社交活動。

事業　過去職場上可能面臨眾多考驗及壓力，但這些困難都是累積工作經驗的最好機會，在農曆1月底接近2月時會有新轉機出現，過去你所執行的工作及積極態度會獲得主管認同及賞識。至於想要轉職的人，農曆1月底接近2月為最佳時機點，較易找到適合自己的工作機會，錄取機率也較高。

學業　可能面臨許多挫折及考驗，再努力堅持一下，農曆1月底接近2月時考運漸漸爬升，你辛勤付出的努力將會回收成果，成績可能一鳴驚人。

健康　過去身體若有隱隱作痛的小毛病，農曆1月底接近2月時隨著整體運勢轉強，病痛會漸漸趨緩。如果病痛還未改善，可請示神明貴人醫院，可望找到病因。

求子　有機會懷孕，時機在農曆1月底接近2月好好把握，亦可求註生娘娘幫忙受孕順利。

財運　財運較黯淡，投資理財易不如預期。農曆1月底接近2月才是最佳進場時機，等待的同時多做專業理財的功課或請益專家，事前的完整規劃再配合時機，必有獲利進帳。

籤詩典故

劉文龍，漢朝人士，學問非常淵博。漢元帝時，劉文龍剛金榜高中狀元，而正逢王昭君要到匈奴和親。王昭君請求朝廷派一個才貌不俗的臣子與她一同前往，漢元帝於是命劉文龍相隨。劉文龍雖然剛結婚，但仍以國事為重，答應了下來。於是，劉文龍與太太分別十六年，回到漢朝後，天子賞賜劉文龍高官與厚祿。

問神達人解籤

這支籤詩的重點在：劉文龍才剛新婚，就馬上隨王昭君出塞到匈奴，十六年後才回漢朝。這意謂著雖然歷經很長一段時間的風霜，最終還是成功完成使命。再具體一點來說，想要更上一層樓，需要有一把梯子讓你可以爬上去，然後金榜題名，這把梯子什麼時候會出現，就是這支籤詩的重點——梯子的抵達時間就在「遇鼠逢牛」時，即農曆一月底快要接近二月的時候。

POINT 抽到這支籤詩後，你必須……

如果抽到這支籤詩時事情已經做了或已經發生，神明是要告訴你：目前會遇到一些磨練與考驗，但時機一到，這件事的發展會有好結果，時機就在農曆一月底快要接近二月的時候。

相對的，如果抽到這支籤詩時事情還未做，神明是要告訴你：不要急著做，先做好準備，等待時機的成熟，這樣一來，不論時機或運勢，都將對你比較好——農曆一月底接近二月時，才是最佳的時機。

中 第42籤 吉

戊乙

董永賣身、班定遠投筆從軍

我曾許汝事和諧，誰料修為果自乖，但改新圖莫依舊，營謀應得稱心懷。

歸納 轉換方向，成功在望

家運 任何決策計畫，最好都與家人多溝通、協調意見及想法，會找到比較適合的答案。

本運 你是一個有能力的人，如果現階段一直不順，理當轉換未來的發展走向，勿淪落成大材小用；過程雖然曲折，但只要堅定，便能如願以償。

姻緣 已婚者、未婚有對象者若兩人決議事情時想法一直有出入，應該換位思考，別固執己見，這才有助於感情回溫。未婚無對象者需要調整一下擇偶條件的標準，若能著重內在條件大於外在，好姻緣就在下一個轉角了。

事業 工作上墨守成規沒有不對，只是較沒辦法挖掘出連你自己都可能不知道的長才，進而找到更適合自己的職位、工作；若能加以突破，便可煥然一新。

學業 面臨選擇科系或考試類別要會判斷興趣與實際，有時二者是無法兼顧的。

健康 若一直就診的醫院治療效果不如預期，建議要找另一個貴人醫院或醫生了。

求子 如果長期用現有的方式遲遲無法受孕，建議可以嘗試看看另外的管道，還是有機會懷孕的。

財運 正財穩定。假如能夠跟上這日新月異的資訊時代腳步，多吸收市場消息，會有助於你的偏財運。

籤詩典故——董永賣身

董永，漢朝人士。董永家境貧寒，幼年喪母，與父親相依為命。董永的父親去世後，他因為沒有錢為父親辦理喪事，就賣掉自己在大戶人家為奴，籌錢為父親辦了喪禮。安葬完父親後，一位女子和董永結為夫妻，這位女子是天上的仙女，下凡就是為了幫助董永。

輔助典故——班定遠投筆從軍

班超，字仲升，東漢時期著名的軍事家、外交家。班超胸有大志，明查事理，博覽群書，只是家裏一貧如洗，只好在官署做抄寫文書的工作。

一天，他一如往常地抄寫文書，抄到一半，突然把手上的毛筆重重摔在地上：「男子漢大丈夫，應該要效法張騫，揚名立功於異域，為國效力，怎能只是在這筆墨之間鑽研？」在場許多人都嘲笑班超，但班超不以為意，他投筆從戎，開始軍旅生涯。

後來，在班超與竇固軍隊出征西域的三十一年期間，他憑藉過人的膽識與勇氣，平定了西域五十幾個國家，建立中國與西域之間的外交關係，促進民族融合，成功讓西域諸國臣服漢朝。班超後來被封為「定遠侯」，因此後人稱他為「班定遠」。

問神達人解籤

因為「董永賣身」這個典故跟籤詩詩句的關聯性比較薄弱，解籤者比較不清楚要怎麼解，所以這支籤詩必須再搭配「班超投筆從戎」的典故來解，大家會更清楚這支籤詩的涵義，解籤也會比較精準。

班超雖然胸有大志、博覽群書，無奈家境不好，只能當一名抄寫員，但他在某天毅然決定從軍為國效力，之後三十一年的光陰，為國家與西域間的外交帶來卓越的貢獻。這意謂者：改變固有想法，勿只依循舊路走，終會迎來得償所願的一天。

POINT 抽到這支籤詩後，你必須……

如果抽到這支籤詩時事情已經做了，神明是要告訴你：一直往這個方向做，雖然不是無法達到期待，但還有另一條更適合你的路可以走，也就是說，如果這件事可以用另一種方式解決，就會像班超放棄當抄寫員而從軍一樣，更可以功成名就。再深入一點來解，做這一件事不太符合你的能力與命格，還有一個更適合、更好的在等著你，雖然會有一些嘲諷的聲音出現，但只要你的志向夠堅定，是可以跌破大家眼鏡的！

相對的，若抽到這支籤詩時事情還沒有做，神明是要告訴你：先不要急著做，還有一個更好、更適合你做的方向，只是你現階段還沒有想到，只要靜下心嘗試思考其他方案，到時用這個方案更會成功。

中 第43籤 吉

戊丙

玄德公黃鶴樓赴宴

一紙官書火急催，扇舟速下浪如雷，雖然目下多驚險，保汝平安去復回。

歸納 需經歷凶險，但能逢凶化吉

家運 家運尚未完全平穩，任何決議計畫都應先暫緩，事情可能會隨時出現讓人勞心傷神的狀況，固然最後有驚無險，但若可以，不一定要急著現在做；可請示神明時機點。

本運 目前運勢看似安泰，其實仍有動盪起伏，任何計畫不宜現在進行，過程可能會卡關，雖然最終會有貴人及時拉你一把、助你度過危機，但若能減少風險，不如以靜制動，等待最佳時機再進行，更能事半功倍；可請示神明進行的時機點在何時。

姻緣 已婚者、未婚有對象者若感情面臨困境甚至難以回頭，最後仍有機會挽回且有貴人從中化解危機，故勿因一時憤怒而衝動做出任何決策。單身者在社交活動過程中可能較多波折，別太擔心，最終仍有轉機且透過親友結識不錯的對象，亦可求神明幫忙。

事業 避免聽信其他部門言語煽動而失去判斷，未先請示所屬主管可行性就執意執行、全盤照做，過程中可能會有極大阻礙及人為問題，甚至可能面臨去留問題，雖然最終會有貴人及時助你度過危機，但若無必要，先維持現狀、穩定工作，以防職場風波。

學業 可能容易碰到同儕朋友的慫恿而導致進度受阻，嚴重者可能得面臨中輟，但最終會遇貴人或師長從中勸導，迷途知返、回歸學業道路，不致影響未來人生的發展。

健康 若有不適，目前可能還會有短暫的波折，最重要的是穩定心緒，持續接受治療，終能度過難關，獲得改善或治癒。亦可請示神明貴人醫院，幫助你盡快找到病因。

求子 目前求子可能會有其困難度及風險，但終究能轉危為安，並遇到貴人醫生找出原因，以進行正確治療，如願得孕。重要的是給予自己信心，可求註生娘娘幫忙。

財運 近期正、偏財運起起伏伏，正財求穩定守住就好，偏財部分別聽信風吹草動的小道消息而投入資金——市場波動充滿變數和風險，來來回回的漲停還會影響心情。

籤詩典故

劉備，字玄德。赤壁大戰結束後，由於劉備久借荊州不還，東吳大都督周瑜在黃鶴樓設宴邀請劉備，就是想逼迫劉備歸還荊州。雖然趙子龍極力勸說劉備不要赴宴，但劉備還是決定要去，並命趙子龍隨行。赴宴前，孔明暗中給趙子龍一個藏有錦囊妙計的竹筒，吩咐危難時打開，將可保無事。現場，周瑜果真想加害劉備，趙子龍趕緊打開竹筒錦囊，只見竹筒內藏令箭一支，那原來是孔明「借東風」時所用的令箭。最後，趙子龍就用這支令箭護持劉備逃出黃鶴樓，等周瑜發現想要追趕時，劉備與趙子龍早已平安返回。

問神達人解籤

這支籤詩的重點在：趙子龍以「恐遭周瑜加害」為由力勸劉備不要過江赴約，最後劉備還是去了，雖然真的遇到危難，最後仍逢凶化吉，平安歸來——意謂看似波濤洶湧，卻能平安化解。

POINT 抽到這支籤詩後，你必須……

如果抽到這支籤詩時事情已經做了，神明是要告訴你：目前會遇到一些大風浪，眼前看起來也十分危險，但請穩住心緒，不要太過擔心，最後將有貴人相助，化險為夷，遇難呈祥。

相對的，如果抽到這支籤詩時事情還沒有做，神明是要告訴你：不建議冒這個險，雖然最後有可能會平安無事，但還是要思考——有必要去承受那一段波折與凶險嗎？安於現狀，不輕舉妄動，既不會有任何損失，也不會承擔任何風險，不是更好嗎？

中 第44籤 吉

戊丁

王莽篡漢

歸納 適可而止

汝是人中最吉人，誤為誤作損精神，堅牢一念酬香願，富貴榮華萃汝身。

家運　家中運勢平順發展，若能心存善念行事，必然家門合和、諸事興旺。但若想要再從事大規模的變化，建議先暫緩。

本運　本運現況穩定發展，且會持續穩定，但別因過度追求欲望而讓自己成為饕餮之徒，否則原本擁有的東西將蕩然無存。

姻緣　已婚者、未婚有對象者目前感情平穩，注意別因誘惑而做出傷害對方的事，發生了再來後悔，可能也無法挽回。未婚無對象者別用不正當的方式得到對方，否則後果不堪設想，慢慢等待尋找是有機會遇到正緣的。

事業　事業上的良性競爭有助於成長，倘若用違背道義的手法成就自己，結局會讓你徒勞無功，甚至一無所有。

學業　分數不亮眼就再多努力和加油；不要補拙；不要奢望用作弊或其他不好的方法來取得好成績。

健康　身體的病痛或缺陷需要長時間配合醫生治療，才會對你比較有利。

求子　如果求子一直無法如願，建議要先找到貴人醫院及醫生，才有助於你找到求子不順的原因。

財運　正、偏財運皆處於順境中，腳踏實地經營，財源自然就會進門。偏財方面則建議見好就收，可別因一時的貪婪而以不切實際、投機取巧的方式獲取財利，嚴重者恐怕會因財惹禍。

籤詩典故

王莽，字巨君，西漢人士，是漢朝皇太后王政君的姪子，王莽以外戚的身分干政，漢朝政權後都落在他手裏——當時的王莽身家富貴顯赫。王莽殺了漢平帝後，立才兩歲的孺子嬰為皇帝，三年後，王莽也把這個小皇帝廢了，正式篡漢，改國號為新朝。

此時，天下大亂，赤眉軍、綠林軍紛紛起義。漢光武帝劉秀奇襲王莽軍隊，在昆陽之戰大獲全勝。相傳王莽在混戰之中被商人杜吳殺死後，百姓都爭先恐後吃他的肉。就這樣，王莽所建立的朝代，僅僅十四年就滅亡了。

問神達人解籤

這支籤詩的重點在：王莽是漢朝皇太后王政君的姪子，已有外戚之利，後來甚至連他的女兒都成了皇后，其權位可說在諸侯王公之上，享盡了榮華富貴。

這意謂著如果能不做非分之想，堅持善念，知足常樂，可以算得上人中最吉的人，有機會富貴榮華終老。然而，王莽後來卻篡漢，使得自己身敗名裂，被殺後，百姓還爭先恐後吃他的肉，下場令人唏噓。

POINT 抽到這支籤詩後，你必須……

如果抽這支籤詩時事情已經做了，神明是要告訴你：以你目前的狀況來說已經算很好了，不要再更進一步，該停下腳步了。現階段適可而止就好，要心存善念，不要做得太超過，否則一旦發生事情，後果將很難想像，或許會失去更多也不一定。

相對的，若抽到這支籤詩時事情還沒做，神明是要告訴你：以你的現況，如果穩紮穩打、按部就班，那就可以平平安安，甚至功成名就，受人敬重；然而，一旦心生妄念，做出一些損人誤己之事，不但會失去現有的，還可能使自己沒有回頭路可走。

中 第45籤 吉

戊戊

高祖遇丁公

好將心地力耕耘，彼此山頭總是墳，陰地不如心地好，修為到底卻輸君。

歸納 勿意氣用事，識時務者為俊傑

家運　目前家中不會有太大的起伏，但若有些爭議或一同決議之事達不到期待，應要修正自己的態度，有機會得到共識。

本運　運勢較弱，若有進行之事受阻或變動，需多加溝通，自身務必退讓三分，事緩則圓。

姻緣　已婚者、未婚有對象者若口角衝突頻繁，需要多協調，自身若可以先改善、付出，感情才可細水長流。未婚無對象者別太執著自己設限的擇偶條件，個性最好也要再溫和些，比較能促進親朋好友介紹對象的意願。

事業　職場上若做事屢屢受阻，應檢討自身的問題點並主動與下屬、上司溝通，讓對方能夠感受到善意，以增進彼此的關係，將有機會轉阻為助。

學業　若在學校有遭受到同儕的霸凌，遵循正常管道解決事情，勿以暴制暴，導致身體、成績皆受影響

健康　接踵而來的不順遂讓你內心壓力很大，情緒控管不好會積勞成疾，應換位思考、樂觀面對，將會有不一樣的收穫。

求子　切勿因為心急而一昧的要求、遷怒另一半，這樣雙方都容易心理影響生理，導致受孕效果不佳。

財運　若預計投資或預計與人合夥，應先分析雙方利益分配及未來願景，妥善協調才能讓投資順利進行。

籤詩典故

丁公，名固，是西楚霸王項羽的武將。公元前二〇五年，劉邦在彭城戰敗後率兵而逃，丁公率兵馬在後面追趕，在彭城以西的地方追上了劉邦。兩隊兵馬一陣廝殺，劉邦對丁公說：「兩個賢人，難道真的要這樣互相陷害嗎？」丁公聽了之後，下令退兵。劉邦見丁公退兵，便帶著兵馬趕緊逃跑。

後來項羽兵敗自殺，劉邦登基稱帝後，丁公來見劉邦。沒想到劉邦竟把丁公抓了起來，遊行示眾說：「丁公做為項羽的臣子卻不忠誠，是讓項羽失去天下的人。」然後把丁公殺了，並要警惕後世做臣子的不要效法丁公。

問神達人解籤

這支籤詩的重點在「高祖遇丁公」，要注意：「高祖」是主詞，「遇」是動詞，「丁公」是受詞，所強調的是高祖遇丁公後受到「網開一面」，而不是丁公遇高祖的最後下場，因此不要把重點錯放在恩將仇報或大禍臨頭。要把這支籤詩解得很精準，第一步就是要先把人物關係標靶正確，才不會解錯。

POINT 抽到這支籤詩後，你必須……

如果抽到這支籤詩時事情已經做了，神明是要告訴你：雖然你現在遇到一些瓶頸，也有一些人對你很不友善，但若能靜下心，撇開個人情緒，敞開心胸，誠懇與對方協調，事情會有好的結果——以現階段來說，硬碰硬比較吃虧，應該要「識時務者為俊傑」，對你比較有好處。

相對的，如果抽到這支籤詩時事情還沒做，神明是要告訴你：這件事若要有圓滿的結果，首先要放低姿態，因為現階段你的形勢比較弱，所以不要太過於堅持——談話之間柔軟一點、和善一點，結果將會是好的。

中 第46籤 平

戊己

孤兒報冤

君是山中萬戶侯，信知騎馬勝騎牛，今朝馬上看山色，爭似騎牛得自由。

歸納 波折已過，時機到來＋時間點（農曆7月到隔年2月）

家運 過去家中歷經一些坎坷與不順，但別灰心，家人同心、齊力斷金，農曆7月到隔年2月之間有個機會，有任何計畫可考慮屆時進行。

本運 在農曆7月到隔年2月間會有波好運來襲，過去遇到的苦難將有獲得平反的機會，在時機未到前，不宜躁進規劃中之事。

姻緣 已婚者若因家人相處而跟另一半有爭執，勿意氣用事，待農曆7月到隔年2月間會有轉圜餘地。未婚有對象者若有計畫結婚，可等到農曆7月到隔年2月再考慮進行，雙方應再多溝通規劃。未婚無對象者農曆7月到隔年2月可多參加社交活動、聯誼，有機會遇到正緣。

事業 職場上你是有能力的，卻總是遇人不淑，但是在農曆7月到隔年2月之間將會有個大顯身手的機會，好好把握。時間點未到前應按兵不動，多觀察局勢。

學業 在農曆7月到隔年2月間，智慧提升、學習力佳，多跟師長請益，會受益良多。若能在這段期間參加考試，上榜的機會更大。

健康 可向神明請示貴人醫院，在農曆7月到隔年2月間有望得到改善。

求子 雙方的心態應保持樂觀，別將長輩的壓力放在心上，待農曆7月到隔年2月之間有機會受孕。

財運 偏財方面應該要多觀望，建議農曆7月到隔年2月之間再決定是否進行；正財方面穩定發展。

籤詩典故

孤兒報冤跟趙氏孤兒都是指「下宮之難」這個歷史事件，發生在春秋時代的晉國，這個孤兒就是趙武。晉國大夫趙盾世族被屠岸賈陷害而慘遭滅門，僅趙朔之妻莊姬逃跑並生下趙武。幸虧程嬰、公孫杵臼二人用計救了趙武，由程嬰扶養到十五歲，後來韓厥將此案告訴晉景公，晉景公下令為趙氏一族平反，於是程嬰與趙武串聯諸將滅了屠岸賈家族，報了趙氏家族的滅門之冤。

問神達人解籤

這支籤詩的重點在：趙氏一家被屠岸賈陷害而慘遭滅門，不幸中的大幸是，趙氏孤兒——趙武活了下來，並在十五年後成功平反冤情。這段來龍去脈意謂著——先結下仇恨，之後被陷害，而且這段冤情必須經過一段時間才得以昭雪。

POINT 抽到這支籤詩後，你必須……

如果抽到這支籤詩時事情已經做了，神明是要告訴你：雖然目前遇到許多不公平，但由於現階段的時局對你不利，必須要再忍耐一段時間才能夠扭轉乾坤，甚至反敗為勝。時間則是「今朝馬上看山色，爭似騎牛得自由」——農曆七月至隔年二月之間。

相對的，如果抽到這支籤詩時事情還沒做，神明是要告訴你：以現在的條件要做這件事是沒有問題的，但建議先不要急著做，農曆七月至隔年二月之間再觀望一下，或許就會察覺到許多對你不公平之處；如果現在做了，到時（農曆七月至隔年二月之間）恐怕會讓自己受到不合理的對待，甚至會受到一些人為上的陷害；若真的發生了，恐怕得花上一段時間才能夠解決。

第47籤

中　平

戊庚

楚漢爭鋒

與君萬語復千言，祇欲平和雪爾冤，訟則終凶君記取，試於清夜把心捫。

歸納　切勿好強，以和為貴

家運　家人相處上較容易有意見不合之處，應多忍讓，找到溝通的平衡點。若有想要變動家中事務，還是得經過商量，勿擅自下決定，否則易造成家人間的不滿。

本運　處事若感覺多受阻，應心平氣和面對，事情較能圓滿。若近期有決策想進行，應再仔細全面性設想，評估是否面面俱到且能達雙贏局面，若有不足之處，再重新規劃。

姻緣　已婚者遇上矛盾較無法冷靜解決，容易吵架，夫妻要有包容心才是長久相處之道。未婚有對象者彼此的溝通、體諒是長久相處、決定能否共組家庭的要素。未婚無對象者若有人介紹或社交活動可多方考慮，但條件設定別太理想化，有機會遇到正緣。

事業　工作上，與同事、上司的相處攸關你公事的表現成果，行事作風上若都能以兩全其美的角度處理，不論是對同事間的爭執或未進行之情事，都能有所改善。

學業　同儕間相互接納、充分互動有助於課業上的學習，切勿跟同學起衝突，會影響學業。

健康　身體微恙應諮詢醫生、檢查治療，勿堅持用自己偏執的醫療方式，也勿輕易動怒，怒則傷肝。

求子　在求子的過程當中，彼此都有所準備後，進行此事自然會事半功倍、成功機率高，勿單方一頭熱，容易影響受孕。如一直沒能如願，也不要怪罪另一半。除此之外，生產後的另一半情緒會較低落，要能夠體諒對方。

財運　若有投資合夥的提案，但因雙方僵持不下而遲遲未能進行，建議放下身段溝通，明確分析便各得其所，情況會有所轉圜；倘若投資合夥尚未進行，建議再多方思考合作上會面臨的問題，鉅細靡遺的剖析並先達到共識再動作，才會比較順利。

籤詩典故

項羽起兵滅了秦國，控制了天下，自立為西楚霸王，劉邦被封為漢王。項羽與劉邦本是結義兄弟，項羽暗殺義帝後，劉邦為義帝發喪，並公告天下責備項羽的弒君之罪，從此劉邦與項羽開始兵馬刀戎相見，爭奪天下。楚與漢以鴻溝為界，各有一邊的天下。

後來，劉邦由張良、蕭何、韓信等人共同輔佐，韓信用十面埋伏之計困項羽於垓下，令士兵在夜晚於四面唱起楚歌，動搖項羽軍隊的士氣，最後逼得項羽在烏江自刎，取得楚漢相爭最後的勝利。

問神達人解籤

這支籤詩的重點在：兩虎相爭，必有一傷，雖然並沒有明白說出抽籤的人是劉邦或項羽，但畢竟殺人一千，自損八百；就算得到勝利，也付出很大的代價，心情同樣會受到長時間的影響。此外，抽到這支籤詩通常都還會再有其他支籤詩做輔助搭配，再深入一點來說，這支籤詩是勸你不要這麼做，其他支籤詩則是教你該怎麼做，這樣問神抽籤才不會有頭無尾，陷入「只知告訴我不要這麼做，卻又沒告訴我要如何做」的窘境。

如果真的只抽到這支籤詩，沒有其他籤詩的話，那就代表這件事會有一段爭執的過程，但只要以和為貴，避免硬碰硬，還是可以有圓滿的結果。

POINT 抽到這支籤詩後，你必須……

如果抽到這支籤詩時事情已經做了，神明是要告訴你：現況或許已經走到水火不容或相敬如冰的地步，建議不要太過強硬和衝動，如果可以，先降一下自己的火氣，之後再與對方協調，這樣事情還是可以解決——猶如以鴻溝為界，東為楚，西為漢，各自都能接受。

相對的，如果抽到這支籤詩時事情還沒做，神明是要告訴你：最好不要做，因為做了之後很可能會引起另一方的強烈反彈，甚至全力反擊，到時必會引起後續一些不必要的爭訟。如能找到雙方都能接受的界線（楚漢鴻溝），這件事還是可以圓滿解決。

中 第48籤 吉

戊辛

趙五娘尋夫

登山涉水正天寒，兄弟姻親那得安，不遇虎頭人一喚，全家誰保汝重歡。

歸納 時機已到，貴人將出現+時間點（農曆3月）

家運　過去家中歷經風霜，但只要再一些時日，待農曆3月到，家運就會轉變，還會有貴人相助，一切將雨過天晴。

本運　運勢即將撥開烏雲見天日，時間點就在農曆3月，屆時無論是停滯不前的計畫或動盪不安的事，都將會有貴人出現相助，扶你一把。

姻緣　已婚者、未婚有對象者長期以來因意見不合而常爭吵，農曆3月會出現適當的居中協調者幫助感情回溫；倘若確定有第三者介入感情，可嘗試與第三者良性溝通，結局可能峰迴路轉。未婚無對象者農曆3月會有人幫忙牽姻緣線，記得要多相處了解對方，才做進一步的打算。

事業　工作事業上長期受挫，但農曆3月會有貴人相助，重振你低迷已久的士氣。

學業　不上不下的成績可能讓你心情苦悶，但是農曆3月會出現良師益友，良師指引你學習方向、益友與你互相交流，讓你有所躍進。

健康　過去較沒有機會遇到貴人對症下藥，此時你可跟神明請示出貴人醫院，農曆3月有機會改善身體狀況。

求子　建議可請示神明貴人醫院，配合調養與治療，農曆3月有機會受孕。

財運　投資理財上若已困頓一段時間或有策劃投資卻遲遲未行動者，農曆3月將會有貴人出現相助，讓你時來運轉。

籤詩典故

趙五娘，漢朝人士，蔡伯喈之妻子。蔡伯喈進京趕考，一走就是三年，最後高中狀元，但蔡伯喈及第後卻沒衣錦還鄉，反而在京城另外成立一個家庭，入贅至牛相府。元配趙五娘不知道這件事，一直在家侍奉公婆。直到公婆去世後，趙五娘辦理完公婆的喪事，背起琵琶，帶著公婆的畫像，準備前往京城尋找丈夫。當時，家鄉正鬧饑荒，幸好有鄰居張廣才的幫忙，才能前往京城尋找丈夫。

趙五娘到了京城，暫住在一座彌陀寺時，正逢寺中舉行大法會，於是便把公婆的畫像放在佛桌上。說巧不巧，蔡伯喈正好在此時走入彌陀寺，看到了父母的畫像，便急忙把畫像請回家中。趙五娘發現公婆的畫像不見了，著急著尋找，一路尋找到牛府，並把實情告訴牛氏。牛氏是一個賢淑明理之人，暗中安排丈夫跟趙五娘相認。

趙五娘千里尋夫經歷不少坎坷，但皇天不負苦心人，在牛氏的安排下，夫妻倆再度團圓。

問神達人解籤

這支籤詩的重點有二：一是趙五娘的丈夫蔡伯喈入京趕考，高中狀元後沒有回家，反而另娶他人，趙五娘在鄰居的幫忙下千里尋夫，最後找到蔡伯喈，夫妻再次團圓。這意謂著過去的滄桑快要過去了，即將苦盡甘來，時間點在農曆三月（虎）。二則是在講牛氏的明理賢淑。

POINT 抽到這支籤詩後，你必須……

如果抽到這支籤詩時事情已經做了，神明是要告訴你：雖然眼下的狀況可說是跋山涉水般的艱困，但是不用太過擔心，艱困的日子就快要過去了，只要再堅持一下，時間點在農曆三月，屆時會有貴人出現助你一臂之力。

相對的，如果抽到這支籤詩時事情還沒做，神明是要告訴你：這件事情雖然已經停滯了一段時間，而遲遲無法進行，如今時機——農曆三月——終於到了，貴人即將出現，只要最近有人跟你洽談這件事，要好好把握這一個時機點。

此外，如果這支籤詩是配對到婚姻、感情，再加上另一半有第三者的話，神明是要告訴你：如果可以跟第三者敞開心來好好談一談，這件事將能有一個圓滿的結果，因為對方不是一個蠻橫不講理的人。

下 第49籤 下

戊壬

張子房遁跡

歸納 急流勇退

彼此居家只一山，如何似隔鬼門關，日月如梭人易老，許多勞碌不如閒。

家運 家運平穩，維持目前狀態，保守為佳。若家中想進行大改變，以現階段來說，是不適合的。

本運 你是一個有能力的人，但依現在的運勢不宜做任何變動；這看似平庸，卻是最不會阻礙你未來發展的選擇。

姻緣 已婚者勿覺得婚姻平淡無味，平凡無憂的生活有時反而是你們最好的相處模式。未婚有對象者可再多相處一些日子再來規劃婚事。未婚無對象者若遇人介紹，應多觀察了解對方。

事業 過度表現恐會讓你遭人眼紅，你應該要謙虛謹慎，避免受無妄之災。

學業 有卓越的成績，別忘了與同儕間要傾囊相授，有助於人際關係。

健康 身體若有不適，可請示神明貴人醫院，並配合治療，勿慣性吃成藥或聽人介紹來路不明的藥方。

求子 以目前的身體狀況來看，還需多加調養，再來談懷孕之事。建議可以請示神明你的貴人醫院及醫生在哪裏，這樣比較有機會找到問題點。

財運 投資理財現在的獲利就夠了，不要再妄想進行大規模的投資，容易失敗。

籤詩典故

張良，字子房，韓國貴族，輔佐漢高祖劉邦贏得楚漢相爭最後的勝利。

建立漢朝後，劉邦在論功行賞、大封功臣的時候，要張良自己挑齊國的三萬戶為食邑，但是張良深知鳥盡弓藏的道理，他已經目睹了韓信、彭越等人的下場，害怕自己會走上相同的命運，便拒絕了劉邦的封賞。不僅如此，張良還藉由「神道」向劉邦提出歸隱，他要摒棄人間的雜事，一心修道養精。

自此，張良消失遁跡，最後在公元前一八六年善終，享年六十四歲——張良清心寡欲，比劉邦多活了六年。

問神達人解籤

這支籤詩的重點在：張良的急流勇退為什麼會是下下籤？有三個要點可以說明禍、福在一瞬間，「如何似隔鬼門關」。

❶英布、盧綰、臧荼、韓信、陳豨、彭越等和漢高祖劉邦自小一起長大、一起打天下的夥伴或戰友們，下場不是死，就是逃，或者被誅殺，而張良沒有在其中，真可說稍有不慎，隔壁就好像鬼門關似的近。張良為什麼會選擇遁跡？因為他了解劉邦的為人，並深知當時兔死狗烹的殘酷情勢。

❷張良知道，自古以來，一旦功高震主，上位者就會猜疑，疑心一起，離殺身之禍就不遠了，所以他選擇遁跡。

❸張良既然可以成為劉邦高級參謀，一定是博覽群書，知識學問很淵博之人。既然學富五車，也

一定知道范蠡曾說過：「越王勾踐，可以同患難，不可以共富貴。」越王勾踐如此，劉邦又何嘗不是？歷史人物的命運歷歷在目，張良心裏有數，才會選擇遁跡。

POINT 抽到這支籤詩後，你必須……

抽到這支籤詩時，不管事情做了還是沒做，神明都是要告訴你：現在的你就像當年的張良，是位大功臣或得力助手，但未來的情形很難預料，一不小心就會為自己帶來意想不到的禍端。因此，現階段的言行要更謙卑，就算有其他更好的機會，建議不要去爭取，安於現狀雖然看起來是賦閒，卻反而對你最好。

上 第50籤 吉

戊癸

蘇東坡勸民

人說今年勝去年，也須步步要周旋，一家和氣多生福，萋菲讒言莫聽偏。

歸納 波折將過，順勢而為

家運　過去一年裏，家中較有紛爭，勿聽信他人言語再導致家中衝突，今年會慢慢平靜，家人間的關係也漸漸回溫。

本運　今年運勢較為去年強，卡住的事有機會解決，想進行或變動之事需先有全盤性的規劃較佳。

姻緣　已婚者、未婚有對象者去年與另一半常有摩擦，記得要用較多的寬容心來接納對方的不足之處，今年感情將漸漸回溫。未婚無對象者今年較有機會遇到適合的另一半，但別旁人慫恿就輕易的一頭栽進去，要有熟識度後才考慮是否進一步交往。

事業　事業運開始轉強，相較於去年，若職場上能不計過去個人得失及衝突對立，同事間平和相處，步步穩健進行，必能為自己的事業帶來長遠的發展。

學業　今年考運及學習效果較為去年好，若有任何考試，今年較有機會，但也要努力不懈的研讀，才不會錯失良機。

健康　去年身體小毛病較多，今年會改善許多，記得多運動，會讓你恢復得更快。

求子　別讓去年的不順影響情緒——尤其是別人的冷言冷語——進而間接刺激到生理。放慢腳步，調適好心情，今年有機會懷孕。

財運　今年的偏財運會比去年旺，但不要別人有什麼建議就直接投資，你自己要下點功夫研究，才不會偏聽偏信讓自己血本無歸。

籤詩典故

蘇軾，字子瞻，號東坡居士，宋朝人士。蘇東坡杭州太守到任的那一年，即元佑四年七、八月，洪水暴漲，百姓已快要面臨饑荒，米商卻都在囤積米糧，待高價而沽。蘇東坡怕這樣下去會出問題，一邊親自出面勸囤積米糧的商人平穩物價，一邊打開官倉救濟災民。無奈賑災之事還沒做完，他就被調離了杭州，入京任翰林學士。蘇東坡心繫災民，在離開杭州前寫信給繼任的林太守，交代重要的賑災事項。

問神達人解籤

這支籤詩的重點有二：一是洪水暴漲，蘇東坡怕會出事，親自出面勸商人平穩物價，並打開官倉賑濟災民；事未完成要離開前，也交代接任之人繼續完成——這意謂要解決一件事，首先要先顧大局，合作不分彼此，才能使事情圓滿解決。二是時間點，「人說今年勝去年」指出，今年的運勢會比去年強，今年來做比較能夠成功。

POINT 抽到這支籤詩後，你必須……

如果抽這支籤詩時事情已經做了，神明是要告訴你：去年遇到的一些瓶頸與困境有望在今年得到解決，但仍需一步一步處理。首先要注意「萋菲讒言莫聽偏」，不要偏聽偏信，切勿六神無主，要避免讓事態擴大與惡化，必須找出一旦問題爆發，危害最大的地方在哪裏，然後從那個地方先去預防。重要的是，想要解決這件事，胸懷要大肚，要顧大局，就算吃點小虧，只要能成就這件事，也應欣然接受。

相對的，如果抽到這支籤詩時事情還沒做，神明是要告訴你：今年的時機比去年還要好，要好好把握這波時運，而要成就這件事，你必須要有開闊的心胸，並多方考量，特別是要以大局為重，這樣會使這件事處理起來更加圓滿。

上 第51籤 吉

己甲

御溝流紅葉

歸納 時機已到，順勢而為

君今百事且隨緣，水利渠成聽自然，莫歎年來不如意，喜逢新運稱心田。

家運 過去稍有不順遂，如今家運會慢慢順勢而上，家人間會更有向心力，家庭氣氛也會更和睦。

本運 撥雲見日的這天已經來到，以前的不如意應將它付諸流水，此時的運勢有助於你任何事情的進展。

姻緣 已婚者夫妻之間生活美滿、鶼鰈情深。未婚有對象者可以考慮規劃結婚，與另一半共結連理。未婚無對象者今年會有不錯的機會，可多多參加社交團體活動，頗有機會遇到正緣。

事業 工作上的發展曾經一度讓你灰心，現在時勢已經到了，應該提起鬥志拚搏，一定會苦盡甘來的。

學業 智慧力將提升，會遇到良師益友幫助你在課業上的學習及考試。

健康 身體不適者，將會遇到貴人醫生，得到最佳的治療效果。

求子 有機會遇到貴人醫生，可以再求註生娘娘賜子，助你一臂之力，讓求子更加順利。

財運 正財穩定發展，若有其他投資理財，也可以在此時評估適當投入。

籤詩典故

《清瑣高議》記載，唐僖宗時有一位宮女韓氏，在一片紅葉上題詩：「流水何太急，深宮盡日閒，殷勤謝紅葉，好去到人間。」然後把這片紅葉放在御花園的水溝流出去，剛好讓一位叫于佑的人撿到。

于佑看到上面的詩，也開玩笑地在旁邊題了一首詩：「愁見鶯啼柳絮飛，上陽宮女斷腸時，君恩不禁東流水，葉上題詩寄與誰。」

後來，當朝皇帝放出宮女三千人，韓氏便是其中一位，她暫住到族人韓泳的家中，沒想到于佑還是韓泳的老師。

韓泳當起了媒人從中撮合，把韓氏嫁給了于佑。兩人成親後，一天閒聊時剛好聊到那一片紅葉，此時他們才驚覺原來另一半就是當時題詩的人，並對命運的安排感歎不已。

問神達人解籤

這支籤詩的重點在：宮女韓氏在一片紅葉上寫詩，道盡相思之情，而撿到這片紅葉的人，日後也是與韓氏結為連理之人。

這意謂著緣分若已天註定，儘管相隔千里，或者是幾近波折、甚至歷盡滄桑，時機一到，終究仍有結合的一天。

POINT 抽到這支籤詩後，你必須……

如果你抽到這支籤詩時事情已經做了，神明是要告訴你：雖然在過去一段時間裏，你的鬥志與信心已被現實生活磨到所剩無幾，幾乎快放棄了，但請不要這麼快放棄，你所不知道的人生之路還是會有峰迴路轉的一天。提起勇氣吧，不要去回想過去的不如意，時機就快到了，事情會有意想不到的收穫。

相對的，如果你抽到這支籤詩時事情還沒做，神明是要告訴你：雖然你曾經想過要放棄，但現在時機已經快到了，只要重拾當年的那些鬥志，這件事會有圓滿的結果。

上 第52籤 吉

己乙

匡衡夜讀書

歸納 時間點——立秋

兀坐幽居歎寂寥，孤燈掩映度清宵，黃金忽報秋光好，活計扁舟渡北朝。

家運　因過去的不順，家中氣氛較低迷，立秋過後家運往上發展，還會有貴人相挺，讓家中各方面的狀況得到好轉。

本運　過去運勢較弱，讓你感覺做事孤掌難鳴，但立秋後運勢上升，你的堅持與韌性還會遇到貴人相助，將大有所為。

姻緣　已婚者、未婚有對象者與另一半的口角、紛爭僵持不下，因而感到心煩意亂，適當的溝通、退讓都能緩解這個狀況，立秋後還會出現貴人幫忙排解。未婚無對象者要重振自己對感情失落的心，立秋後有機會遇到正緣。

事業　過去確實較缺乏機會與資源，讓你在工作或業務發展上一籌莫展，立秋過後有機會扭轉局勢，而且還有貴人相助。

學業　立秋過後領悟力變強，還會遇到良師益友教導學習，若還能以鑿壁借光的精神勤學，未來前途無可限量。

健康　立秋後病情與身體狀況可以漸漸改善。

求子　立秋過後有機會受孕，好好把握，可以祈求註生娘娘賜子，讓求子更加順利。

財運　正財有機會加薪；若有合夥，立秋後獲利上會倒吃甘蔗，若有規劃合夥事項，立秋後有機會出現貴人共同參與。

籤詩典故

匡衡，字稚圭，漢朝人士，漢元帝時官位至宰相。匡衡幼年時家境清寒，曾在有錢人家幫傭以維持生活，因為喜愛讀書，而家裏窮到夜晚都沒辦點燈，於是他在牆壁上挖了個小洞，藉著鄰居的燈火來苦讀。匡衡好學不倦，學習也非常刻苦，對《詩經》有很高的成就，漢元帝非常欣賞，命匡衡為宰相。

問神達人解籤

這支籤詩的重點在：匡衡家境清寒，仍不忘勤奮苦讀，就算買不起油燈，也想辦法變通，堅持讀書的理想。只要展現堅持與韌性，春色光景就在不遠之處。

POINT 抽到這支籤詩後，你必須……

如果抽到這支籤詩時事情已經做了，神明是要告訴你：雖然你現在不論是資源或人脈都嚴重匱乏，難免有孤軍奮鬥、無人相助之感，但如果你心中還有理想與願景，請堅持下去，展現出你的堅強韌性，在等待時機來臨的同時，好好加強自己的專業能力，待時機一到，不只會有貴人出現，事情也會改善與好轉。「黃金忽報秋光好」——時機點就在秋天，以節氣來推算的話，就是立秋，也就是說，立秋過後時機就快到了。

相對的，如果抽到這支籤詩時事情還沒做，神明是要告訴你：目前還不是時候，最佳的時機是在立秋過後；如果現在就躁進地進行這件事，將會遇到不少阻力，而且人力、物力都將有所欠缺——因此，現階段宜保守以待，待立秋過後再來做。

下 第53籤 下

己丙

劉玄德入贅孫權妹

艱難險阻路蹊蹺，南鳥孤飛依北巢，今日貴人曾識面，相逢卻在夏秋交。

歸納 時間點——農曆6月

家運 一直以來家運低迷，事事面臨各種考驗，但不用擔心，農曆6月後開始會漸入佳境。

本運 農曆6月後運勢會漸有起色，要將曾經的磨難謹記在心，千萬別順遂了就好逸惡勞。

姻緣 已婚者、未婚有對象者因為長期單方面付出，如今已有點力不從心，但是農曆6月後感情會慢慢收到回饋，趨向穩定。未婚無對象者農曆6月後要積極參加聯誼之類的活動，有機會認識進一步交往的人，勿因為單身太久而失去動力。

事業 工作事業上南征北討、苦無進展，讓你力不從心，農曆6月後將有一波翻轉的機會；若有案件預計要執行，可考慮農曆6月後再動作，屆時較有成功的機率。

學業 該勤學時要提醒自己不能被旁務所干擾，農曆6月後正是領悟力最強之際，應好好把握、奮發向上。

健康 過去一直較沒機會遇到良醫對症下藥，讓你飽受病痛折磨，可請示神明貴人醫院在哪裏，農曆6月後有機會好轉。

求子 長輩的言語讓你備感壓力，這條心路歷程也讓你有口難言，農曆6月後有機會受孕，也可以求註生娘娘賜子助你一臂之力。

財運 投資理財若一直未獲利，農曆6月後有望改善；若有想進行投資，應先多觀看市場需求及未來願景，多方設想並加以精進，農曆6月後再執行比較適當。

籤詩典故

三國時代，劉備一直占領著荊州不歸還，東吳周瑜建議孫權：趁劉備剛喪妻，以孫權的妹妹欲招贅劉備為由，把人騙過江來後再軟禁起來，好用劉備來交換荊州。

孔明知道這是周瑜的計謀，劉備一開始也不太敢去，後來孔明命趙子龍保護劉備過江娶妻，並授於三個錦囊：第一個錦囊在過江之後馬上打開，第二個錦囊在年底時打開，第三個錦囊在危急時才可以打開。這三個錦囊一一應驗，讓劉備化險為夷，順利把孫權的妹妹娶了回來——讓周瑜之計弄假成真。那時，孔明還笑周瑜：「周郎妙計安天下，賠了夫人又折兵。」

問神達人解籤

這支籤詩的重點有三：

❶劉備過江入贅東吳，與孫權的妹妹成親，雖最後逢凶化吉，但過程還是經歷一段段的風險。
❷劉備跟孫權妹妹結婚後沉溺於安逸的生活，幾乎忘了中興漢室的重責大任，好在孔明有先見之明，交待趙子龍在年底時才打開第二個錦囊，成功讓劉備清醒過來。
❸周瑜設美人計騙劉備沒有成功，最後賠了夫人又折兵。

POINT 抽到這支籤詩後，你必須……

如果你抽這支籤詩時事情已經做了，神明是要告訴你：前面有一些阻礙，你必須耐心地去一一克服，眼下的狀況看似凶險，就像一隻遠方的孤鳥，孤立而無援，但只要撐過這段困苦的時期，待時機一到，還是會有成功的一天。至於時機點，早已暗示在詩句當中——「相逢卻在夏秋交」，「夏秋交」指農曆六月，因為以二十四節氣來推算，六月是小暑、大暑的節氣，而小暑、大暑又落在夏至與立秋之間，也就是夏秋交。

相對的，如果你抽到這支籤詩時事情還沒做，神明是要告訴你：前面還有一些阻礙有待克服，暫時先不要進行，等農曆六月時再來進行，才是最佳時機。

此外，這支籤詩還有兩個重點要特別注意：

❶若抽到這支籤詩時所問之事還沒做，先比照自己的情形，若你已「安逸」好一段時間，神明是要提醒你：農曆六月時該打起精神，承擔你該承擔的責任，別再像過去那樣失志、沒責任感。

❷如果抽到這支籤詩時所問之事已經做了，且你的角色是「周瑜」——想設計害人的人，神明是要告訴你：最好不要那樣做，事情不會如你所願，小心最後賠了夫人又折兵。

解籤小技巧

二十四節氣

季節	節氣	農曆	意義
春	立春	一月節	「立」即開始，代表正式進入春天。
	雨水	一月中氣	此時會吹起溫暖的東風，冰雪漸融，空氣濕潤，雨水變多了。
	驚蟄	二月節	春雷響動，讓蟄伏在地底下的冬眠動物甦醒了過來，並開始活動。
	春分	二月中氣	這一天晝夜相等，過了這天，白天的時間會漸漸比夜晚長。
	清明	三月節	氣候溫暖，草木開始萌發繁茂，萬物明潔清朗，有祭祖掃墓的習俗。
	穀雨	三月中氣	雨量增多，就可以使百穀順利滋長。

夏	立夏	四月節	夏天開始了，萬物隨著溫暖的氣候而蓬勃生長，春天播下的農作物也慢慢長大。
	小滿	四月中氣	農作物開始漸趨飽滿，但還未成熟。
	芒種	五月節	大麥、小麥等有芒作物成熟，另有些有芒作物如黍、稷開始秋播。
	夏至	五月中氣	這一天白天最長，黑夜最短。
	小暑	六月節	溫度爬升至讓人感覺到熱，但尚未到達最熱的時候。
	大暑	六月中氣	炎熱到達最高峰。
秋	立秋	七月節	秋天開始了，作物快成熟了。暑氣開始稍稍降低，但有時仍會溫度飆升——秋老虎發威。
	處暑	七月中氣	「處」是「住」的意思，暑氣將退藏到休息的住處，表示——暑氣到此為止，炎熱的日子會開始減少，但仍偶而會秋老虎發威。
	白露	八月節	夜涼，清晨的水氣易凝結成露，將迎來真正涼爽的秋天。
	秋分	八月中氣	這一天晝夜等長，過了此日，夜晚的長度開始會比白天長。
	寒露	九月節	水露先白而後寒，表示氣溫變冷，將進入深秋。
	霜降	九月中氣	大陸長江以北溫度再降，開始有夜露凝結成霜的情況。
冬	立冬	十月節	冬天開始了，作物收割收藏了起來，人們也進入休養的階段，故民間有補冬的習慣。
	小雪	十月中氣	大陸北方會開始降雪。
	大雪	十一月節	大陸北方溫度普遍降到零度以下，雪量由小增大。
	冬至	十一月中氣	這天白日最短、黑夜最長，北方人有吃餃子、南方人有吃湯圓習俗。
	小寒	十二月節	冷氣積久而寒，但還不是最冷的時候。
	大寒	十二月中氣	寒氣到達最頂點。

中 第54籤 平

己丁

蘇秦刺股

萬人叢裏逞英豪，便欲飛騰霄漢高，爭奈承流風未便，青燈黃卷且勤勞。

歸納 尚須等待時機

家運　因家道中落，讓家人備受親戚朋友嘲笑，但只要抱持著信心，而且家人之間能共同努力與互相鼓勵，待時機一到，屆時便可嶄露頭角。

本運　成功的道路往往都是崎嶇難走的上坡路，只要能在每一次的失敗找出癥結點，而且多付出一些心力突破，再搭配時運到來，結局會跌破眾人眼鏡。

姻緣　已婚者夫妻倆在認知上有所不同，易起矛盾，若能良性溝通、磨合，會找到增進感情的平衡點。未婚有對象者相處上若有觀念、價值觀懸殊等問題，要加以改變，雙方才有機會走向紅毯。未婚無對象者可請示神明姻緣時機點，有望遇到正緣。

事業　工作事業上苦無發展，讓朋友、家人對你冷嘲熱諷，其實，依你的本事是有能力找出精進方法的，而且結局會讓所有人刮目相看，但此事需要天時地利人和，可請示神明事業運較佳的時間點。

學業　考試成績不盡理想，原因是領悟力不足且抓不到重點研讀，應充分了解學習內容、尋求師長幫助，將能有效進步，可再求文昌帝君幫忙賜予智慧。

健康　身體欠安未得到改善，需找到貴人醫生才能改善，建議可以請示神明貴人醫院。

求子　屢屢失敗的結果讓你有一點心灰意冷，建議可以配合醫生的建議做適當的受孕方向調整，再求註生娘娘賜子並請示時間點，有機會可以懷孕。

財運　過去財運不佳主要是時運未到且投資理財的方向不明確，才導致無法獲利，只要能適時掌握大局走向、吸收資訊，財運上便可有所進展。

籤詩典故

蘇秦，字季子，戰國時期人士。在當上六國宰相前，蘇秦的生活其實很落魄，他游說秦王好幾次都得不到回應，盤纏也都花光了，只能返鄉。然而回家後，不只兄嫂看不起他，就連妻子也不願多看他一眼，讓他慚愧又憤怒。後來，蘇秦在一次機緣下得到《太公陰符》，他發憤圖強、用功苦讀，想打瞌睡時就用錐子刺大腿，最後終於揣摩出人君的心理，成功游說六國聯合對抗秦國，並當上六國的宰相，配戴六國相印。

問神達人解籤

這支籤詩的重點在於蘇秦在成為六國宰相之前，不只經過一番人生低潮與命運乖舛，還遭到家人、親戚、朋友的恥笑，甚至連自己的妻子也對他冷嘲熱諷。然而，蘇秦並不因此喪志，不只發憤圖強，用功苦讀《太公陰符》，還徹底了解自己之前失敗的原因並加以改進，最後成為六國的宰相，配戴六國相印。

POINT 抽到這支籤詩後，你必須……

如果抽到這支籤詩時事情已經做了，神明是要告訴你：目前你做什麼事都無法如願，甚至還會遭受許多人的冷言冷語，讓你心情非常低落，甚至萌生與世隔絕的念頭，但是你要知道，你是個人才，只是因為❶努力還不夠、❷時運未到、❸找不到方法學習，才會不順遂，只要能找出過去這些讓你失敗的原因加以改進，並更加努力，不用理會旁人的指指點點，有朝一日，你一定會像蘇秦那樣從萬人當中脫穎而出，飛黃騰達！

相對的，如果你抽到這支籤詩時事情還沒做，神明是要告訴你：你對這件事的某些狀況還不很了解，建議要先針對這些狀況多找些資料或詢問他人的意見，然後內化成自己的東西，精益求精。另一方面要靜待時機，時機到了再做，成功機率自然會再提升。至於時機點會在什麼時候，建議請示神明問出來。

中 第55籤 平

己戊

包龍圖勸農

歸納 腳踏實地，按部就班

耕勤力作莫蹉跎，衣食隨時安分過，縱使經商收倍利，不如逐歲廩米多。

家運　目前家運平穩，家人間相處融洽，不建議在現在做任何變動。

本運　成就任何事，都不能眼高手低，處事循序漸進、按部就班，才能日積月累地步上成功之路。

姻緣　已婚者、未婚有對象者不要總是以高標準要求對方，應懂得寬容、理解，更能促進感情和諧。未婚無對象者不要以飛上枝頭當鳳凰的心態挑選對象，容易錯過或失去真正適合你的人。

事業　業務上的成功、工作上的被看重，都是不好走的彎路，沒有任何截彎取直的立即性方法，實際性的作為才會讓你有突破。

學業　學習要按部就班，不能有走捷徑的心態，扎穩地基、實事求是的學習，才是學業的根本。除此之外，也不要到考試的前一天才讀書。

健康　身體不適者得配合醫生檢查、治療，不要輕信超級藥物有立即性的改善效果，遵循醫療管道才是正確的。

求子　別因心急而花費過多資金在沒有根據性的健康食品、藥品等，可請示神明貴人醫院，配合醫生調養，受孕較有機會。

財運　財運平穩發展，可安分守己的適量投資，切記見好就收，切勿因為當下有獲利而再次下重本投資，這樣很容易把之前賺的都賠出去。

籤詩典故

包拯，字希仁，北宋人士，為官清廉，不阿附權貴，鐵面無私，敢替百姓打抱不平，被後人譽為「包青天」，他對整頓吏治、疏通惠民河有很大的貢獻。包拯在任官期間，相當重視農業發展，時常勸百姓注重農桑生產，腳踏實地，按部就班，千萬不能忘記耕作；任開封府尹時，很多權貴都很怕他，由於執法公正嚴明，連小孩子或婦人都認識他。因為被朝廷封為龍圖閣直學士，所以包拯又被叫作「包龍圖」。

問神達人解籤

這支籤詩的重點有二：

❶包拯注重農業生產，常勸百姓注重農桑生產，腳踏實地，按部就班。

❷詩句提及「耕勤力作莫蹉跎」、「縱使經商收倍利，不如逐歲廩米多」，就算做生意賺的錢是務農的好幾倍，仍不如年年腳踏實地耕作累積下來的米糧實在。

POINT 抽到這支籤詩後，你必須……

如果抽到這支籤詩時事情已經做了，神明是要告訴你：雖然你有雄心壯志成就一番大事業，但萬丈高樓平地起，眼下你的腳步走得有點太快了，快到沒有按部就班，甚至有想要一步登天的念頭（例如還沒有實際的成績，就想要再開拓另一個事業版圖，或才剛開一間店沒多久，就想要再開其他分店），提醒你不要急，路要一步一步走穩才不會跌倒，雖然現在是有點辛苦，但至少比較穩定。

相對的，如果抽到這支籤詩時事情還沒做，神明是要告訴你：雖然你有雄心壯志成就一番大事業，但現階段你的想法已超過你能力所及，建議下修一下目標和標準，比較有機會達到你所想要的結果。

除此之外，這支籤詩還有一個重點：如果抽到這支籤詩時是配對在個性，那就是神明要告訴你：你的個性有一點好高騖遠，野心太大。雖有雄心壯志，但別忘了要考慮到現實；腳踏實地雖然賺得少，總比異想天開、天馬行空的胡思亂想而最終導致什麼都得不到來得實在。

下　第56籤　下

己己

王樞密奸險

心頭理曲強詞遮，直欲欺官行路斜，一旦醜形臨月鏡，身投憲網莫咨嗟。

歸納　人為方面或個性

家運　家運低迷，容易有一些人為方面的介入、擾亂，引發家庭紛爭。建議要小心人與人之間的糾紛，特別是講話方面太過直接、犀利，會容易引起衝突。

本運　處事上要低調保守，多觀察周遭的人，恐會有人為糾紛，害人之心不可有，防人之心不可無。

姻緣　已婚者、未婚有對象者在與另一半相處上要彼此信任及了解，別為了不相干的第三者而產生口舌之爭，讓關係走到冰點；未婚無對象者近期若有人介紹新對象，應先從朋友關係做起，多觀察、相處，再考慮是否進一步發展。

事業　工作上要防範心懷不軌之同事、合作對象等等，此時的你要步步為營，以免遭受無妄之災。

學業　專心致力於學業，當心同儕之間的惡意中傷而引發排擠。

健康　應配合醫生做適當的療程，切勿聽信偏方，或亂用其他私人的醫療方式，以免導致病情加重。

求子　要利用正當的醫療管道療程受孕，切勿聽信沒有醫學根據的方法，否則可能會因此而錯失受孕機會。

財運　投資理財上要謹慎小心，慎防小人陷害而導致慘賠。

籤詩典故

王欽若，字定國，北宋人士，官位曾做到樞密使，又稱王樞密，宋真宗時期官至宰相。王欽若處事極為投機取巧，也很會挑撥離間，更時常把別人的功勞都攬在自己身上，但一犯錯就把責任往別人身上推。其長相狀貌短小，有人在背地裏戲稱他「瘦相」。

王欽若做人奸險狡詐，很會對皇帝逢迎拍馬。宋仁宗就曾告訴大臣說：「王欽若做官，你如果長期觀察他的所作所為，就會知道真的是奸詐邪惡。」

問神達人解籤

這支籤詩的重點在：王欽若雖然是一個人才，但為人太過陰險狡詐，又很會挑撥離間，連宋仁宗都說他的所作所為「奸詐邪惡」——連皇帝對王欽若為人的評價都是負面的。

POINT 抽到這支籤詩後，你必須……

如果抽到這支籤詩時事情已經做了，神明是要告訴你：這件事有人為方面的介入，稍不小心，自己也會被中傷，甚至替人背黑鍋，請務必提高警覺，對目前的共事者要有一定程度的了解，小心別讓自己牽連其中。

相對的，如果抽到這支籤詩時事情還沒做，神明是要告訴你：你最需要防範的是人為方面的問題，因為這是你比較不容易注意到的面向，一旦真的發生，很可能會讓你蒙受不白之冤。建議先緩緩，不用急著做，再多花點時間仔細了解，或許就可以洞若觀火了。

此外，若抽到己己籤配對在個性，神明是要提醒：為人要有善心，勿投機取巧，害人害己。

中 第57籤 平

己庚

爛柯觀棋

事端百出慮雖長，莫聽人言自主張，一著仙機君記取，紛紛鬧裏更思量。

歸納 舉棋不定，猶豫不決，錯失先機

家運　家中常常各有各的意見，處理事情難有共識，容易影響家庭氛圍，以及延誤事情順利發展的時機。應適時的溝通，才能讓家人間更貼近，也可使事情順利發展。

本運　旁人的話聽太多讓你優柔寡斷，造成你運勢及行事上的阻礙，趁時運正好時加緊腳步妥善規劃要進行的事，在對的時機做對的事情，才能大大提高成功機會。

姻緣　已婚者、未婚有對象者，假使因為在一起久了而感情變得平淡，可以適時以實際行動激起愛的漣漪。未婚無對象者要趕緊請示神明姻緣時機點，勿一而再、再而三的錯失良緣。

事業　工作事業上的發展，因為多方意見聽得太多，導致過度考慮而委決不下，建議要好好抓緊機會，趕緊執行，莫再觀望不前。

學業　雖然考運及學習力頗佳，但如果不去認真念書或參加考試，考運再強也等於零。

健康　身體微恙者勿再聽旁人太多建議而遲遲不就醫，可請示神明貴人醫院，趕緊配合醫生治療，免得錯過根治的黃金時期。

求子　雙方若能適當的規劃，是有機會的，小心聽從太多建議而遲遲不執行，可能會錯失受孕的時機。

財運　若有投資或合夥，應將別人的建議去蕪存菁，再加上自己的方案，然後抓緊機會執行，勿過度瞻前顧後而讓事情產生變化。

籤詩典故

爛柯觀棋是則神仙故事。相傳晉朝有一位叫王質的人，上山砍柴時誤入深山，忽然看見一名老者、一個小孩在下棋，好奇的王質放下斧頭在旁邊觀看。此時，另有一位童子拿了一顆像棗核的果子給王質，王質吃了後竟然都不會感到飢餓。等到棋下完了，童子告訴王質：「你該回去了，此地非人間，仙界一刻，凡間已過百年。」王質猛然回頭，只見斧頭柄已經腐爛，他匆匆忙忙趕回家，震驚地發現所有景物都不一樣了，也沒有人認得他是誰。

後來，「爛柯」便成為圍棋的別名，而爛柯山在今天的浙江省衢州府。

問神達人解籤

這支籤詩的重點在：王質看人下棋，竟看到不知道時間已經過了許久，想再回頭，也已是物換星移、人事全非。此外，籤詩的詩句說到「事端百出慮雖長，莫聽人言自主張」，意謂著得到太多資訊，反被資訊癱瘓，導致舉棋不定、猶豫不決，無法做出決定，等到做出決定的那一刻，卻早已錯過了最佳時機。

POINT 抽到這支籤詩後，你必須……

若抽到這支籤詩時事情已經做了，神明是要告訴你：這件事原本會有一個圓滿的結局，卻到目前為止都還沒有出現，原因就是出在你的腳步太慢，該前進不前進，該衝刺不衝刺，舉棋不定和猶豫不決，白白喪失了最佳時機。然而，這一切或許都還來得及，時機所剩不多，別再躊躇不前、三心二意，該是大步邁出去的時候了。

相對的，如果抽到這支籤詩時事情還沒做，神明是要告訴你：或許因為聽了太多人的建議，導致你無所適從，無法或沒有勇氣做出決定，邁出關鍵的第一步。而在你猶豫不決的同時，最好的時機已經一點一滴、悄悄地在流逝，一旦失去機會，就算想要回過頭再做，結果也許也無法如你所願。

上 第58籤 吉

己辛

蘇秦背劍

歸納 時機已到，順勢而為

蘇秦三寸足平生，富貴功名在此行，更好修為陰騭事，前程萬里有通亨。

家運 家運漸漸轉強，成員也各自都有好的發展，若能再做點善事輔助一下，對家運的亨通更有利。

本運 與眾不同是你的行事風格，只要有恆心且執行的事未來是有發展性的，將會有一番作為，若可以在能力範圍內做點善事積陰德，對你更加分。

姻緣 已婚者家庭融洽、和樂融融，感情溫度持續上升。未婚有對象者與另一半的感情穩定，可以規劃步入禮堂、攜手共組家庭。未婚無對象者可以請示神明姻緣時機點，有機會遇到正緣。

事業 工作上有時你的特立獨行可能不被看好，但只要能堅持對的事，持續努力，有機會成為效法的對象。

學業 領悟力強、理解力快，再加上力學不倦，將來前程似錦。

健康 身體狀況漸漸好轉，精神方面也開始開朗起來。

求子 求子的機會到了，一定要好好把握這一次的良機，如果可以的話，祈求註生娘娘賜子會更好。

財運 過去不斷虧損的投資情形（蘇秦還沒成功前就是失敗），將有機會翻轉並轉虧為盈，但還是得量力而為。

籤詩典故

蘇秦，字季子，戰國時期人士。蘇秦游說六國時身上都背著一把劍，但他背劍方式跟一般人不同——一般人是「劍尖朝下、劍柄朝上」地背，而蘇秦背劍是劍尖朝上、劍柄朝下。後人把蘇秦的背劍法歸納成「不是一舉驚天，就是落人笑柄」。後來，蘇秦發憤圖強，用功苦讀，想打瞌睡時，就用錐子刺大腿，最後終於成功游說六國聯合對抗秦國，並當上六國的宰相，配戴六國相印。這種背劍的方式，最後證明蘇秦是一舉驚天。

問神達人解籤

這支籤詩的重點在：蘇秦的背劍方式異於常人，而且「不是一舉驚天，就是落人笑柄」，正意謂著「不是大好，就是大壞」，但典故最後證明蘇秦的特殊背劍法是「一舉驚天」。再深入一點說明，如果真有實力與能力，就算當時的「方式、方案或方法」被人取笑，一旦成功了，那些曾被人取笑過的「方式、方案或方法」都將變成「創舉」，甚至還會被後人模仿。

POINT 抽到這支籤詩後，你必須……

抽到這支籤詩時，不管要問的事情做了沒有，神明都是要告訴你：你是一個有能力與實力的人，雖然有時顯得標新立異，但不必太在乎他人的異樣眼光，只要能堅持下去，不僅會成功，還會造福後人。

此外，詩句還提醒我們要修「陰騭」——陰德，也就是祖宗陰德。換句話說，平日如果多行善積德，對你的富貴功名有絕對的幫助。

中　第59籤　平

己壬

鄧伯道無兒

門衰戶冷苦伶仃，可歎祈求不一靈，幸有祖宗陰騭在，香煙未斷續螟蛉。

歸納 雖有阻礙，仍可化險為夷

家運 過去家運較低，也遇到許多風波，但家中祖先平時有做善事——積陰德，增福報，假使遇到麻煩事也都能逢凶化吉。

本運 一直低迷的運勢讓你用盡任何方式祈求也沒有太大的進步，但你是個有善心的人，加上過去祖先累積下來的福報，因此還是有重振旗鼓的機會。

姻緣 已婚者夫妻間的冰冷關係讓你不知所措，但只要有恆心堅持，祖先會暗中幫忙，破冰那天會到來。未婚有對象者因為自身的善良而撐過感情的波折，雙方若能溝通、規劃好，可往人生下一個里程前進。未婚無對象者不用心急，祖先的福報也會為你牽一段正緣來，建議可請示因緣時機在什麼時候。

事業 工作上可能有些惡意攻擊，導致你不受公司重視，無法發揮長才，但只要你知進退，並且懂得成全、取捨，還是有扭轉情勢的一天。

學業 抓準自己較弱的科目精進，成績有機會更上一層樓。

健康 若原就診醫院達不到心中期待的治療效果，可請示神明貴人醫院，狀況有望改善。

求子 長期求子未果可能讓你幾乎快失去信心，但因為你的善心且祖上有積些福報，建議配合醫生尋找其他方式受孕，如人工、試管或找捐卵者，還是有機會求子成功。

財運 決定投資者或投資中未獲利者，財運上起起伏伏，如果堅持要進行，應該多方評估風險，但建議該放還是得放——有捨才會有得。

籤詩典故

鄧攸，字伯道，晉武帝時期人士。永嘉末年時，石勒起兵包圍鄧攸，當時的一位門吏是鄧攸的舊部屬，他拿著鄧攸寫的訣別詞給石勒並替鄧攸說情，石勒很看重鄧攸的文采，便沒有對鄧攸趕盡殺絕。

後來，鄧攸被誣陷跟一宗火燒車的事件有關，在逃亡期間，他所騎乘的牛馬也被強盜奪去，只能用擔子挑起兒子跟侄子鄧綏繼續逃。鄧攸內心覺得無法同時保全兩個孩子，於是對妻子說：「我弟弟早逝，只有留下這一個兒子，我不能讓我弟弟絕後，只好放棄我們的孩子了。」妻子淚眼答允，兩人於是丟下自己的孩子，沒想到隔天早晨孩子竟然追趕上他們。心意已決的鄧攸把兒子綁在樹上，帶著姪子離開，再次放棄了自己的孩子。最後，鄧攸雖然後來官至尚書，卻始終沒有子嗣。

問神達人解籤

這支籤詩的重點在：石勒沒有殺鄧攸，但後來鄧攸因再次被誣陷而逃亡，在逃亡期間，鄧攸捨下自己的兒子來保全侄子，最後雖然官至尚書，可是卻沒有子嗣。這意謂著儘管一路歷盡波折，卻仍心存善心，雖然最後會失去一些東西，但因為積有陰德及福報，上天仍會讓他保有一些東西，並沒有全部都喪失掉。

再具體一點說明，這支籤詩雖然是說鄧伯道最後沒有兒子，但不能直接解成要求子的人沒有希望了，這太斷章取義；別忘了，詩句最後說的是「幸有祖宗陰騭在，香煙未斷續螟蛉」，而且「鄧攸最後是保有侄子」——因有陰德福報在，香火還是有機會繼續延續下去，只是可能要用其他方法，例如人工受孕、試管，甚至借卵……。再具體一點，人工、試管或借卵可以成功懷孕，只是費用較高——這也代表無法兩全其美、面面俱到。

POINT 抽到這支籤詩後，你必須……

如果抽到這支籤詩時事情已經做了，神明是要告訴你：現階段還需要經歷一些波折，甚至可能會被中傷，但你心地善良，神明會暗中助你化險為夷。縱然事情無法全部面面俱到，或者兩全其美，但至少會讓你保有一部分，不會完全都失去。

相對的，如果抽到這支籤詩時事情還沒做，神明是要告訴你：再思考一下到底要不要做，如果堅持要做的話，雖不至於得不到任何效益或成果，但難以兩全其美；因為無法顧及到全部，所以要有「捨棄一部分來成就另一個部分」的心理準備。因為這樣，還是建議你多加考慮後再做決定會比較好。

上　第60籤　上

己癸

宋郊兄弟同科

羨君兄弟好名聲，一意謙撝莫自矜，丹詔槐黃消息近，巍巍科甲兩同登。

歸納　時間點——農曆4至6月

家運　在夏季農曆4至6月間，家運會漸漸起運，家庭氣氛融洽，家人間更有向心力，甚至會有好消息出現。

本運　過去運勢不佳，待夏季農曆4至6月運勢轉強，做什麼事都可以達到期待。

姻緣　已婚者、未婚有對象者過去有一段磨合期，比較常發生口角，但待農曆4至6月時彼此會變得柔情蜜意。未婚無對象者農曆4至6月可以多參加聯誼活動，會有機會遇到正緣。

事業　工作上若有升遷或想要變動，建議待至夏季農曆4至6月再進行，才比較會有符合心中期待的結果。

學業　過去成績不盡理想，但是在夏季農曆4至6月領悟力變強、考運轉強，學習上會有比較大的進步。

健康　身體狀況在夏季農曆4至6月得到改善，身心狀況會進入佳境。

求子　在夏季農曆4至6月之間有機會受孕，如果可以祈求註生娘娘幫助賜子，成功機率將會更高。

財運　若有投資、合夥策劃，未進行者待夏季農曆4至6月再進行，比較有獲利的機會；已進行但未獲利者，農曆4至6月會慢慢漸入佳境。

籤詩典故

宋氏兄弟中，哥哥叫宋郊，字公序，後改名為宋庠；弟弟叫宋祁，字子京，時人稱他們為大宋、小宋。宋氏兄弟還未考取功名時，相傳曾有一位僧人說小宋將來會名滿天下，大宋則會光宗耀祖。僧人預言過後沒幾天，再次遇見大宋，他感到很好奇地問大宋：「你的臉上為什麼浮現積『陰德』的紋路，就好像救了數萬生靈似的。」大宋表示他在河中看到一根爬滿螞蟻的木頭，怕螞蟻淹死，便把那根木頭撈上岸。僧人聽完，點點頭又說：「大宋將高中狀元。」

後來，宋氏兄弟在正式考試時，連中三元，成績不相上下，最後朝廷以長幼有序為由，取大宋第一名，小宋為第二名。

問神達人解籤

這支籤詩的重點是時間點，即夏季（農曆四至六月）——槐樹的花是黃色的，所以又稱「槐黃」，其開花時間正是在夏天。

過去，古人常把槐黃跟功名連結在一起，相傳學子、考生若進京趕考，一定要找一棵槐樹並在樹幹上靠一靠，以求金榜題名。這是因為《太平廣記》裏記載：唐朝時，考生若在應考前在槐樹幹上靠一靠，就會位列「三公」——秦朝三公指丞相、御史、太尉，漢朝則指大司馬、大司徒、大司空，都是手握重權、位極人臣者，是許多士子夢寐以求的爵位，是以古人都會告誡學子要跟槐樹搞好關係。久而久之，人們也會特別觀察注意庭院中的槐樹是否有變化，如有異樣，那表示上天就快要賜功名給該戶人家了。因為這樣，接近考試的季節也稱槐黃，進而衍生出「槐花黃，舉子忙」這句俗諺。

《談苑》裏也說到呂蒙正冬天到一座寺廟讀書，直到春天才回來，結果發現門前長出幾株小槐樹，果不其然，呂蒙正當年就大魁天下，一舉高中狀元，十年之後成為大宋朝的宰相。

POINT 抽到這支籤詩後，你必須……

如果抽到這支籤詩時事情已經做了，神明是要告訴你：請再稍微忍耐一下，雖然現在有些不順，或無法如你所願，但是時機快到了，只要時機一到，事情就會開始好轉，而時間點就在夏天（農曆四至六月）。

相對的，如果抽到這支籤詩時事情還沒做，建議先忍耐一下，等到夏天（農曆四至六月）再來執行，不要太著急，畢竟當季的水果最甜美，不是嗎？

除此之外，如果你抽到這支籤詩時已經過了夏天（農曆四至六月），那就表示——明年夏天才是最佳奪魁時機點。

中 第61籤 吉

庚甲

蒯輙見韓信

歸納：把握時機，開創新局

嘯聚山林凶惡儔，善良無事苦煎憂，主人大笑出門去，不用干戈盜賊休。

家運　家中現階段容易起爭執，記住當局者迷，若有重要決策或有紛爭不知如何處理，不要太堅持己見，應多聽聽家人的建議，才能從糾結中跳脫出來。

本運　你的才能、實力備受肯定，但久了容易樹大招風、招人忌妒。建議與人合作時要低調行事，亦可考慮自己獨當一面，自己開創新局，有機會有更好的發揮。

姻緣　已婚者若感情出現磨擦，應多聽過來人的經驗，主動找出方法改善或跟另一半和好，才不會讓婚姻陷入僵局。未婚有對象者容易讓另一半沒安全感而產生磨擦，若能聽取過來人的建議，好好加以安撫並主動讓另一半多參與你的活動，以增加安全感，對你們的感情會有幫助。未婚沒對象者本身的外在條件很不錯，但容易讓想認識你的對象有距離感，建議放低姿態、改變一下作風或主動釋出善意，會增加新戀情的機會。

事業　你的能力很強、很有想法，但記得也要聽取創業前輩的建議。基本上，獨資創業會比與人合夥或拿死薪水更有發揮的空間。

學業　學習或選擇科系上會有自己的盲點，建議多跟師長請教，會更有方向並發揮實力。

健康　身體若有不適，應交由專業醫生來判斷，切勿自行判斷、亂聽信偏方。若病況一直未改善，建議請示出貴人醫院及醫生，再做個確切的檢查，較能找出真正的病因。

求子　若自然受孕一直無法成功，就不該只執著這個方法，應請示出貴人醫生並接受專業建議，以進行治療或調理，才能增加受孕的機會。

財運　雖然很有投資想法，但還是要多跟專家請教並多做評估，才能做出正確判斷。投資方面較建議獨資的方式，糾紛會較少。

籤詩典故

蒯輒，楚漢相爭因善於陳說利害、辯才無雙，而成為韓信帳下的謀士。漢王劉邦立韓信為齊王時，蒯輒知道韓信帶兵打仗的能力遠比劉邦強，而且當時的天下大權主要握在韓信的手上，便勸韓信與劉邦、項羽三分天下，否則，一旦功高震主，劉邦將對他有所忌憚，日後必定也會為劉邦所害。然而，韓信不願背叛劉邦，後來，韓信果真被呂后設計所殺，臨死前十分後悔沒聽蒯輒之言。

問神達人解籤

這支籤詩的重點在：蒯輒知道韓信的作戰能力比劉邦還強，且劉邦已對韓信心生警惕，才勸韓信自立為王以保全性命，但韓信並沒有這麼做，導致最後被呂后所害。這意謂著有一些事當局者迷，必須從旁人或幕僚的角度才能看得清楚，也就是說，人處在混沌不明的狀況當中，他人的建議也許可以幫助你做出正確的判斷。

POINT 抽到這支籤詩後，你必須……

如果抽到這支籤詩時事情已經做了，神明是要告訴你：接下來的狀況可能對你一半是吉，一半是咎。吉的是，你目前仍被人重視，因為有能力；咎的是，未來你有可能會被人猜忌，而且同樣是因為你的能力。因此，眼下你要嘛就是更低調行事，讓他人不至於對你有所忌憚，要嘛就是找一個獨立、可以自主的環境，讓你不必顧慮東、顧慮西的發揮所能，較有機會安如泰山。

相對的，如果抽到這支籤詩時事情還沒做，神明是要提醒你注意與你共事的人，因為你的能力已引起他人對你的猜忌與忌憚，導致有些人會因而卻步。如果你能讓這些人對你有安全感，那麼這件事可以有一個圓滿的結果；再不然，考慮是否自己獨當一面、自立門戶，也不失一個解決的方法。

特別說明一下，典故提到的「要聽聽他人的建議」，而這個「他人的建議」就是「神明給你的建議」。

除此之外，如果你抽到這支籤詩時，是配對在事業的合夥關係的話，建議自己獨資對未來比較好。

中 第62籤 吉

庚乙

韓信戰霸王

百千人面虎狼心，賴汝干戈用力深，得勝回時秋漸老，虎頭城裏喜相尋。

歸納 人為因素

家運　家運不平靜，容易因自己好強、好面子的個性而與家人起衝突，建議不要硬碰硬，以和解、協調的方式，事情比較能夠得到解決，將傷害降到最低。

本運　做任何事都要沉住氣、小心判斷及評估，別為了贏一口氣而導致人為紛爭，甚至招來官司。若有決策，人跟人之間協調好再執行才能免除不必要的爭議，較能達到目標。

姻緣　已婚者若婚姻出現困境，要平心靜氣溝通把問題解決，若彼此都拉不下臉、用強硬的手段堅持己見，容易讓婚姻兩敗俱傷。未婚有對象者做任何事前應先跟另一半溝通及協調，才不會因意見不合而爭吵，若有爭吵也應理性協調、解決，降低感情的傷害。未婚沒對象者如有認識新對象，不要太意氣用事，否則容易嚇跑對方。

事業　與廠商或客戶往來時雖然贏面很大，但你強硬的作風也容易造成事業上的損傷——用協調、和解的方式才能把損傷降到最低。若有其他事業上的合作案或計畫要執行，人為方面的事情應先協調好再做，推動起來會更順暢。

學業　學習或考試上很有實力，但若處處想贏過別人，除了容易給自己太大壓力，甚至會與同儕間產生不好的紛爭。

健康　不服老的個性讓你自認為身體很強壯，因過度揮霍或欠缺休息而導致健康的損失。

求子　每個人求子機緣不同，別因他人懷孕而給自己太大壓力。應請示出求子的時機，並放鬆心情，配合貴人醫生的治療或調理，以增加受孕的機會。

財運　若在投資理財上已有獲利，應適可而止，切勿為了賺取更多錢財而投入更多資金。若投資方面有想找人合夥，應談妥彼此的獲利及分紅方式，才能避免錢財上的糾紛。

籤詩典故

公元前二〇三年，劉邦與項羽議和，兩人以鴻溝為界線，二分天下。此時，陳平建議劉邦趁項羽班師東歸且毫無戒備時出兵攻打項羽，讓他們措手不及。劉邦採納陳平的建議，讓韓信以十面埋伏之計攻破楚軍，使項羽節節敗退到垓下直至烏江。項羽望著烏江，自覺無顏見江東父老，不肯渡江，最後自刎身亡。

問神達人解籤

這支籤詩的重點在韓信跟項羽之間的大戰，這些大戰個個歷史上有名，比如「明修棧道，暗渡陳倉」、「背水一戰」、「十面埋伏」等，雖然最後的勝利者是韓信，但殺人一千自損八百，就算得到了最後的勝利，自己也筋疲力盡，甚至是傷痕累累，付出的代價也不小。

POINT 抽到這支籤詩後，你必須……

若抽到這支籤詩時事情已經做了，神明是要告訴你：你現在雖然有能力，而且最後的勝利會站在你這邊，但注意不要處處爭強，甚至非爭個你死我活才願意放下，過程中你同樣要付出很大的代價。建議先以協調為主，一旦協調成功，不只能創造雙贏，還能讓彼此氣氛一片祥和。

相對的，如果抽到這支籤詩時事情還沒有做，神明是要告訴你：先協調或處理好這件事的人為事再正式執行，不然會引起後續一系列的爭議或爭執。要成就一件事，不一定非得爭個你死我活，協調也是一個很好的方法，畢竟魚死網破對彼此都沒有好處。人為事先協調好再進行，就比較不會發生人與人之間的糾紛。

中　# 第63籤　吉

庚丙

楊令公撞李陵碑、廉頗用趙

曩時征北且圖南，筋力雖衰尚一堪，欲識生前君大數，前三三與後三三。

歸納　順其自然，維持現況

家運　家運平平，雖不是富貴昌隆，但現階段已是不錯的狀態，好好維持下去就會平順。

本運　雖然運途方面不是大鳴大放，但目前的狀態對你來說已算安穩。若是太過強求，未必能達到心中的預期，建議維持現況就好。

姻緣　已婚者婚姻狀態平穩，雖沒特別浪漫，卻是平實、堅定依舊，因此，與其要求另一半符合你的要求，不如先改變一下自己，會有助於感情提升。未婚有對象者目前的對象已是最佳人選，請好好珍惜，若想騎驢找馬，小心真愛與你擦身而過。未婚沒對象者姻緣時機尚未成熟，好的對象值得等待，可請示神明正緣何時會出現。

事業　雖然你有滿腹的雄心壯志，但目前維持現況會比汲汲營營來得穩定。可等待時運到時再好好放手一搏，不急於當下。

學業　目前學業、成績表現已到達你能力所及範圍，建議穩定維持下去就好，若想再有所突破，可能難以達到期待。

健康　身體若有狀況，要有耐心、按部就班依醫生指示來治療。若想求快而用偏方，對病況未必會有幫助。

求子　目前求子時機尚未成熟，建議先請示出貴人醫生並好好調理身體，等時機到時，求子成功機率才會大增。

財運　雖非大富大貴，但沒有虧損已是最好狀態。建議維持現況，不宜再投入更多資金。

籤詩典故——楊令公撞李陵碑

楊業，宋朝人士，原名為重貴，後因五代十國北漢開國皇帝劉崇恩賜，改姓名為劉繼業，後宋太宗平定北漢後，再改回楊業。楊業主要與潘仁美共同防禦北方遼國南下，當時楊業孤軍深入，被遼國大軍困在兩狼山。潘仁美一向妒恨楊業，所以遲遲不派兵救援，目的就是想害死楊業。楊業令楊七郎突圍求救，但七郎被潘仁美亂箭射死，楊業被困又無援兵，絕食三日後，撞李陵碑而死。

輔助典故——廉頗用趙

廉頗，戰國末期趙國的名將，「負荊請罪」就是廉頗與藺相如之間的故事。趙國孝成王去世後，原應等待在秦國為質的春平候回國即位，但趙偃卻在郭開的支持下即位，即趙悼襄王。趙王繼位後，派樂乘取代廉頗，廉頗知道自己被剝奪兵權後，憤而攻打樂乘，卻沒有成功，最後流亡魏國大梁。

在魏國期間，廉頗始終沒有得到魏國重用。同時，秦趙兩國在這段期間的交戰也屢屢戰敗，讓趙王心生重新重用廉頗的念頭，無奈此時又有小人進讒言，說廉頗已經老了，大小便失禁，不能再用了。趙王信以為真，便沒再重用廉頗。

問神達人解籤

這支籤詩要再以一個輔助典故來解籤，才會更精準。

首先來看「楊令公撞李陵碑」。楊令公算是一名忠臣，為什麼偏偏要強調他撞在李陵碑上？

李陵是漢朝名將李廣的孫子，在歷史上極具爭議性。李陵奉漢武帝之命與匈奴作戰，寡不敵眾，兵敗投降匈奴，使得漢武帝在一怒之下，下令將其全家處死，完全斷絕李陵想再回漢朝的後路。另一方面，李廣曾被命相師說「命中數奇」，一生沒有功名，而李廣後來也確實是沒有功名，這就是籤詩詩句上所說的「欲識生前君大數，前三三與後三三」，意謂著這是命中已經註定的天數，無法改變，而「前三三與後三三」則指三世因果中早已註定的前因後果。

再來，廉頗也一樣，雖然他老當益壯，仍可與秦國一戰，但最後仍無法受到趙王的重用，意謂著烈士暮年，雄心壯志仍在，還可以為國奉獻，但最終仍無法如願以償。

把這兩個典故配合籤詩的詩句，便能更具體地解釋「曩時征北且圖南，筋力雖衰尚一堪，欲識生前君大數，前三三與後三三」。

POINT 抽到這支籤詩後，你必須……

你前因後果的命格，註定你就只能做到這個階段，建議不要做出超過這個範圍的事，雖然還有雄心壯志，能再做最後一搏，但因為這是命中已註定的命格，就算是畢其功於一役，最後結果仍無法達到你的期待。建議還是要順天而行，維持這樣就好了，這支籤是「中吉」籤，相對來說，維持原狀是對你「最吉」的狀況了。

上 第64籤 上

庚丁

管鮑分金、魯仲連排難解紛

吉人相遇本和同，況有持謀天水翁，人力不勞公論協，事成功倍笑談中。

歸納 展現胸襟，貴人相助

家運　家人間不用計較太多，若有意見不合，稍微退讓一下就能家和萬事興。

本運　凡事不一定要據理力爭，有時吃點小虧或不要那麼堅持，運途反而會更順利，任何事都能圓滿得到解決。

姻緣　已婚及未婚有對象者與另一半相處若能稍微忍讓一下，不要總因為對方犯了小過錯而生氣，有爭吵時可以先釋出善意，事緩則圓，對你們的感情穩定會有幫助。未婚沒對象者若能再降低一些標準，雖然你遇到的對象也許不那麼完美，但你若能接受他的缺點並看到他的優點，他會是值得交往的正緣。

事業　在職場或事業上可主動釋放出一些優惠給客戶或廠商，雖然看似小吃虧，但能讓彼此的合作更順利、愉快。此外，還會有貴人出現，幫助你事業有成。

學業　不要害怕分享你的學習經驗及技巧，因為你的大方分享，反而會得到師長及同學的讚賞，也因此得到更多人的幫助，有助於學業提升。

健康　不要捨不得看醫生的錢，該花的還是要花。建議請示出適合自己的貴人醫生，好好配合治療，身體狀況很快就會得到控制。

求子　除了自然受孕，亦可配合貴人醫生的治療嘗試人工或試管，雖然費用比較高，但或許能增加求子的成功率。

財運　與人合夥投資時不要去計較對方是否賺得比你多。給對方多一點方便，有好的投資方向時，對方自然會給你最有利的消息，更能合作愉快、達到雙贏。

籤詩典故——管鮑分金

管仲與鮑叔牙，皆春秋時期人士。齊桓公想任鮑叔牙為宰相，被鮑叔牙婉拒，他向齊桓公舉薦管仲，「想稱霸天下，就必須請管仲當你的宰相。」

齊桓公很不以為然地說：「聽說你們兩人一起做過生意，分紅的時候總是管仲分得比較多，很多人都看不過去管仲這種行為，而你卻推薦這種會占人便宜的人為宰相？」鮑叔牙回答齊桓公說：「那是因為管仲家裏窮，讓他多拿一點也沒有什麼關係啊！何況是我自願讓他多拿一點的，所以並沒有占不占我便宜的問題。」

後來，管仲輔佐齊桓公成為春秋五霸之一，而且他曾說過一句話：「生我者父母，知我者鮑叔牙也。」

輔助典故——魯仲連排難解紛

魯仲連，戰國時期齊國人，平生喜歡雲遊四海、幫助他人解決問題及調解紛爭。

一日，魯仲連來到了趙國，得知魏國已派使者向趙國平原君提出一條「稱秦為帝」的計畫，他一邊想辦法安撫趙國的平原君，一邊遊說當時的魏國使者盡量幫助趙國。在魯仲連的遊說及幫忙之下，趙國的危機最後是化解了，趙王因而很高興地下令封賞魯仲連，但被魯仲連婉拒、推辭了。「與其富貴而詘於人，寧願貧賤而得自由。」說完這句話，他便瀟灑地離開了。

問神達人解籤

這支籤詩要再以一個輔助典故來整合解籤，才會更精準。

管仲與鮑叔牙一起做生意，鮑叔牙知道管仲家裏貧窮，不只不計較管仲多拿一點紅利，甚至還把管仲推薦給齊桓公當齊國宰相。這意謂著如果能有過人的胸襟，不用什麼事都要爭個公平，那天底下任何事都可以在笑談間圓滿解決。

同樣的，輔助典故裏魯仲連的個性喜助人排解紛爭、化解問題，而受他幫助的人最終也真心感謝他，只是最後魯仲連婉拒了對方的答謝。

POINT 抽到這支籤詩後，你必須……

如果抽到這支籤詩時事情已經做了，神明是要告訴你：雖然現在遇到一些讓你覺得不公平或被占便宜的事，但你若能展現寬大的胸襟，稍退讓一些，就如同鮑叔牙對待管仲一樣，那這件事其實可以在彼此的歡笑聲中得到一個圓滿的解決。

相對的，如果抽到這支籤詩時事情還沒有做，神明是要告訴你：做這件事，你將會遇到一些紛爭、不公平，或有被占便宜的感覺，但如果你不介意，可以允許多給對方一些方便，那這件事將會進展得很順利，也會有一個美好的結果，對彼此的將來都是有百利而無一害。再從輔助典故的角度來看，遇到困難時也不必太擔心，因為你會遇到魯仲連這般的貴人出手幫忙。

由於這支籤詩也有遇到貴人的涵義，因此，如果這支籤詩是配對在婚姻、感情上的話，那可以解成：如果能接受對方的缺點，這將是你的正緣。

上 第65籤 上

庚戌

蒙正木蘭和詩

朔風凜凜正窮冬，漸覺門庭喜氣濃，更入新春人事後，衷言方得信先容。

歸納 時間點——立春

家運　家運過去一直低迷，也經歷過人情冷暖、世態炎涼。不要灰心，只要立春一到，家運就會開始走強，所遇到的困難都能迎刃而解。

本運　運途跌跌撞撞，常受他人冷言冷語或不被看好。請不要心急，也不要失志，等到立春來臨，就能發揮所長。

姻緣　已婚者婚姻陷入困境，夫妻間不是冷戰就是爭吵，請勿衝動而做出後悔決定，雖然經濟狀況（呂蒙正落魄到無以為生）會影響婚姻，但立春後會有所改善。未婚有對象者不被看好，甚至會被人認為配不上另一半，但只要堅持下去、不被流言蜚語動搖，你們的感情將在立春時漸漸圓滿。未婚沒對象者目前苦無對象，又常被挖苦、嘲笑，但不用擔心，立春後你的姻緣時機就到了，屆時可好好把握機會、覓得良緣。

事業　事業表現不佳，常被上司或客戶叮得滿頭包，甚至被懷疑專業度不足，但只要你不輕易放棄、發憤圖強，待立春時機一到，就能讓人刮目相看。

學業　學習表現不如預期、資質不被看好，但只要繼續努力、認真學習，等到立春來臨，學習進入狀況，成績會開始展現。

健康　身體不適已有一段時間，治療不見成效，還要承受照顧者的冷言冷語。請不要自我放棄，堅定下去，配合貴人醫生的治療，待立春來臨，健康狀況會漸漸起色。

求子　求子不順遂，還因旁人眼光備受壓力，請不要難過，建議請示出貴人醫生，配合調理及治療，等立春來臨，求子成功機率就會提高許多。

財運　財運表現不佳、投資失誤而被嘲笑，目前不宜再投入更多資金，等到立春來臨，投資眼光漸漸準確，屆時才是投資的好時機。

籤詩典故

呂蒙正，字聖初，宋朝人，官至宰相，但未高中狀元時落魄到無以為生，只好以乞討維生。在當乞丐的日子裏，他常到木蘭寺跟僧人吃齋食，日子一久，僧人愈來愈討厭他，便把飯前鳴鐘改成飯後鳴鐘，呂蒙正聽到鐘聲前來吃飯時，發現大家已經吃完，羞憤至極，他在木蘭寺牆上題了「十度邏齋九度空，𠳐（不能容忍）耐闍黎（闍，城上之臺，『闍黎』在佛教上指能教授弟子法式、糾正弟子行為並成為模範的人）飯後鐘」的詩句，以記取今日之辱，然後奮發圖強，高中狀元。

問神達人解籤

這支籤詩的重點在：呂蒙正在未中狀元前，除了乞食維生，也常到木蘭寺跟僧人吃齋飯，久了之後引起僧人的反感，暗地裏調整鳴飯鐘的時間，不讓呂蒙正吃飯。呂蒙正感到很羞辱，題詩提醒自己要奮發圖強，以雪前恥，後來果然高中狀元。

POINT 抽到這支籤詩後，你必須……

如果抽到這支籤詩時事情已經做了，神明是要告訴你：眼下不只有些困境，還有人對你不友善或冷言冷語，心情猶如在寒冬飲冰水，這種苦只有你知道，但只要不放棄，堅定意志地堅持下去，發憤圖強，待立春一到（更入新春人事後），事情將有圓滿的結果。

相對的，如果抽到這支籤詩時事情還沒做，神明是要告訴你：現在還不是時機，你正面臨不少困境，還有人不看好你，但這些都沒關係，只要能耐得住，待春天一到，最佳時機來臨，那時進行的成功率會提高許多。

第66籤

上　上

庚己

杜甫遊春、諸葛隱南陽

耕耘只可在鄉邦，何用求謀向外方，只見今年新運好，門闌喜氣事雙雙。

歸納　維持現狀+時間點（立春）

家運　雖非好運連連，但也平順安穩，不需要做任何改變。待立春到，家運起運，就會漸漸事事順利。

本運　雖然沒有立即性的突破，目前維持現況最好，待立春時機一到，時運對了、加上有貴人相助，運勢就會愈來愈好，想做之事也比較能心想事成。

姻緣　已婚及未婚有對象者的另一半已是最好的人選，請好好珍惜，勿騎驢找馬，立春後感情就會穩定成長。未婚沒對象者的姻緣時機點在立春，屆時要積極一點，也可透過親朋好友介紹，成功率會提高許多，因為緣分或許就在不遠之處，只是你沒發現而已。

事業　建議維持在現有單位，若要請調，也以離你最近的地方或家鄉為主，此外，請立春後再提出。創業的部分建議等到春天再來執行，時機和貴人才會雙雙出現。

學業　在選擇應試地區時，建議以離住家近的或是家鄉地區為主。學習方面，目前依照進度按部就班地來進行，待立春一到，就能開始展現學習效果。

健康　治療的狀況雖然未能立見成效，但請配合目前的醫生好好接受治療——不一定遠來的和尚就一定較會念經。只要立春一到，病情狀況就會好轉。

求子　建議配合目前的醫生指示來調理身體，也許貴人醫生就在你的附近。待立春時機到，求子機率就會大增。

財運　現有的投資標的雖然表現平平，但已是最好的狀態，要到立春才會有明顯的獲利。若有要做其他投資，建議等到立春再來進行，目前保守為佳。

籤詩典故——杜甫遊春

杜甫，字子美，唐朝詩人。杜甫博覽群書，善長作詩歌，其詩歌氣勢廣大，影響深遠，被後人譽稱為「詩聖」。杜甫在青年時期曾數次漫遊，曾經待吳越數年、也到齊趙打獵唱歌過，還跟李白一同出遊梁宋。杜甫在春天出遊時都會寫有關春天的詩作，例如〈春夜喜雨〉、〈麗春〉、〈春遠〉等。

輔助典故——諸葛隱南陽

諸葛亮，字孔明，在跟隨劉備之前，隱居在南陽臥龍崗，過著半耕半讀的生活，平日喜愛吟唱〈梁父吟〉。諸葛亮的一些好友——如崔州平、石廣元、徐庶、孟公威——都才識過人，但諸葛亮更是雄才大略，常自比為管仲、樂毅。以諸葛亮的才識，其實可以得到很多人的賞識，但他卻隱居在臥龍崗，一是等待時機，二是等待明主。

後來，劉備經徐庶推薦，三顧茅廬才請得諸葛亮出山相助。從輔佐劉備贏得赤壁之戰，更一步步擁有江南四郡、順利入蜀川，奠定三分天下的基礎，諸葛亮之功，可以說是居功至偉。

問神達人解籤

這支籤詩必須再搭配輔助典故來解籤，二個典故整合交叉運用，解籤才能更加精準。

❶「杜甫遊春」指的是時間點，再搭配詩句「只見今年新運好，門闌喜氣事雙雙」，其「新運」也是指春天（立春）。

❷「諸葛隱南陽」的重點在：諸葛亮一直隱居在臥龍崗，不像其他好友主動外出尋找明主，一是

為了等待時機，二是為了等待明主。這個歷史典故正好可以呼應「耕耘只可在鄉邦，何用求謀向外方」——選擇在家鄉這個地方耕耘，先不要考慮其他地方。

③把兩個典故整合交叉運用：選擇在家鄉這個地方來耕耘，先不要考慮其他的地方，待立春時機一到，喜事即將接二連三的到來。

POINT 抽到這支籤詩後，你必須……

如果抽到這支籤詩時事情已經做了，神明是要告訴你：你看到其他人往外都有好發展，所以也想跟進，但建議你現階段固守現有的就好，不要往其他方面思考，雖然現況無法有立即性的突破，但只要立春一到，時機加貴人會雙雙一起出現。

相對的，如果抽到這支籤詩時事情還沒做，神明是要告訴你：現在這個地方對你最好，不必去考慮其他地方，或許你會覺得現在這邊沒什麼發展，但只要春天一到，會有意想不到的好消息接二連三出現。

除此之外，解籤不能單一的解法——法無定法，要會應用。比如，「耕耘只可在鄉邦，何用求謀向外方」好像是指事業發展，但如果抽到這支籤詩時是配對在婚姻、感情而且有對象的話，那就要解成：「現在身旁的、離你最近的這位已經不錯了，不要再去想其他人了。」如果是問考試的應試地區，或者要考慮請調單位，那就要解成：「家鄉地區離你最近的地方或現有的單位就很不錯，沒有必要特地到外地應試或再請調。」

總而言之，「配對」是解籤非常重要的環節，配對不同，解籤也會跟著不同，大家一定要學會千變萬化哦！

中 第67籤 平

庚庚

江遺囑兒

歸納 個性

纔發君心天已知，何須問我決狐疑，願子改圖從孝悌，不愁家室不相宜。

家運　家中時常出現晚輩對長輩言語不禮貌，導致氣氛不好。建議要做好孝道並尊重家人，才能讓家庭和諧、減少紛爭。若固執自我，易讓家運在死胡同裏徘徊，無法起色。

本運　運途不順是因為自己本身在行為上有錯誤，只要能自我反省、改過向善，重新塑造新的形象，將會有比較好的發展。

姻緣　已婚及未婚有對象者若感情出現爭執及不愉快，請審視自己的行為是否有錯或有做對不起另一半的事，如果有，建議回頭是岸、誠心改過，感情才有挽回的空間；繼續我行我素會讓感情深陷泥濘。單身者其實有姻緣機會，只是你的內外在會讓剛認識的對象介意，最後不想繼續交往，改善這方面的缺點及不良品行就能桃花朵朵開。

事業　若有做錯的地方應即時修正並改進，才會讓長官或客戶對你改觀，讓事情平順解決。若有意推動計畫、專案，只要你的言行舉止能讓大家留下好印象，就較能順利進行。

學業　學習方面若效果不佳，應是讀書方法出了問題，可諮詢師長或同學，並加以改進。

健康　若健康出狀況，應好好調整自己的作息或生活方式——做好個人的健康管理，才不會揮霍掉自己的生命。

求子　求子不順，可檢視看看是否是因為本身的飲食、作息或身體狀況造成的。建議請示出貴人醫院及醫生來配合治療，求子成功機率才會提升。

財運　若有意找人和夥投資，你的行為、品性必須讓對方留下好印象，才有機會合作成功。目前財運不佳，可檢視自己是否有亂花錢或亂投資，即時改善仍有轉圜的餘地。

籤詩典故

江革，字次翁，東漢齊國人士。江革是名孝子，父親很早就過世，從小與母親相依為命。當時天下大亂，江革揹著年邁的母親逃難，期間母子倆數次被盜賊抓住，但是江革的孝心感動盜賊，所以都沒為難他們母子。江革與母親一路逃到下邳，他身無分文，努力賺來一些小零錢，都用來供養母親，絲毫不敢讓母親餓著、凍著。江革的母親去世時，他哭得非常傷心，據說他連睡覺的時候也不脫喪服。

後來，有人知道江革是個孝子，品行、德行都不錯，便推舉他為孝廉（漢朝察舉考試，用以任用官員的一種科目），最後做到了諫議大夫。

問神達人解籤

這支籤詩的重點在：

❶江革揹著年邁的母親逃難，因為他的孝心，就算數次被盜賊抓住也沒有被為難。母親過世後，他連睡覺都穿著喪服——這意謂著江革的孝行、品德都很好。

❷從籤詩詩句來看，「纔發君心天已知，何須問我決狐疑」指你的心上天都已知道，何必又來請我幫你解開疑問。「願子改圖從孝悌，不愁家室不相宜」則是指只要能改過，遵從孝道，就不用擔心你的家庭不會和諧。

從歷史典故（江革的孝行、品德）整合籤詩詩句（勸人要改過，遵從孝道）來看，指本身在行為舉止上如果有錯誤的地方，就必須改過，重新塑造自己的形象，如此一來，事情便還有轉圜的餘地。

POINT 抽到這支籤詩後，你必須……

如果抽到這支籤詩時事情已經做了，神明是要告訴你：這件事有些錯是在你的身上，建議要要找出錯誤的地方並加以改進，最後重新塑造自己的形象，讓人覺得你確實有在改變，進而對你有所改觀，這樣事情才能夠再持續下去。如果你仍然固執覺得自己沒有錯，那只會讓這件事窒礙難行。

相對的，如果抽到這支籤詩時事情還沒做，神明是要告訴你：在做這件事之前，你的一些行為、品行要先有所改變，讓大家對你留下好印象，那麼這件事就會有好結局。否則，要得到大家的支持會有難度。

中 **第68籤** 吉

庚辛

錢大王販鹽

歸納 適可而止

南販珠珍北販鹽，年來幾倍貨財添，勸君止此求田舍，心欲多時何日厭。

家運　家運還算平順，若已知道家人間彼此的底線，建議互相尊重，過度要求容易引起家人間的紛爭。

本運　雖然能為人所不敢為，也從中獲取利益，但應該適可而止。欲望太高反而容易血本無歸，改走正常管道才是長遠之路。

姻緣　已婚與未婚有對象者請珍惜另一半，並且好好經營彼此的感情，打消想往外找尋新對象的念頭，即早回頭是岸，才不會造成感情上的損傷。單身者若有認識不錯的對象，請積極把握，一直抱有「還有比現在這個更好的對象出現」這種念頭，容易與愛神擦身而過。

事業　如果目前的事業或專案已經達到目標，建議這樣就好。想再追求更高表現，有時容易事與願違。

學業　若學業或考運成績方面長期未達目標，建議應換個方法來進行，或許會更有效果。

健康　建議做好健康管理，若有作息或飲食不正常的狀況，應適可而止，久了容易造成身體方面的損傷。

求子　求子方面若長期採用自然受孕方式都不成功，建議可改用人工受孕或試管的方式來進行，或許會更適合你。

財運　若投資方面已有獲利，建議即時收手，不建議再投入更多資金；若執意想繼續投資，請設定好停損點，要能適可而止，以免把之前賺的利潤也賠進去。

籤詩典故

錢大王就是吳越太祖武肅王錢鏐，字具美，亦有人稱「巨美」，是五代十國時期吳越國的創立人。錢鏐家境貧寒，自小不愛念書，棄學後跟人學習如何販鹽。當時官府規定私自販賣鹽是違法的，但賣鹽的利潤很好，錢鏐決定鋌而走險，在杭州、越州等地私自販賣鹽。就是這段販鹽的經歷，磨練出錢鏐的膽略。

問神達人解籤

這支籤詩的重點在：錢鏐鋌而走險違法販賣私鹽，雖然利潤很豐厚，終究仍是違法。這意謂著不是循著正常管道所得到的東西，既然已有所得，那就應當適可而止。

POINT 抽到這支籤詩後，你必須……

如果抽到這支籤詩時事情已經做了，神明是要告訴你：如果現在已經得到你想要的結果，那就應該適可而止，不要再繼續下去了。若欲望太大，又想要更多，很可能會偷雞不著蝕把米，得不償失。

相對的，如果抽到這支籤詩時事情還沒做，神明是要告訴你：這件事情雖然可以讓你得到想要的，但終究不是一條長久之路，建議可以再想其他更好的方案。如果你堅持要做，建議在得到想要的結果後，要知道什麼時候該適可而止，這樣才能保得住之前的東西，否則很容易連同之前所擁有的一起失去。

中 第69籤 平

庚壬

孫龐鬥智

歸納 人為因素

捨舟遵路總相宜，慎勿嬉遊逐貴兒，一夜樽前兄與弟，明朝仇敵又相隨。

家運　家中常出現家人、親戚間的紛爭，導致氛圍一直不是很好。若有誤會，應謹慎處理，不然容易造成家人間的決裂。

本運　若已開始執行某些計畫，要小心長期合作的對象可能會因為某些事而心生嫌隙，甚至導致你們互相傷害；若有打算進行某些計畫，建議先停止並多觀望，因為執行下去容易會有人為上的糾紛。

姻緣　已婚及未婚有對象者在處理感情問題時應小心謹慎、不口出惡言——互相傷害容易反目成仇，造成無法挽回的局面。未婚沒對象者若有親友介紹對象，建議多加觀察、評估，才能避免因識人不清而產生感情糾紛。

事業　應注意與同事、往來已久的客戶或合作對象間的人為紛爭。若不小心處理，容易兩敗俱傷。事業上若有新計畫，先暫緩，執意進行容易與人結仇或產生糾紛，得不償失。

學業　要小心與同儕相互競爭而不愉快，或因忌妒他人成績表現更好而給自己太大壓力。

健康　好勝心太強，容易引起身體的不適。若有不舒服的地方，建議請示出適合自己的貴人醫生來對症下藥，切勿聽信來路不明的藥方而影響病情的醫治。

求子　過去求子不是很順利，雖然心中一直很急，但時機未到，還是急不來。建議可請示神明求子的時機點，以及你的貴人醫院在哪裏，這樣成功率會提高許多。

財運　身邊若有較親近的朋友邀約一起投資，建議先踩煞車、多仔細評估，才不會因為錢財的關係破壞了彼此的交情。

籤詩典故

孫臏，戰國時代齊國人；龐涓，戰國時代魏國人。兩人原是師兄弟，師承鬼谷子，但龐涓妒忌孫臏的能力比自己好，用計加以謀害，使得孫臏的腳變殘廢。自此，師兄弟倆反目成仇，各為其主，相互攻擊、相互傷害。最後，深知龐涓性格過度驕傲、自信的孫臏，採用減灶誘敵之計，把龐涓誘入馬陵道，亂箭射死龐涓。

問神達人解籤

這支籤詩的重點在孫臏、龐涓這對師出同門的師兄弟，從一開始的相知相惜、反目成仇、相互傷害，到最後龐涓馬陵道喪命一系列的發展演變——這支籤詩並沒有特別講到抽籤者是龐涓或孫臏，是以表達的是孫龐之間恩怨情仇的發展過程。

POINT 抽到這支籤詩後，你必須……

如果抽到這支籤詩時事情已經做了，神明是要告訴你：這件事要注意的是人為因素，務必謹慎小心，一旦處理不慎，會像孫臏與龐涓一樣發生一連串的不愉快，甚至互相傷害與陷害。

相對的，如果抽到這支籤詩時事情還沒做，神明是要告訴你：這件事要考慮再三，做了之後可能會與人結仇，甚至會產生一些糾紛，比較建議踩煞車，先不要做。

這支籤詩沒講到抽籤者是孫臏還是龐涓，那就代表神明也要勸告抽籤者：要心存善念，不要有陷害人的念頭，同時也要捫心自問有沒有像龐涓那樣太過自信、驕傲，或是像孫臏太過於單純、相信別人的性格，如果有，那就要趕緊自我調整。

中 第70籤 吉

庚癸

王曾祈禱

雷雨風雲各有司，至誠禱告莫生疑，與君定約為霖日，正是蘊隆中伏時。

歸納 時間點——中伏期間

家運　家人間團結同心，若有想運作之事，在中伏期間可好好規劃及執行，過了中伏後，就是收割的好時機。

本運　你是個實力與能力兼備的人才，任何想做之事，可在中伏期間好好進行，在中伏過後就會看到成果。

姻緣　已婚者感情穩定，可與另一半在中伏期間安排一趟旅行或兩人可共同完成的計畫，中伏過後婚姻關係會更加甜蜜；如果正在冷戰，中伏期間有望和好。未婚有對象者的另一半是正緣，可以在中伏期間好好安排兩人的終身大事，中伏過後有機會完婚。未婚沒對象者在中伏期間多積極、努力認識新的對象，中伏過後會有新的戀情出現。

事業　你的實力及能力備受肯定，若有合作案、專案計畫或創業的打算，在中伏期間好好運籌帷幄，等到中伏過後會有好的結果，讓你實至名歸。

學業　你是個有實力而且很認真的人，無論在學業或考運方面，都建議中伏期間繼續努力維持、衝刺，中伏過後就能看到不錯的成果。

健康　若有不適，建議請示出貴人醫生配合治療，中伏期間多努力調養，中伏過後健康狀況會漸漸好轉。

求子　可把握中伏期間的求子好時機，中伏過後有機會求子成功。

財運　投資具備實力與眼光，若能在中伏期間好好規劃、執行，中伏過後就會圓滿豐收。

籤詩典故

王曾，字孝先，宋朝人士。王曾八歲時父母親就都去世了，從小由叔叔撫養長大。王曾從小就很聰明，善於做文章，鄉試、會試、殿試都是拿第一名，後來官至宰相。

王曾生性善良，常常救濟困苦人士，他在朝為官時，如果遇到乾旱，就會虔誠祈求上蒼直至降雨為止。「如果執政者只想把恩德歸自己，那做錯了，誰該負責呢？」王曾這句話曾讓范仲淹大為讚服。

問神達人解籤

這支籤詩講的重點有二：

❶ **王曾在鄉試、會試、殿試都是拿第一名**：代表實力與能力兼備。

❷ **「中伏時」**：指的是時間點——夏至後的第四個庚日起，到立秋後的第一個庚日前（參見「三伏」P246）。要注意的是，「蘊隆正是中伏時」的「蘊隆」，是暑氣鬱結而隆盛，引申為積累、顯赫之意，所以大部分人會誤解成在中伏期間會成功，但是最客觀的解法應該是：在中伏期間來醞釀、執行或規劃，才是最佳時機。以此再進一步推論，既然在中伏期間醞釀，那圓滿收割時期就應該是在中伏後；當然，最理想的結果是在中伏期間實現的，但我們還是要搭配一下詩句的隱示，才會比較客觀。

POINT 抽到這支籤詩後，你必須……

如果你抽到這支籤詩的時候，是在民國一〇七年（歲次戊戌年），並且事情已經做了，神明是要告訴你：不用擔心，你是一個實力與能力都足夠的人，只是欠缺時機來幫你，而時機就在今年的國曆七月二十七日至八月十五日期間（中伏期間），只要等到這個時候，接下來事情會有好的結果出現。

相對的，如果你抽到這支籤詩時，是在民國一〇七年（歲次戊戌年），並且事情還沒做，神明是要告訴你：你是一個實力與能力兼備之人，不急著在此時進行，配合時機點在今年的國曆七月二十七日至八月十五日期間（中伏期間）進行，事情會進展得比較順利，也會有好的結果。

此外還要請大家特別注意，如果你抽到籤詩時，已是在民國一〇七年（歲次戊戌年）中伏過後，那就表示時間點是指在一〇八年（歲次己亥年）的中伏期間。

解籤小技巧

三伏

三伏就是初伏、中伏、末伏，橫跨約三十至四十天。只要懂得以下原則，就可以自行查閱萬年曆查到三伏的範圍。

- **初伏**：在夏至後的第三個庚日起，到第四個庚日的前一天；第三個庚日就是初伏的第一天。
- **中伏**：在夏至後的第四個庚日起，到立秋後的第一個庚日前；第四個庚日就是中伏的第一天，但由於第五個庚日可能會出現在立秋日的前或後，所以中伏可能會是十天或二十天。

• **末伏**：立秋後的第一個庚日起，到第二個庚日的前一天，第二個庚日就是伏天的結束。

庚日總共有六個——庚子日、庚寅日、庚辰日、庚午日、庚申日、庚戌日，而三伏的計算，就是由這六個庚日在輪流變化。以下是民國一〇七至一〇九年三伏日：

	初伏	中伏	末伏
民國一〇七年（歲次戊戌年）	國曆七月十七日（農曆六月五日）↓國曆七月二十六日（農曆六月十四日）	國曆七月二十七日（農曆六月十五日）↓國曆八月十五日（農曆七月五日）	國曆八月十六日（農曆七月六日）↓國曆八月二十五日（農曆七月十五日）
民國一〇八年（歲次己亥年）	國曆七月十二日（農曆六月十日）↓國曆七月二十一日（農曆六月十九日）	國曆七月二十二日（農曆六月二十日）↓國曆八月十日（農曆七月十日）	國曆八月十一日（農曆七月十一日）↓國曆八月二十日（農曆七月二十日）
民國一〇九年（歲次庚子年）*因為潤四月，所以時間會有所不同	國曆七月十六日（農曆五月二十六日）↓國曆七月二十五日（農曆六月五日）	國曆七月二十六日（農曆六月六日）↓國曆八月十四日（農曆六月二十五日）	國曆八月十五日（農曆六月二十六日）↓國曆八月二十四日（農曆七月六日）

中 第71籤 吉

辛甲

蘇武還鄉

喜雀簷前報好音，知君千里欲歸心，繡幃重結鴛鴦帶，葉落霜凋暮色侵。

歸納 時間點——立秋

家運 家運尚可，但時機尚未明朗，整體最佳時機點在立秋過後，所求之事屆時較能順心進行，在此之前，凡事勿捲入人為紛爭，以免牽累家人，小心防範必可避過無妄之災。

本運 時運尚且平順，立秋過後運勢會逐漸上揚，事情較容易順應情勢發展，提醒目前凡事勿過於熱心而多管閒事，避免捲入無辜的人為禍端。

姻緣 已婚者及未婚有對象者過去感情上的波濤、聚少離多讓你心力交瘁，立秋過後會漸有改善機會，感情有望重修舊好。未婚無對象者姻緣機會在立秋過後漸漸來敲門，好好把握聯誼社交活動，亦可請示神明明確的時機點。

事業 過去職場上的不如意或許讓你精疲力盡，立秋過後會有轉機出現，主管對你的評價有望上揚並受到重視，現況則要注意：非屬於自己工作範圍內的事情勿插手干涉，免得招惹其他同事的不悅及連累。

學業 目前學業進展可能較不如預期，立秋過後學業運才會漸漸提升，好好再加把勁，先打下堅實的基礎，不必太過焦慮。

健康 過去身體長期的病痛或老毛病在立秋過後會漸有改善，不必太過擔憂，但要避免因人為是非而導致情緒不佳，進而影響身心。

求子 立秋過後較有機會受孕，屆時好好把握，惟盡量避免一些外在的人為問題，以免心情紛亂而影響生理、受孕。

財運 目前財運平平，若有投資理財，盡量立秋過後再來進行較佳，惟避免幫人解決財務糾紛或替他人擔保，一不小心，可能會被牽扯進去。

籤詩典故

漢武帝命蘇武出使匈奴，卻因受到牽連而被扣押，並被單于流放到荒無人煙的北海，雖然天寒地凍，蘇武堅持不投降匈奴，結果一待就是十九年。匈奴甚至還派李陵來勸蘇武投降，蘇武仍不為所動，可見其意志力非常堅強。蘇武出使匈奴時才四十歲左右，十九年後回到漢朝時，卻已是個白髮蒼蒼的老翁，其愛國情操與氣節因而深深留在世人心中。

問神達人解籤

這支籤詩的重點在：蘇武出使匈奴，受匈奴內政牽連而被流放到北海，就算是李廣之孫李陵勸降，也矢志不移，堅持氣節，絕不投降，直到十九年後，都成了一位白髮蒼蒼的老人時，才得以回到漢朝。這意謂著：需要有過人的意志力與韌性，才能成就大功業，只可惜所需要花費的時間很多。

問題來了，有人可能會覺得乙乙籤P085的典故「蘇武牧羊」和這支籤詩的典故內容十分雷同，但其實當中還是有微妙的差別：「蘇武牧羊」的重點是「還要等待一段時間」，而「蘇武還鄉」是「等待一段時間過後，時機要到了」。

POINT 抽到這支籤詩後，你必須……

如果抽這支籤詩時事情已經做了，神明是要告訴你：雖然在這件事上，你遭受些許無辜的牽連，也拖磨了一段很長的時間，因而心情大受打擊，甚至心力交瘁。然而，沒有關係，曙光即將到來，立秋過後（葉落霜凋暮色侵）事情會有一個好的結果。

相對的，如果抽到這支籤詩時事情還沒做，神明是要告訴你：這件事情不是不可以做，但是要非常小心謹慎，絕對不要介入他人的是非當中，因為稍有不慎便會被牽連其中，若真的被牽連進去了，屆時得要花好長一段時間才能解決。因此，要做可以，但建議一定不要涉入不是自己該管的事情或業務裏面。

第72籤

中 平

辛乙

范蠡歸湖

河渠傍路有高低，可歎長途日已西，縱有榮華好時節，直須猴犬換金雞。

歸納 時間點——農曆9月至11月

家運 過去家運宛如走在崎嶇不平的道路上，波折而多阻礙，如今家運尚處低谷，但農曆9月到11月間將有不一樣的變化——所以不要太擔心，別讓此時的困頓擊敗信心，請積極振作。若目前有任何計畫，最好等農曆9月到11月再請示神明是否可進行。

本運 運勢未明朗，進退浮浮沉沉，讓你惆悵未來發展而力不從心，別讓挫敗打擊了鬥志，沉潛時應積蓄專業能力。時機點就在農曆9月到11月之間，屆時自有你發揮的空間。

姻緣 已婚者及未婚有對象者因長期的衝突、無數考驗而幾度想放棄，別急著在此時做出決定，農曆9月到11月間會有新契機，感情有望回升；若能包容對方、互相體諒尊重，感情會比以往更好。未婚無對象者不必因過去感情路的不順遂而失去信心，再加強自己的內外在，農曆9月到11月期間積極參加社交活動，有機會遇到不錯對象。

事業 當前事業的起起伏伏、壓力與挫折已讓你沮喪灰心好一段時間，但在農曆9月到11月之間，隨著運勢爬升，會有新轉機出現，主管對你的評價及看法也將有所改觀。把一時的逆境當作磨練，對未來的事業發展會有所助益。

學業 用盡一切努力，成績卻總是差強人意，別因一時挫折而被擊倒，只要按著踏實的讀書計畫進行，農曆9月到11月考運會漸好轉，智慧也會漸開竅，成績將有所突破；亦可祈求文昌帝君幫忙智慧提升、文運昌隆。

健康 身體微恙者過去至今時好時壞的反覆病況，讓你因多次的折騰而心生絕望，但波折將要結束，振作起來好好配合治療，農曆9月到11月間漸有改善跡象，不必太擔憂。

求子 身體尚未達最佳狀態，目前求子尚處困難。別消沉、絕望，請悉心調養身體，農曆9月到11月間受孕機會高，屆時要好好把握機會；亦可求註生娘娘幫忙。

財運 任何的投資理財皆不宜現在進行，容易出現財務緊縮的狀況，最好順勢保守，整體時運在農曆9月到11月期間會轉強，屆時再來決定是否進行投資。

籤詩典故

范蠡，字少伯，春秋時代越王勾踐的軍師。吳王夫差出兵攻打越國，越國戰敗，勾踐到吳國為奴。范蠡把西施獻給吳王夫差，希望能讓夫差耽溺於美色而荒於朝政。夫差果然很寵愛西施，不只疏於朝政，又寵信伯嚭，最終，越王勾踐滅了吳國。

吳國滅亡後，范蠡因為知道勾踐是一個「可與共患難，不可與共樂」的君王，便帶著西施乘駕小舟，離開了越國。

問神達人解籤

這支籤詩的重點在：范蠡把西施獻給吳王夫差，並助越王勾踐復國後，深知勾踐是一位不能共享富貴的君王，便在越國軍隊攻入姑蘇城後，帶著西施駕著小舟離開越國，從此不知去向。

POINT 抽到這支籤詩後，你必須……

如果抽到這支籤詩時事情已經做了，神明是要告訴你：這一路走來，雖然跌跌撞撞又坎坎坷坷，讓你感歎自己現在的情況就如「日已西」——太陽即將下山——沒有多大希望，但請不要絕望，波折雖多，但也快要過去了，在「猴犬」——農曆九月至十一月——之間，就會有好消息出現。振作起來，迎接下一個光明吧！

相對的，如果抽到這支籤詩時事情還沒做，神明是要告訴你：要做可以，但最佳時機點已經過了，就好像是日落西山一樣，好的光景所剩不多。建議到農曆的九月至十一月之間再來決定要不要做，因為到時你會有更清楚的思路來做出正確的判斷。

此外，在時間上的推算你還需要注意：

❶如果你抽到這支籤詩時就在農曆九月到十一月之間，那表示時機正是時候，神明是要告訴你，不論你事情做了沒，現在可以開始進行了。

❷如果你抽到這支籤詩時是在農曆的十二月，那就表示改善或做決定的時間點是在明年的農曆九月到十一月。

下　第73籤　下

辛丙

王昭君憶漢帝

憶昔蘭房分半釵，而今忽把信音乖，痴心指望成連理，到底誰知事不諧。

歸納　時機已過，轉換想法，尋求其他方案

家運　家運不穩，若有想進行之事，先暫緩，以免出現無可彌補的錯誤，建議思考是否有其他方案或方法。家運未平順前，凡事宜保守，請示出執行的時機點比較保險。

本運　目前運勢未穩健，而你所問的這件事最佳的進行時機點早已錯過，你還是可以思考其他可行的方向，但運勢未開前先保守勿莽進，可請示神明運勢起運的時機點。

姻緣　已婚者及未婚有對象者因積年累月的裂痕、心結導致感情線面臨分叉路口，若有心化解困境，要趕快進行，否則會錯失挽回的時機，重點是別再意氣用事。未婚沒對象者如果太意氣用事、愛逞口舌之能，容易嚇跑剛認識的對象，徒增遺憾。

事業　有意轉職者的最好時機已經過去，目前已不適合轉換跑道，即便換到新職場，也恐不如預期，建議先保守以待，趁此時多充實工作實力，當專業能力足夠了，自然能改變你的職場劣勢、增加未來優勢；可請示神明何時轉換職場會比較有利。

學業　有意轉學考或轉科系的學子的最佳時機及考運已經過去，即便下了莫大的努力，仍很難達到期待，不如思考其他方向、調整態度，或許能找到另一個學習出路。

健康　若身體有長期的疾病而遲遲無法痊癒，趕緊配合及聽從醫生的治療，否則會錯過最佳黃金治療時機，重點是勿心急亂投醫而加劇病況。建議請示神明貴人醫院在哪裏。

求子　如果你的年紀偏大，可能受孕求子的最佳時機點已經過了，可再請教專業醫生是否有其他治療方案，如試管等等；亦可求註生娘娘幫忙，也許會提高成功機會。

財運　目前你要投資理財的這個方向已錯失最佳的進場時機，若還執意投入資金，恐會造成虧損，獲利的方式有很多種，可再思考其他正當的投資理財方式，或許仍有盈利的機會。不過，現況財運低迷，不要做投資會比較保險。

籤詩典故

王昭君在漢元帝時期被選入宮為宮女，品行高尚，講話直接，因為不想賄絡宮廷畫家毛延壽而得罪了對方，其畫像被故意醜化，導致王昭君入宮好幾年還都無法面聖。後來，王昭君自願到匈奴和親，嫁給單于後，她仍心繫漢朝皇帝，便寫信給皇帝說：「臣妾有幸入宮當妃子，這輩子以為死了也能留個名，沒料到被毛延壽陷害，遠嫁匈奴。這一切只能怪我命不好，奈何我還有父有弟，願君王因為可憐我而能疼愛他們。」

問神達人解籤

這支籤詩的重點在：王昭君因得罪畫師毛延壽，導致無緣面聖，等見到皇帝時，卻已要前往匈奴合親，空留遺憾。

POINT 抽到這支籤詩後，你必須……

如果抽到這支籤詩時事情已經做了，神明是要告訴你：可以挽救的時機已經過去了，雖然你還一直想要堅持下去，但成效有限，最後可能只留下回憶。因此，放下也是一種選擇。

相對的，如果抽到這支籤詩時事情還沒做，神明是要告訴你：建議能不做就不做，若是稍早一點做，或許還有機會，如今最佳時機點已經過去，建議踩剎車比較好，以免空留遺憾。

上 第74籤 吉

辛丁

崔武求官、竇禹鈞教五子

崔巍崔巍復崔巍，履險如夷去復來，身似菩提心似鏡，長安一道放春回。

歸納 行善積德，順勢而為

家運　以往的阻礙、低潮已過，現今正要開始亨通發展，若能持續植善造福，福德必綿延不絕，就算有些不順利的事情，也能逢凶化吉、家運亨通。

本運　你的實力相當不錯，雖然過去面臨諸多不如意，如今否極泰來，開始要好運當頭，平時再多積福德，並祈求神明助你一臂之力，各方面的進展必能順遂、稱心如意。

姻緣　已婚者及未婚有對象者雖然過去經歷一段艱苦的時期，若彼此能共同持續深植福田行善，無形中能讓感情日漸深厚，帶來和樂融融的圓滿生活。未婚無對象者本身品行條件皆不錯，若能改善自己的缺點，並多做一些善事培植福德，再求神明幫忙，將能牽起一條好姻緣。

事業　你工作能力強，雖然過去職場上面臨困境，如今開始穩定蓬勃發展，好好把握時機，平時多樂善積福，神明會在背後幫忙——你的福田正是事業推波助瀾的最大助力。

學業　你天資聰穎，學習根基穩固，若考運方面總差臨門一腳，不妨平時多多行善，並求助文昌帝君背後加持，再配合自己的努力，終能如願以償，達到預期目標。

健康　過去若身體面臨波折，現在開始會有好轉跡象，若平日再行善積德，哪怕是很小的善行，也能為你結出大的善果，再搭配求助神明保佑身體安康，不會有什麼大礙。

求子　受孕機會是有的，若平時能多行善積福，再祈求註生娘娘幫忙，成功機會大。

財運　正財趨於穩定，若平常樂施好善、廣結善緣，相對的也為你帶來良好的人際關係，遇得貴人提點投資理財。

籤詩典故——崔武求官

崔武，東周列國晉國襄惠王時代人士。崔武上書朝廷議論國事，惠王認為他為官賢能，降旨請崔武入朝理政，官至右丞相。崔武參與國事後，進行許多有益於百姓的仁政，此後晉國開始興盛，這些都是因為崔武對朝廷忠心耿耿、努力不懈的結果。

輔助典故——竇禹鈞教五子

竇禹鈞就是《三字經》裏的竇燕山，五代後晉時期人士，北京幽州人，那個地方是古代的燕國，所以人們又稱之為竇燕山。竇禹鈞為人心術不正，做生意偷斤減兩，還時常欺壓百姓，可說做盡了壞事，因此到了三十歲都還沒有兒子。一天，竇禹鈞夢到過世的父親告訴他：「你心術不正，壞事做盡，種種惡名上天都知道，你這輩子不會有兒子，大禍就要臨頭了。趕緊改過向善、行善積德吧，或許上天會再給你一個機會。」夢醒後，竇禹鈞改過向善、行善積德，幫助困苦人家。又一天，竇禹鈞再度夢到去世的父親，父親說：「你積了很多的陰德，美名上天已經知道，你會有五個兒子，而且個個是進士，而你將會壽終正寢。」後來，竇禹鈞果然生下五個兒子，且每個都中進士，是人人都稱讚的家庭。

問神達人解籤

除了「崔武求官」，另需搭配輔助典故「竇禹鈞教五子」交叉整合運用，才能把這支籤詩解得更完整、更具體。

❶ **「崔五求官」的重點在：**崔武入朝輔佐晉襄惠王治理朝政，做出許多對百姓有益的政策，從此

晉國開始興盛。這意謂著崔武的才德兼備，是一個不可多得的人才，才會讓國君延攬入朝輔佐政事。

❷**「竇禹鈞教五子」的重點在：**竇禹鈞心術不正、品行不佳，但因夢到去世的父親的提醒而改過向善、行善積德，最後，上天讓竇禹鈞生下五個兒子，而且每個都中進士。這意謂著如果能有足夠的陰德與福報，將會使你更上一層樓。

POINT 抽到這支籤詩後，你必須……

如果抽到這支籤詩時事情還沒做，神明是要告訴你：你的能力與實力是有的，唯獨還缺一些陰德福報，就是缺那麼一些「看不到」的東西，才總是讓所做之事都差那臨門一腳，建議你開始做一些善事、積德來植你的福田，讓你更上一層樓。

相對的，如果抽到這支籤詩時事情還沒有做，神明是要告訴你：依你的能力與實力，是可以做，但是如果想要有更好的結果，別忘了同時要多做善事、積陰德，植你的福田，這對你會更加有幫助。

中 第75籤 吉

辛戊

劉小姐愛蒙正

生前結得好緣姻，一笑相逢情自親，相當人物無高下，得意休論富與貧。

歸納 眼光放遠，事情勿只看表面

家運　家運逐漸好轉，雖然過去一直處於困境，無法順心如意，但不要被過去的阻礙給絆住而放棄，只要堅定信心，好好為家庭打拼努力，將能突破困境而平步青雲。

本運　時運趨安穩，再堅持一下，過去付出的許多心血會漸漸回收成果。面臨事情是否該進行時，勿因世俗的眼光認為不可行或看不起而放棄——有時你的視野會被當下的眼界侷限住而錯失成功的機會。

姻緣　已婚者及未婚有對象者與另一半是天註定的正緣，即便對方的外在條件並非完美，但綜觀其內在優點及人品，是個值得同心扶持家庭、託付終身的人，應當珍惜。未婚無對象者異性緣佳，但要放鬆條件和標準，否則容易錯過有品行、值得信賴的人。

事業　在職者勿因眼前的工作微不足道、無發揮空間而認為沒有價值，若能主動付出、多學習，放寬眼界，日後在這行業學到獨特的經歷、獲得的成果，會相對提升你在職場領域的價值。求職者勿因眼前的新工作待遇或各方面條件不佳而放棄，選擇工作的角度勿過於膚淺、只看表面，若能勇於接受磨練、努力學習，前途不可限量。

學業　你或許覺得目前就讀的科系發展空間不大或不被旁人看好，請勿侷限於旁人眼光或想法，堅持下去，用心、致力於學習，必能有一技之長，在專業領域上有突出表現。

健康　若正在治療身體，短期內無法立即有療效或改善，別急，情緒勿起伏太大，好好配合療程，很有機會治癒。勿認為當前的治療對身體無實質幫助而中途放棄，影響甚大。

求子　受孕治療應聽從醫生建議及評估，選擇最適合的方式，懷孕機會仍是有的。切勿自以為不可行或執意選擇其他治療方法而隨意做出決策，以免錯過可受孕的機會。

財運　投資方面應綜觀全局、仔細評估，雖然標的物看似發展不大，但可能未來潛力無窮。切勿看輕投資的可行性，應仔細考量其市場行情及前瞻性，以免錯失獲利的好機會。

籤詩典故

北宋宰相呂蒙正，是歷史上第一位平民出身的宰相。呂蒙正幼年以乞討維生，跟母親一起住在寒窯裏面。一晚，呂蒙正睡覺時夢到一位白髮老人對他說：「劉相爺的千金劉月娥要拋繡球，你趕緊去接繡球，你跟劉月娥是宿世姻緣。」醒來後，他便半信半疑地跑去接繡球。

在拋繡球的現場，劉月娥看到一身身乞丐裝的呂蒙正背後，緊緊跟著手拿墨斗的魁星，明白這人日後定會很有成就，便把繡球拋給呂蒙正。雖然劉相爺非常反對這段婚姻，但劉月娥堅決要嫁呂蒙正，小倆口就這樣住在破窯裏。後來，呂蒙正奮發圖強，果然大魁天下，三次當宰相，庇蔭子孫。

問神達人解籤

這支籤詩的重點在：劉月娥拋繡球招親，被以乞討維生的呂蒙正接到，儘管家裏面的人都反對劉月娥的對象，但劉月娥不嫌棄呂蒙正的出身，堅決嫁給他，也真的結了婚。後來，呂蒙正一舉中狀元，證明劉月娥當初沒有選錯人。

POINT 抽到這支籤詩後，你必須……

如果抽到這支籤詩時事情已經做了，神明是要告訴你：雖然這件事看似不很顯眼，也不是很有特色，甚至到目前為止都沒有看到多大成績，但只要堅持下去，對你的未來是有利的。也就是說，看事情不要只看表面，要看得遠一點、深入一點，才可以洞若觀火，突破盲點。

相對的，如果抽到這支籤詩時事情還沒做，神明是要告訴你：這件事可以做，但你的內心其實對這件事瞧不上眼，想選擇放棄，根本不知道這件事未來的發展會讓你跌破眼鏡！評估一件事情不能只是片面性，而要綜觀全局，深入研究、觀察，否則，不只會錯失良機，還可能徒增更多的遺憾。

中 第76籤 平

辛已

蕭何註律

歸納 善惡福禍在一念間

三千法律八千文，此事如何說與君，善惡兩途君自作，一生禍福此中分。

家運　家運低迷，家中成員行事應謹慎小心，勿輕率做出任何決定或鋌而走險行不法之事，恐會涉及法律官司問題，影響到日後家運發展。

本運　行善作惡僅在一念之間，自身的所作所為要分明善惡對錯，不要嘗試做會面臨官司訴訟的違法事，影響日後運勢發展，行事要三思。

姻緣　已婚者夫妻間應坦誠，勿對另一半有任何隱瞞、藉口行不正當之事或捲入他人婚姻，嚴重者除了導致自身婚姻危機，還得面臨破壞他人婚姻之官司。未婚有對象者當懂得明辨對方品德秉性好壞——是否該繼續，端看你的審慎取捨。未婚無對象者自身行為要光明正大，找尋對象若不懷好意、存欺騙之心，當心對方憤而提告。

事業　在職者應當省思自身在工作上的行為舉止是否已影響到公司的權益或有不法情事，該適可而止，以免觸及官司問題。求職者應該慎選工作內容，新工作背後可能隱藏不法情事，應當小心防範，避免涉及違法行為，更切勿以身試法而惹禍上身。

學業　切勿為奪取高分而做出作弊或託人代考這類不法行徑，將攸關未來學業發展；也切勿與同學做一些違法的事。

健康　切勿因心急著治病而採用不當醫療行為，除了賠上健康，嚴重者還得面臨官司。

求子　勿因心切而速求能懷孕順利，而採取不法的受孕醫療方式，恐違反醫療法律。

財運　君子愛財，取之有道，切勿以不當行為貪取不義之財，嚴重者會讓你吃上官司。

籤詩典故

蕭何，漢朝初年丞相。蕭何尚未顯貴時，是名專門替人打官司的訟師，後來輔佐劉邦建立漢朝政權。漢高祖劉邦登基後，深知只有僅僅幾條法律無法治理天下，便命蕭何制定法律，讓天下百姓都知道如何遵守律法。

蕭何的難能可貴之處，是當劉邦率大軍進入咸陽城之後，不少手下部將搶著爭奪秦國府庫中財物之際，只有他忙著收集朝廷的律法、文書、地理山川形勢、戶籍等等資料，這些資料對劉邦日後的發展，有非常重大的幫助，可惜後來被項羽在火燒阿房宮時燒掉一部分，沒能夠完整的保留下來。

問神達人解籤

這支籤詩講的重點有二：

❶劉邦率大軍進入咸陽城之後，大部分人都忙著搶奪財物，只有蕭何忙著收集秦朝時期的律法等等，這意謂著制定法律的開始。然而，為什麼要制定法律呢？這是因為要約束百姓的行為，使其遵守法。

❷從詩句「三千法律八千文，此事如何說與君；善惡兩途君自作，一生禍福此中分」來看：律法有三千條、共八千個字這麼多，究竟要怎麼一五一十的詳細告訴你呢？因此，只能將善、惡兩條道路說明白，至於要往哪一條走，決定權在你，一旦做出了決定，此生是福是禍，就開始分別出來了。

把第一點、第二點整合交叉運用，就很清楚這支籤要表達什麼。

POINT 抽到這支籤詩後，你必須……

如果抽到這支籤詩時事情已經做了，神明是要告訴你：你現在做的事已牽涉到法律，如果只是一時迷失，那要趕緊回頭——是福是禍，就在你一念之間。

相對的，如果抽到這支籤詩時事情還沒做，神明是要告訴你：這件事情會牽涉到法律，建議不要做，做事要三思而後行，千萬不要以身試法，否則會惹禍上身。

中　第77籤　下

辛庚

呂后害韓信

木有根荄水有源，君當自此究其原，莫隨道路人閒話，訟則終凶是至言。

歸納　人為因素

家運　家中成員不乏手腕能力佳者，但應注意人際關係和諧，出外勿強出頭、樹大招風，更要避免因人言煽動而做出錯誤行為，使他人心生不滿而引發糾紛，連累家人及家運。

本運　目前運勢尚平順，本身有實力、處理能力亦佳，但若有計畫欲進行，仍建議暫且先停緩，此事恐會面臨人為的風波問題，一不小心可能會深陷其中，難以抽身。建議現況以和為貴，謹言慎行，勿道聽塗說，以避免有心人刻意設局陷害。

姻緣　已婚者及未婚有對象者若感情出現難關，應慎防有心人士企圖介入感情的調解，讓情況愈演愈烈；你們彼此的衝突，須自己找出癥結點，勿再聽從他人建議做出錯誤決定而導致感情分裂。未婚無對象者在認識新對象時要小心上當受騙，應多觀察對方。

事業　工作手腕佳、處理能力強，但職場上恐會出現人為的言語批評，應當視察背後原因，行事保守低調，避免其他同事眼紅而遭落井下石，此時做好份內職務，莫因他人建議而隨風起舞，懂得察言觀色，凡事循序漸進，勿過於急躁，仍可安然度過風波。

學業　雖學識才智佳、團體領導力強，但在同儕間恐有人際關係不佳的問題存在，應檢討自己是否過於強勢或高傲，而招惹同儕對你產生排斥及報復心態，最好能互相尊重、保持和諧友誼，同儕間更勿偏聽偏信散播謠言，以免影響人和及學業發展。

健康　身體若不適，切勿服用來路不明或他人鼓吹推薦的不合法藥物，以免影響病況。

求子　求子不順應找出根本原因，而非人云亦云嘗試偏方，小心錯過最佳受孕治療時機。

財運　財運方面若有投資計畫要進行，盡量低調進行，勿到處張揚，以免引起他人覬覦，更勿聽信他人的慫恿而做出錯誤決定，才不會造成損失。

籤詩典故

漢高祖得到天下，韓信功勞居多，先封為齊王，後改封楚王。然而，韓信的功勞與才能卻讓劉邦忌怕，後來韓信又收留項羽部將鍾離昧，更讓劉邦懷疑韓信要造反，於是想用計除掉韓信。不過，要召韓信入朝廷，韓信是不會輕易前來的，劉邦的老婆——呂后知道韓信相信蕭何的話，便命蕭何把韓信騙入朝廷，在未央宮把韓信給殺了，並且滅掉韓信父、子、孫三族。

問神達人解籤

這支籤詩的重點在：劉邦懷疑韓信要造反，利用蕭何把韓信騙入朝廷後，殺掉韓信。更重要的是，我們還要更深一層聯想到韓信被殺的原因。一件事情之所以會發生，都會有它的根源及來龍去脈，一定要釐清這之間的因果，清楚了，就比較不會偏聽偏信，最終惹禍上身。

POINT 抽到這支籤詩後，你必須……

如果抽到這支籤詩時事情已經做了，神明是要告訴你：你是一個有實力與能力的人，卻也因此而讓人對你忌憚和起疑，導致想做一些對你不利的事，稍有不慎便會失去現有的一切，甚至可能會連累到家人。建議從現在起要特別留心自己的言行，別再讓他人對你有負面的看法，重要的是不要偏聽偏信，以免做出錯誤判斷。

相對的，若抽到這支籤詩時事情還沒有做，神明是要告訴你：這件事裏有人為因素的問題存在，最好不要做或介入，以免深陷泥沼，爬不出來。從另一個角度來說，神明是要提醒你：你有能力和實力，還有很多其他機會，何必為了這件事而讓自己承擔這麼大的風險？

下 **第 78 籤** 下

辛辛

袁安守困、石崇錦絲步帳

家道豐腴自飽溫，也須肚裏立乾坤，財多害己君當省，福有胚胎禍有門。

歸納　欠點

家運　因欠點的存在，導致家中運勢過去至今由盛轉衰，低迷不振。建議請示神明這個欠點是什麼並解決掉，方能使家運再回復以往榮景。

本運　欠點導致運勢猶如置身谷底，處處碰壁，所求之事多半會不如預期。惟有找出欠點並解決，時運才能從谷底再爬升，事情得以順利發展。

姻緣　已婚者因欠點的存在，容易致使夫妻感情降到冰點，面臨種種困境，欠點解決後關係才有機會回溫。未婚有對象者因欠點影響，總是無法找到對的那一個人，欠點解決後有希望朝婚姻邁進。未婚無對象者因欠點的存在，導致遲遲未有戀情展開，欠點解決後才有機會結識新對象。

事業　在欠點還沒有解決之前，工作和事業易陷入困境、挫折，要等到欠點解決之後，才有機會如願前進發展。

學業　因為欠點而導致學業成績欠佳、考運低迷，欠點解決後，學業、考運會逐漸提升。

健康　受欠點影響，容易導致身體欠安、無起色，欠點解決後才能順利獲得改善治癒。

求子　求子之路不順是因為有欠點，等欠點解決後，求子成功指日可待。

財運　受欠點影響，容易使生活經濟壓力變得沉重，財務入不敷出，欠點未解決前勿再做任何的投資，以免錢財付諸流水。

籤詩典故——袁安守困

袁安，字邵公，漢朝汝南人士。年少時雖然貧困，品行卻很清高。一次下大雪，大雪積得很厚，大部分人都在自家門口除積雪，好讓出入有路可以走，卻只有袁安家門口沒有除去積雪，大家以為袁安死掉了，一看，袁安並沒有死。人們問袁安為什麼不叫人來幫忙除掉積雪？袁安回答：「大雪時人人都在挨餓，我不想去打擾別人。」就是因為這種遇到困境也不想麻煩別人的性格與氣節，袁安後來被推薦為孝廉。

輔助典故——石崇錦絲步帳

晉朝時期，石崇的財富大部分都是搶奪外地商旅而來的。有一次，石崇聽聞巨富王愷用一條四十里長的絲布做成遮蔽風寒、風沙的布帳，由於不甘落於人後，便做了一條五十里長的布帳，來跟王愷比拼財富。最後，石崇這種炫富的行為為他帶來了災禍，不只他個人被害，連所有財產都散盡一空。

問神達人解籤

這支籤詩的重點是欠點，因為有欠點，才讓自己的運勢這麼低迷。因此，根本辦法就是找出欠點並加以解決，屆時運勢才會改善。

要注意的是，並不只有欠點在背後作祟，這支籤詩必須以欠點為基礎，再做二種延伸解釋，才算完整。

❶ **第一種欠點延伸是以「袁安守困」來講：**正是因為欠點，才使得你像袁安一樣生活得那麼困

苦，把欠點找出並加以解決，才能提升運勢，解決生活上的困境。這個典故還有個隱喻：知道有欠點就要積極處理，別不當作一回事，才不會讓事情惡化下去。

❷ **另一種欠點延伸是以「石崇錦絲步帳」來講：**正因為欠點，才使得你像石崇一樣，原本生活富裕，卻逐漸家道中落，導致現在生活困苦，甚至負債累累。雖然石崇是因為炫富造成後來的局面，但這典故主要是在隱喻「由盛轉衰，家道中落」，還是要找出欠點並加以解決，才能讓家道恢復之前的榮景。

POINT 抽到這支籤詩後，你必須……

當你抽到這支籤詩，不管事情是做了或還未做，都是要告訴你欠點的存在，二者的差別在：事情如果做了，現在已經開始不順了；如果事情還沒做，則是提醒事情的發展不會順利。根本解決之道就是先找出欠點，並加以解決，讓已經做了的事情得以善了，讓還沒做的事情未來可以順利執行。

中 第79籤 平

辛壬

宋高宗誤入牛頭山

乾亥來龍仔細看，坎居午向自當安，若移丑艮陰陽逆，門戶凋零家道難。

歸納 欠點

家運　欠點的存在使家中運勢低迷，如坐困愁城，所行之事多難成，建議請示神明這個欠點是什麼，解決後家運便會漸漸平順，事情才能順遂發展。

本運　運勢受阻，籌劃的事情經常不順利，甚至孤立無援，讓你一籌莫展，當務之急要先找出欠點並加以解決，運勢才能暢通無阻。

姻緣　已婚者及未婚有對象者感情面臨觸礁，意見多分歧、衝突，以致氣氛非常不好，等找出欠點並解決後，感情危機將能化解，恢復以往的甜蜜融洽，攜手走更長遠的路。未婚無對象者遲無姻緣機會，欠點解決後認識異性的機會大增，對象很快就會出現。

事業　工作事業面臨難關，頻頻受阻，甚至無法獲得同事援助，找出欠點解決後方能改變現況，事業運回升，發展平步青雲。

學業　即便努力用功，仍然難以達到期待，在找出欠點並解決掉之後，有機會考取理想成績、進而理想學校。

健康　身體欠安抽到這支籤詩，是一種「假病」——欠點所造成的，找出欠點並解決掉，身體自然會有所改善。

求子　求子不順或胚胎一直無法順利著床是因為欠點的影響，惟有找出欠點並解決掉，才有機會如你所願——開花結果。

財運　財運十分不順遂，若出現財務危機，短期內難以即時獲得援助，欠點處理好後財運方能回升，屆時有望獲得疏通，解決經濟窘境，度過難關。

籤詩典故

這支籤詩原來的歷史典故「宋神宗誤入牛頭山」有誤，應該是宋高宗誤闖牛頭山——宋高宗被困在牛頭山時被岳飛所救，岳飛是宋高宗時期人士，並非宋神宗時期人士，因此本書直接把這個典故改成「宋高宗誤入牛頭山」。

宋高宗，即康王趙構。兀朮率領金兵追捕宋高宗君臣八人，因為對地理環境都不熟悉，宋高宗跑到了牛頭山。他在山上往下看，見金兵愈來愈多，絕望地說：「這次真的死定了。」正在十分危急之際，岳飛率兵趕到牛頭山，成功救出宋高宗。岳飛因救駕有功，被宋高宗冊封為「武昌開國公少保統屬文武兵部尚書都督大元帥」。

問神達人解籤

這支籤詩的重點在：康王趙構被兀朮率領金兵一直追捕到牛頭山，在絕望之時被岳飛救了。看似逢凶化吉，但若搭配詩句來看，「乾亥」、「坎午」、「丑艮」、「陰陽」都是問神、命理、堪輿的專業術語，代表——有欠點。此外，籤詩的最後一句是「門戶凋零家道難」，指現階段的家境十分困苦，孤苦無依。把典故跟詩句做整合交叉運用，這支籤詩應解成：現階段雖然十分困苦，猶如花朵凋零一樣，但只要把欠點找出並加以解決，還是會有化險為夷的一天。

POINT 抽到這支籤詩後，你必須……

當你抽到這支籤詩，不管事情做了還是未做，都是要告訴你有欠點，因此，當務之急是把欠點找出來並加以解決，才能讓事情順利進行，讓結局更圓滿。

中　第80籤　平

辛癸

陶侃卜牛眠、郭璞為母卜葬

一朝無事忽遭官，也是門衰墳未安，改換陰陽移禍福，勸君莫作等閒看。

歸納　欠點

家運　家運欠佳，一不小心，家中成員可能莫名捲入是非糾紛、官司訴訟，其背後的欠點有可能是祖墳風水、祖先、陰世等無形之事。建議逐一請示神明是什麼欠點，待欠點解決後，家運會轉危為安。

本運　長期所求之事不順，甚至還得防範可能遭受無妄之災或他人的牽累而面臨官司訴訟，建議請示神明是何種欠點，如祖墳風水、祖先、陰世等，解決後運勢才會順遂。

姻緣　已婚者及未婚有對象者在感情上爭執不休，甚至分分合合，這是因為欠點的影響，解決後感情才能和諧；欠點有可能是祖墳風水、祖先、陰世等無形之事，建議要逐一請示神明確認出來並好好解決。未婚無對象者一直無法順利找到姻緣，找出欠點加以解決，緣分才會出現。

事業　工作事業長期不順，甚至還可能平白無辜遭受勞雇官司的牽連，其背後有欠點影響。建議逐一請示神明欠點原因，解決後，事業道路才能走得順多逆少。

學業　付出再多努力、再認真，成效都有限，這是因為受欠點所阻礙。建議逐一請示神明找出欠點原因，解決後學業運方有機會步步高升，甚至金榜題名，達到預期目標。

健康　若身體長期欠安，是一種「假病」——欠點所造成的，其背後欠點多為祖墳風水、祖先、陰世等無形之事，建議逐一請示神明確認，解決後身體自然會有所改善。

求子　欠點導致長期求子不順，建議請示神明這個欠點究竟是祖墳風水、祖先、陰世無形等何種，解決後，才有機會受孕成功。

財運　欠點讓財運長期不佳、入不敷出、投資慘賠，還得慎防突如其來的財務糾紛，經濟壓力很大，建議逐一請示神明欠點原因，解決後財運才會回升，脫離窘困的局面。

籤詩典故——陶侃卜牛眠

陶侃，字士行，晉朝人士。陶侃父親去世後，他向人借了一頭母牛，拉了一車的磚頭準備要替父親蓋座墳墓，但這頭母牛竟趁陶侃在一旁的樹下方便時跑走了。陶侃很緊張、很難過：「母牛是向人家借的，眼下走丟了要怎麼還？」此時，忽然出現一位老先生，指著對面山頭對陶侃說：「我剛剛從那邊走過來，看到一頭牛在睡覺，應該是你的牛。你趕緊把父親葬在牛睡覺的那個地方，那裏是個吉穴，將來你可能會當皇帝，再不然，至少也會是個『一人之下、萬人之上』的大官。」陶侃按照老人說的，把父親葬在牛睡覺的地方，後來，陶侃果真當上武昌太守、荊江二州的刺史。

輔助典故——郭璞為母卜葬

郭璞，字景純，東晉著名學者，相傳也是方術大師的祖師，方術是五術（山、醫、命、卜、相）之一，屬於民間信仰。

郭璞善占卜，因為占卜精準，鄉里間無人不曉。郭璞母親往生，他占卜過後，決定把母親葬在一個叫「暨陽」的地方，當地的鄉民知道了，紛紛告訴他那個地方不好，日後一定會淹水。郭璞對占卜的結果很有信心，胸有成竹地跟鄉民表示那是一塊好地，屆時蒼海也將變桑田。結果真如郭璞所言，那塊地因泥沙堆積，變成了一塊數十里的桑田。

問神達人解籤

從這兩個歷史典故來看，共同點都是跟祖墳、祖先、陰世等無形之事有關連。

POINT 抽到這支籤詩後，你必須……

當你抽到了這支籤詩，不管事情做了或沒做，都是要告訴你：欠點的存在導致你現在運勢不佳，莫名遭受連累，甚至還吃了不白的官司。這個欠點大部分跟祖墳、風水、祖先、陰世等無形之事有關連，建議你要把欠點找出來並加以解決，這樣事情才能順利進行下去，並讓結局更加圓滿。否則，有可能會讓事情持續停滯，甚至更惡化下去。

中 第81籤 吉

壬甲

寇公任雷陽

假君財物自當還，謀賴欺心他自奸，幸有高臺明月鏡，請來照對破機關。

歸納　人為因素

家運　家運低迷，特別容易遭逢小人，建議若跟親戚朋友有合作關係，要特別小心被騙。做重要決策前宜先進行良善的溝通，以免誤觸對方地雷，產生不必要的紛擾。

本運　運勢平穩，建議凡事低調行事，雖然你的能力備受肯定，但強出頭反易遭人嫉妒。

姻緣　已婚者、未婚有對象者可能因雙方價值觀或行事作風不同而意見不合，或是因為誤會而影響感情，容易讓有心人趁虛而入；經營感情若能互信、互諒，多看對方的優點，不要有比較的心態，才是最舒服的相處模式。未婚無對象者最近若有出現新對象，建議多觀察對方為人，再決定是否進一步交往。

事業　受流言蜚語中傷而影響長官和同事對你的觀感，當務之急要釐清事實並加強溝通，以挽回頹勢。如有合作的對象或廠商，要仔細評估對方人品，再決定是否合作。

學業　要腳踏實地，一步一腳印的累積知識和實力，你是一個有才華的人，持續努力將可嶄露頭角，切勿因同儕的言語壓力而讓自己的心情受影響，進而影響學習的計畫。

健康　情緒容易因人與人之間無中生有的流言而受影響，若有不舒服的症狀，應尋求專業醫生治療，不要讓自己深陷情緒的漩渦。

求子　有受孕的機會，但夫妻倆須達成共識，調整彼此的個性、保持心情愉悅，相對來說，求子之路就會比較順利。

財運　正財能守住就好，如選在此時進行投資、買賣，容易因有心人在背後操控而導致投資失利或血本無歸。

籤詩典故

寇準，字平仲，北宋名相。寇準為官四十年，先後輔佐宋太宗、宋真宗、宋仁宗三位皇帝安邦治國，為官正直。

在宋真宗時期，遼聖宗耶律隆緒（遼朝第六位皇帝）奉遼朝蕭太后之令攻打宋朝。當時寇準為宰相，建議宋真宗御駕親征。部隊出發後，寇準指揮軍士護衛皇帝的龍輦渡黃河，到了北城門樓的時候，宋朝軍隊看到皇帝御駕親征，軍心大振，大聲歡呼。宋真宗到澶州才五天，契丹就請和了。寇準因而在此役立下了大功，這也是史上有名的「澶淵之盟」。

王欽若很忌妒寇準，在宋真宗面前詆毀他，宋真宗聽信讒言，漸漸冷落了寇準，並把寇準貶到雷州當司戶參軍，官階只有八品。當時雷州府的郡名，就是雷陽。

問神達人解籤

這支籤詩的重點在：寇準先後輔佐過三位皇帝，勞苦功高，堪稱北宋一代名相。他在「澶淵之盟」戰役中立下大功，卻同時引起王欽若的忌妒，導致王欽若開始陷害寇準，最後寇準被貶到雷陽。

這意謂著功勞高的時候，容易使人眼紅，旁人眼一紅，你就很容易遭受不白之冤，甚至被陷害。此外，這個典故也暗喻著你不要強出頭。

POINT 抽到這支籤詩後，你必須……

如果抽到這支籤詩時事情已經做了，神明是要告訴你：眼下雖然你的能力與才華受到長官或上司欣賞，也創造了很好的業績，但是已經有人開始對你有負面的看法，甚至開始有閒言閒語出現，多少影響到上司、長官對你的印象，建議可以主動找上司、長官談談，順便闢謠，才不會使誤會擴大。

相對的，如果抽到這支籤詩時事情還沒做，神明是要告訴你：依你的能力可以進行，但要特別注意有人對你持著負面的看法，如果要讓事情發展順利，最好要敞開心胸再多做一些解釋，當大家都沒什麼質疑了，再來進行就不會出太大的問題。

上 第82籤 吉

壬乙

宋仁宗認母

彼亦儔中一輩賢，勸君特達與周旋，此時賓主歡相會，他日王侯卻並肩。

歸納　時機已到，順勢而為

家運　家中運勢逐漸興旺，行善積德之人必能庇蔭後代，家人間的情感及凝聚力逐漸提升，家庭和樂融洽。

本運　你是個宅心仁厚的人，所以有貴人提攜，目前時機成熟，所計畫之事可以放手進行，不要輕言放棄，繼續下去就對了。

姻緣　已婚者及未婚有對象者與對方感情冷淡或互動不佳，主要原因是另一半覺得沒有被尊重，相處難免有怨言，若能調整心態，感情還是可以維持下去。未婚無對象者的本身條件不錯，姻緣時機也快要到了，這個對象也和你的個性互相契合。

事業　目前的工作非常適合你，你是該領域的翹楚，如果能將經驗及專業傳承，魚幫水水幫魚，不僅可減輕工作上的負荷和壓力，也可因此得到事業上的得力助手和貴人，將事業推向高峰。

學業　要好好認真準備，將會遇到良師指導，提升學習成績，有機會達到預設的目標。如果有同學需要協助，你也可以指點一番，或許同學日後也會是你的貴人。

健康　身體如有不適，將有機會遇得貴人醫生獲得改善，可請示神明貴人醫院。聽從醫囑進行治療，切勿自行診斷或任意停藥而導致病情生變。

求子　身體狀況良好，正是求子的好時機，好好把握機會，可求註生娘娘提高受孕機會。

財運　進行投資、理財規劃現在正是時機，有機會遇到專業人士助你一臂之力，可望達到預期的獲利。

籤詩典故

宋仁宗，趙禎，宋朝第四位皇帝。宋仁宗認母有兩個版本：一個是狸貓換太子，而《宋史》記載李宸妃平凡的一生，則為宋仁宗的生母提供另一個說法。

宋仁宗為李宸妃所生，但劉后把仁宗抱去養，所有人都不敢說出實情。李宸妃去世後，宰相呂夷簡想用隆重的喪禮厚葬禮李宸妃，劉后非常生氣：「只是一名宮女死掉，為什麼要用這麼隆重的喪禮？」呂夷簡回答劉后：「太后，念及您劉氏後代的安危，應該要厚葬。」劉后一聽，便明白呂夷簡的暗示——將來自己死去，而宋仁宗知道了實情，一定會遷怒劉氏後裔——便同意用一品禮厚葬李宸妃。劉后崩逝後，有人告訴仁宗說他是宸妃所生，仁宗傷心大哭，親自開棺，看到李宸妃的外棺灌水銀，面色跟生前一樣，身上的衣帽跟皇后的穿著沒兩樣。對此相當感念的宋仁宗，更加厚待劉氏子孫。

問神達人解籤

這支籤詩的重點在：李宸妃去世後，宰相呂夷簡欲以隆重的喪禮厚葬，卻被劉后阻止，但在呂夷簡提醒之下，劉后顧及劉氏後代的安危，同意厚葬李宸妃。後來，知道實情的宋仁宗也很感謝劉后。這意謂著你現在已經在很高的位置上，如果可以留一點餘地給他人，將來這個人一定會感謝你。

POINT 抽到這支籤詩後，你必須……

如果抽到這支籤詩時事情已經做了，神明是要告訴你：你是一個出類拔萃的人才，眼下的情況遠比大部分的人都好，所以有些事不要太過計較，留一些路讓他人走，這樣一來，當這個人將來飛黃騰達了，必定會感激你，甚至會在你需要幫忙時出手相救。

相對的，如果抽到這支籤詩時事情還沒做，神明是要告訴你：別擔心，這件事可以成功，因為天時、地利、人和都站在你這一邊，成功機率非常高。現階段你要做的是「謹言慎行」跟「廣結善緣」，雖然眼下你是成功的，但未來還是會有需要他人幫助的一天，如果眼高於頂、心太過狹隘，會導致將來你需要幫忙時，願意幫忙的人少，而等著看你笑話的人多。

下 第83籤 下

壬丙

諸葛孔明學道

隨分堂前赴粥饘，何須妄想苦憂煎，主張門戶誠難事，百歲安閒得幾年。

歸納 還須等待時機

家運　家運已低迷好一陣子，經濟狀況左支右絀。目前仍未見起色，但不會一直處於谷底，這段沉潛的時間宜保守、勿急躁，等待時運一到，仍可平順發展。

本運　時機不對，做任何事情都很難有進展或突破，要保守以對，在低潮期多充實自己，等待時機一到，就可奮力一搏，建議請示神明進行的時機點。

姻緣　已婚者及未婚有對象者若對感情失去信心而懷疑是否要繼續下去，請先靜下心來面對彼此的問題，勿因心急而做出令人遺憾的決定，彼此再給對方一些時間，這段感情還能走下去。未婚無對象者目前還需等待時機，建議請示神明姻緣時機。

事業　雖然有滿腹的才華和專業，但時機未到，難以大展身手，建議趁空檔充電、累積實力。若目前已有穩定的工作，除非有更好、更適合的，否則維持現職對你比較好。

學業　考運一直不順遂，成績未有顯著進步，勿放棄，待考運轉強，仍大有可為，可求文昌帝君助考運順利。

健康　身體不適已一段時間，雖經過治療亦未見起色，恢復速度比較慢，不用擔心，耐心聽從醫囑配合治療，是可以改善治癒的。

求子　時機未到，勿心急，建議先好好把身體調養到最佳狀態，屆時才能提高成功機率。等待的時間裏可多吸取育兒專業知識及能力，待時機一到，便能輕鬆上手。

財運　投資長期不順或虧損是因為進場時機點不對，建議投資要保守為宜，若執意下去有可能會讓自己被套牢，陷入麻煩。

籤詩典故

三國時期諸葛亮，字孔明，號臥龍，徐州瑯琊陽都，今山東臨沂市沂南縣人。諸葛亮在還沒出山輔助劉備前，淡泊以明志，寧靜而致遠，每日勤奮讀書，一心鑽研奇門遁甲、天文、地理，兵法、排兵列陣。諸葛亮平日自比管仲、樂毅，當時許多人對諸葛亮的這種自許都不以為然，只有好友徐庶、崔州平、孟公威、石廣元相信他的才能。後來，諸葛亮一直隱居在臥龍崗，直到徐庶回馬向劉備推薦諸葛亮，才開始了劉備的三顧茅廬，誠心邀請到諸葛亮出山相助輔佐。

問神達人解籤

這支籤詩的重點在：諸葛亮未受到劉備三顧茅廬之前，半耕半讀，充實自己，雖時機未到，還用不上所學的知識，但他知道有朝一日時機到，明主出現，一定會派上用場。

POINT 抽到這支籤詩後，你必須……

如果抽到這支籤詩時事情已經做了，神明是要告訴你：目前遇到一些低潮與困境，讓你心情非常焦急與鬱悶，但因為時機不對，目前的進展只能暫時這樣，很難再突破。建議先靜下心，不要急著想要有立即性的解決——在不對的時機，所做的一切可能會讓自己再次陷入麻煩。因此，維持現況對目前的你來說比較好，等待時機一到，事情還是會有解決的一天。

若抽到這支籤詩時事情還沒做，神明是要告訴你：現階段還不是時候，需再等待時機。建議邊好好充實自己的實力，邊等待時機，等時機一到，你所累積的學問都將能派上用場。

至於時機到底在何時，建議可以請示神明。

中　第84籤　平

壬丁

須賈害范睢

君家事緒更紛然，當局須知一著先，長舌婦人休酷聽，力行禮義要心堅。

歸納　人為因素

家運　家運低迷，要特別注意小人關，如不謹慎預防，家中的氛圍會一直不好。目前一切都要保守，不宜輕易跟人有生意及金錢上的來往，以免受到傷害。假使已有類此情形發生，建議要謹慎觀察對方，才能明哲保身。

本運　運途上容易遇到喜歡在你背後放冷箭、滋生事端的人，要小心應對。此外，處事要有主見，不要任意聽信饞言，人云亦云。若抽到此籤的是心懷不軌之人，提醒你勿有害人之心，恐自招禍端而影響自身運勢。

姻緣　已婚者及未婚有對象者的這段感情一直紛紛擾擾，愈親近的人，説話方式或態度就愈直接、不留餘地，注意盡量不要説出傷人的話，多尊重對方。未婚無對象者最近如有新對象出現，宜多觀察一段時間，不要被對方的花言巧語所蒙騙。

事業　容易遇小人，不是自己的事勿介入，以免被連累，或被人在背後捅一刀。你工作能力傑出，但要低調行事，以防有心人士在背後中傷而讓主管同事對你有負面印象。

學業　選擇同學要小心，近朱者赤，近墨者黑，一不小心很有可能會被同儕所陷害，這樣恐會影響成績而導致學業荒廢。如能慎選良師益友，還是能有所成就。

健康　身體的不適可能會讓你病急亂投醫，別聽信偏方而導致病情延宕，建議請示神明問出貴人醫院及貴人醫生，病情才能獲得控制。

求子　求子心切的你可能會聽信小道消息而上當受騙，花錢又傷身，建議請示神明問出貴人醫院及貴人醫生，較能求子成功。

財運　目前財運偏低，尤其不可聽信親近之人的建議而進行投資買賣，慎防血本無歸。

屏東萬巒宗天宮製

籤詩典故

范雎，字叔，戰國時期魏國人，後被秦昭襄王命為宰相。范雎因家貧沒有門路，只好在魏國中大夫須賈門下當賓客。一次，范雎跟隨須賈出使齊國，正當須賈在朝堂上被齊襄王數落的無言以對時，范雎跳出來幫須賈解圍，成功維護魏國與須賈的尊嚴。范雎的能力深受齊襄王賞識，欲聘為客卿，但被范雎拒絕。

須賈與范雎回到魏國後，不但不感謝范雎的幫忙，反而向相國魏齊誣告范雎私受賄賂，致使范雎受到魏齊的摧殘，被打斷肋骨、牙齒。直到范雎裝死並改名為張祿，才逃過一劫。之後，范雎被秦使王稽設法帶到秦國，並開始發揮他的謀略與才華，受到秦昭襄王贏稷的賞識和器重，出任秦國宰相。

問神達人解籤

這支籤詩的重點在：范雎是一位有能力的人，他在中大夫須賈門下當一名賓客，卻受到須賈的陷害，被相國魏齊打斷肋骨及牙齒，靠裝死才逃過一劫。這意謂著受到親近的人所陷害，導致災禍臨頭。

POINT 抽到這支籤詩後，你必須……

如果抽到這支籤詩時事情已經做了，神明是要告訴你：現階段要注意跟你比較親近的人，這個人會做出對你不利的事，導致你遭受一些沒必要的糾紛。建議仔細觀察一下周遭的人，一旦察覺有異樣，務必立即採取一些能保護自己的措施，以免受到傷害。

相對的，如果抽到這支籤詩時事情還沒做，神明是要告訴你：這件事最好不要做，因為裏面有不好的人為因素在搗亂，如果處理得不好，會讓你受到傷害，沒有必要去冒這個險。

此外，也請好好捫心自問，如果你是想害人的那一方，那表示神明是要勸告你不要這麼做，因為害人者將來也會被人所害。

中　第85籤　平

壬戌

姜女尋夫

一春風雨正瀟瀟，千里行人去路遙，移寡就多君得計，如何歸路轉無聊。

歸納　尚有波折，須謹慎小心

家運　目前家運仍一波三折，謀事皆未如所願，這樣的情況還會維持好一段時間，這是因為運勢受到了阻滯，建議這陣子切勿躁進。

本運　運勢低迷，得與失很容易在瞬間轉移，目前建議先穩定心情，勿自亂陣腳，等待時機到時，再做打算。

姻緣　已婚者及未婚有對象者因長期的聚少離多，容易感情生變，甚至心裏有種無力挽回的感覺，建議不要太過擔心，盡量再溝通看看，也許還有轉圜餘地。未婚無對象者還需等待姻緣時機，建議可以請示神明時機點在什麼時候。

事業　轉職或創業目前皆不是最佳時機，一切先保守進行，時機到了再做改變會比較好。

學業　考運較低迷，即便投注了全部心力仍無法達到目標，易有時不我與的感歎，請勿心生放棄的念頭，否則之前的努力將前功盡棄。

健康　因為長期的操勞和鬱鬱寡歡，你的身體已經發出了警訊，在治療上會有較多的波折，建議多遵從醫囑治療，勿放棄治療使病情加重。此外，心情低落時，騎車、開車或走路都更需要注意安全，否則一失神，專注力又不夠，很容易出意外。

求子　目前的求子之路不順遂，原本滿心歡喜的等待好消息，卻無法如願以償。建議現階段調養好身體，以平常心看待，亦可請示神明時機點。

財運　目前財運不佳，勿因有短期獲利，就將所有資金投注下去，容易賠本收場。

籤詩典故

孟姜女與萬杞良是七世夫妻的第一世。萬杞良在新婚之夜被秦始皇徵召去修萬里長城，孟姜女因太過思念丈夫，後來便千里迢迢北行至長城尋夫，想順道為丈夫送上禦寒的衣服。沒想到，她一路千辛萬苦地到了萬里長城，竟被告知萬杞良已經死了，而且屍體就埋在長城下。孟姜女忍不住放聲大哭，哭倒長城八百里。

問神達人解籤

這支籤詩的重點在：孟姜女千里迢迢尋找丈夫萬杞良，好不容易到達長城時，卻發現丈夫萬杞良已經死了，就埋在長城下。這意謂著運勢阻滯未通，要做什麼事都比較難達到期待。

POINT 抽到這支籤詩後，你必須……

如果抽到這支籤詩時事情已經做了，神明是要告訴你：你現在所遇到的困境，現階段還沒有辦法馬上解決。建議先穩定心情，不要慌張，上天不會關閉所有的路，一定會留條路讓我們走，或許再等待一段時間，事情就會好轉也不一定。所以，目前不用太過擔心，也不能放棄，好好思考如何突破困境，才是最先要做的事。

相對的，如果抽到這支籤詩時事情還沒做，神明是要告訴你：這件事最好別做，因為做了之後很難達到期待，甚至還會失去一些東西。建議再三思考，想看看有沒有其他更好的方向。

上 第86籤 吉

壬己

管飽為賈

一舟行貨好招邀，積少成多自富饒，常把他人比自己，管須日後勝今朝。

歸納 時機已到，順勢而為

家運 家中運勢一掃過去陰霾，即將起運。平時若能多廣結善緣，累積人脈，勿與人交惡，在重要時刻就會有貴人相助。

本運 現實生活的無奈讓才華洋溢的你無法施展抱負，所幸了解你、願意幫助你的貴人即將出現，好好把握接下來的機運，能讓你大展鴻圖。

姻緣 已婚者及未婚有對象者與另一半是非常好的良緣，雖然有時候會有不公平或不平衡的念頭而心生怨懟，但若能互相體諒、包容，好好經營，就能細水長流。未婚無對象者有望透過親友牽線遇到一位會體諒你的好對象，要好好把握。

事業 職場上常會遇到想要占你便宜的人，但你非但不在意，反而願意將機會和對方共享，共創雙贏的局面。相對的，如果太過於計較，恐怕就會失去好機會囉！

學業 要常常督促自己「今日的我要比昨日更進步」，循序漸進的累積知識。最近可以遇到良師益友助你一臂之力，成功為期不遠了。

健康 身體的不適非一朝一夕可治癒，若能耐心持續配合貴人醫生的治療，可改善病況，建議要請示神明問出貴人醫院及貴人醫生。

求子 受孕時機已到，雖然過去求子之路不順，如今將遇到貴人醫生幫你找到原因，請把握這波的好機運，求子將來日可期。

財運 過去財運受阻、常漏財，現在財運會漸漸走強，且有貴人出現提供你一些寶貴資訊。

籤詩典故

管仲和鮑叔牙都是春秋齊國人士。年輕的時候，管仲家境貧寒，又要奉養年老的母親，鮑叔牙知道了，就找管仲一起投資做生意，目的就是要幫助管仲脫離當下的生活困境，可見兩人的交情有多好！後人常用「管鮑之交」來形容自己與好朋友之間那種深厚的友情，以及彼此互相信任的關係。

問神達人解籤

這支籤詩的重點在：管仲、鮑叔牙之間不只是友情而已，還多了一些體諒，就是這個體諒，讓二人的友情一直維持下去。

POINT 抽到這支籤詩後，你必須……

如果抽到這支籤詩時事情已經做了，神明是要告訴你：既然已在共事，雖然多多少少出現一些讓你感覺到不平衡的事，但只要你胸襟夠寬敞，不介意此現象，事情將能順利進行下去，甚至還會有更好的結果出現。

相對的，若抽這支籤詩時事情還沒做，神明是要告訴你：事情可以順利進行，也會有圓滿的結果，但裏面會有一些「看似」不公平的事出現。如果你可以體諒，或者不介意這樣的情形，那這件事會進展得非常順利，而且你們彼此可以相輔相成。

中 第87籤 平

壬庚

武侯與子敬同舟

歸納 個性

陰裏詳看怪爾曹，舟中敵國笑中刀，藩籬剖破渾無事，一種天生惜鳳毛。

家運　家運尚有波折，面臨的挑戰容易讓人心有餘而力不足，如果能摒除成見、放棄互相猜忌，團結一致齊心努力，相信事情可以迎刃而解。

本運　目前的運勢較低，若有不錯的計畫或發展機會，建議不要閉門造車，與人合作會比單打獨鬥容易。

姻緣　已婚者及未婚有對象者因為自己多疑的性格，而讓雙方在相處上容易產生齟齬，恐導致感情變調，若能改掉多疑的個性，就能漸漸消除隔閡，使感情升溫。未婚無對象者目前不是沒有機會，只是你易猜疑的個性讓新對象卻步，因而無法有進一步的發展。

事業　猜疑的個性並不會替你的事業帶來任何幫助，一旦決定要和對方合作，就要相信對方的事業能為你帶來好契機，跨領域的結合說不定也會擦出新火花。

學業　你在團體生活中可能習慣獨來獨往，建議可與同學多討論，不僅能得到更多資源，還可以提升學習效率，事半功倍。

健康　因為身體一直遲遲未癒，導致對人生不抱太多希望，而有放棄治療的負面想法。請將這種極負面的念頭移除，建議可請示神明貴人醫院在哪裏，這樣才能找到貴人及對症下藥。

求子　可以嘗試人工或試管的方式受孕，也許成功率會提高許多。

財運　財運尚稱順遂，若有意與人合夥或投資，只要慎選合作對象，現在是可以嘗試看看。

籤詩典故

武侯指的是諸葛亮。魯肅，字子敬。

劉備受到曹操攻擊逃到夏口準備投靠劉琦，同時，曹操也大量打造戰船，準備奪取江東。孫權一聽到曹操聲勢浩大且擁有百萬大軍，對於要戰或要和開始感到猶豫，於是派魯肅前往夏口探問虛實。

劉備希望能孫劉聯盟共同對抗曹操，便讓諸葛亮與魯肅一起乘舟入東吳，促使孫劉聯盟共同對付曹操。在舟中，魯肅再三交代諸葛亮，千萬不要跟孫權說曹操有百萬兵馬，以免嚇到孫權，這樣才能勸孫權與曹操決戰。經過一番努力，終於促成孫劉聯盟，在赤壁一戰贏得勝利。

問神達人解籤

這支籤詩的重點在：諸葛亮與魯子敬各為其主，長遠看起來，二人其實也是敵人，但眼下正面臨到共同的敵人——曹操來犯，便結盟為戰友，齊心合力在赤壁一戰，贏得漂亮的勝利。這意謂著沒有永遠的敵人，只要能為彼此帶來利益，創造雙贏，也可以化敵為友。

POINT 抽到這支籤詩後，你必須……

如果抽到這支籤詩時事情已經做了，神明是要告訴你：以現在的情況來看，你是屬於較弱的一方，想要達到目標或期待較有難度，建議可以與他人一起合作，這樣不只能夠創造雙贏，還可以為自己帶來不少的幫助。要注意的是，心胸不能太狹隘，因為可以跟你合作的人也許過去跟你並合不來，如果是這樣，那就要展現你的氣度啦！

相對的，如果抽到這支籤詩時事情還沒做，神明是要告訴你：如果要做，最好要找人跟你一起合作，因為就目前的條件評估，你不只勢單力薄，能力也有限，若能找人一起合作，不只在資源上能得到充足，也可以集思廣益，創造出雙贏的局面。

上 第88籤 吉

壬辛

高文定守困、周廟觀欹器

歸納 個性＋時間點（立春）

從前做事總徒勞，纔見新春喜氣遭，百計營求都得意，更須守己莫心高。

家運　過去家運已經低迷沉寂好一段時間，努力的結果總是白費，不過別灰心，等到立春到來就會否極泰來，事情自然有轉圜的空間。

本運　若有計畫，待立春時機成熟便可放手去做，請恪守過猶不及的原則，以免樂極生悲。

姻緣　已婚者及未婚有對象者要注意，感情的經營無捷徑，別想不勞而獲，若總認為對方的付出和犧牲都是應該的，久而久之，不但會引起另一半的反感，這片情感的沃土也會漸漸荒蕪，如能修正心態，待立春一到，還是能回到以往的甜蜜。未婚無對象者立春後有望遇到心儀的對象，積極釋出訊息讓對方接收，但切勿操之過急而嚇跑對方。

事業　目前工作的瓶頸已經持續好一段時間，讓你有些焦躁、急於突破困境，如果你願意改變心態及做法，不再墨守成規、受限於舊框架，適時加入新的元素，立春後將可以讓事業出現轉機。此外，要記得欲速則不達、事緩則圓的道理。

學業　成績總是無法達成目標是因為學習方式有問題，因此建議你要調整學習的方式，以增加學習力與領悟力。如此一來，立春一到，成績就會有所進步。

健康　身體不適者之前花費了大量金錢和時間就醫，病情仍未見起色，那是因為要稍微改變一下療程或換貴人醫生。建議可以請示神明問出貴人醫院及貴人醫生，變換一下治療方式，待立春一到，身體將可逐漸恢復健康。

求子　若用傳統治療無法受孕，諮詢專業醫生尋求新方式並配合立春時機，受孕機率較高。

財運　目前運勢仍低，投資理財無法達到設定的目標，建議立春到來運勢開始起運時再來操作，屆時將有不錯的獲利，但仍需衡量自身的財力狀況量力而為，野心太大、投入大量資金反而會深陷金融風暴。

籤詩典故——高文定守困

春秋戰國時代，宋國有一位農夫叫高文定。一天，他耕種到一半坐在樹下休息，此時，忽然有一隻兔子從樹洞中跑出來，高文定抓住這隻兔子，回家煮了吃。之後他一直想，「乾脆就別再耕種，坐在樹下等兔子出現就好了。」只是，自高文定開始守在樹下後，便再也沒有兔子出現，而他的那片農田也隨著時間荒廢了。

輔助典故——周廟觀欹器

一天，孔子到周廟觀禮，看到一個器具下面是尖的，上面窄的，而中間是寬的，廟祝告訴孔子，那是放在國君座位右邊的一種欹器，水裝太滿時會翻覆，不裝水時又會傾斜，只有水裝得剛好時，才會不偏不倚。孔子聽完後去試了試，情況果真如廟祝所講。孔子感慨地說：「哪有水過滿，器皿不傾倒的道理？」

問神達人解籤

這支籤詩必須要有一個輔助歷史典故來交叉運用，籤詩才能解得更完整。

❶高文定守株待兔的故事，比喻過去所做的事已不合時宜，如果還要再按照過去的想法做事，只會使自己停滯不前。另外一方面，這個典故也有「不勞而獲」的意涵。

❷「周廟觀欹器」意謂著事情做過頭或做得不夠，都無法平衡發展，只有在剛剛好的程度，才能使事情維持在不偏不倚的最佳狀態中。

❸這支籤標榜著「上吉」，但守株待兔的性格不太可能是上吉。因此，除了兩個典故，還必須結

合籤詩的詩句「從前做事總徒勞，纔見新春喜氣遭，百計營求都得意，更須守己莫心高」一起整合解籤：過去做什事都是徒勞無功，沒有什麼成果出現，但只要立春（纔見新春喜氣遭）一到，運勢就會比較強，運勢一強，做什麼事情也比較有進展，甚至會有不錯的成效出現，當中除了要注意事情不能做過頭或野心太大，以免不小心發生樂極生悲的事，也絕對不能墨守成規，否則事情要有所進展也是有限。

POINT 抽到這支籤詩後，你必須……

如果抽到這支籤詩時事情已經做了，神明是要告訴你：過去你所做的事一直很不順遂，甚至是白做工，導致你的鬥志也所剩不多，但時機快到了，請振作起來，提起精神，只要立春一到，事情就會有進展。此外，還要特別提醒你，雖然時運到時進展會順利，仍要慢慢走，不要太急，否則還是會有跌倒的可能性：做事時也絕不能墨守成規，否則事情的進展會受限。

相對的，如果抽到這支籤詩時事情還沒做，神明是要告訴你：雖然過去運勢比較低迷，做什麼事都不是很順遂，害得你現在什麼事都不太敢做。別擔心！你的時機快到了，打起精神，只要立春一到，就可以開始計畫了，而且成功率會很高。但要注意事情不能做過頭或野心太大，不然容易樂極生悲，此外也絕不能墨守成規，否則事情的進展會有所限制。

中 第89籤 平

壬壬

班超歸玉門關

歸納：時機已過，需轉換方向

樽前無事且高歌，時未來兮奈若何，白馬渡江雖日暮，虎頭城裏看巍峩。

家運 家運已低迷一段時間，目前未見起色，改變的契機還沒到。低潮時刻不必喪志，凡事保守以對，待時機一到，仍大有可為。可請示神明時機點，並祈求家運平順發展。

本運 運途上的不順遂讓你有「徒有一身本領卻英雄無用武之地」的感歎，與其這樣消耗時光和青春，倒不如改變一下你的計畫或轉換跑道，才能有所發揮。

姻緣 已婚者及未婚有對象者若與另一半的感情已冷淡一段時間，該檢視自己的個性是否呆板無趣，感情的經營不能一成不變，需適時的在平淡生活中創造火花、驚喜，關係才會更加緊密。未婚無對象者故步自封、畫地自限的生活方式很難認識新對象，走出生活的框架，多參加聯誼或活動，遇到心儀者的機會將會大增，建議請示神明時機點。

事業 表現一直不甚理想，屈就在現在的工作讓你感到無趣且發展空間受限，不如好好審視自身的興趣及優點，在適當的時機毛遂自薦、放手一搏，事業有望更上一層樓。

學業 本身頗具才華，進取心旺盛，只是目前繁重的課業與枯躁的學習方式讓你無法恣意發揮、施展抱負，若能突破窠臼、改變學習方式或換個目標，對於未來發展較有幫助。

健康 身體不適的情況會再讓你煎熬一些時日，可能使你心情沮喪、想要放棄，建議要有積極正面的心態，有助於身體痊癒。可請示神明貴人醫院及貴人醫生，有望改善治癒。

求子 建議先好好養身體，放鬆心情、勿急躁，待身體狀態穩定，受孕也較有機會，也可以嘗試不同以往的治療方式或新技術，有助於提高生子機會；時機點可請示神明。

財運 財運欠佳，建議現階段保守為宜，如要投資，長期型投資較穩妥，切勿短線操作，否則很容易白忙一場，甚至付出更大的代價。

籤詩典故

班超，字仲升，東漢著名的將領。班超自年少就胸有大志，曾做抄寫文書的工作。直到某一天，他對這個工作厭煩，便投筆從戎，之後征定五十餘國，皇帝冊封定遠侯，自此，班超的名聲鎮壓西域。永元十二年，班超因年老、思念家鄉而上書向皇帝請求卸任回歸中原，信上寫：「臣不敢望到酒泉郡，但願生入玉門關。」漢和帝劉肇深受感動，下召令班超回京。班超入玉門關，回到京城一個月後就病逝了。

問神達人解籤

這支籤詩的重點在：班超雖投筆從戎後征戰五十餘國，立下赫赫戰功，但當皇帝下詔令班超回京時，他已滿頭白髮，回京後不久就過世了。這意謂著雖然最後達到期待，但為時已晚了。

POINT 抽到這支籤詩後，你必須……

如果抽到這支籤詩時事情已經做了，神明是要告訴你：目前的狀況彷彿被卡住似的，進退兩難，現在想要解決，可惜時機又還沒到。雖然最後會有改善的機會，但是你必須再等待一段頗長的時間。

相對的，如果抽到這支籤詩時事情還沒做，神明是要告訴你：現在做這件事的最佳時機已經過了，如果硬要做，有可能要經過很長一段時間才能看到成果。與其要這樣漫無邊際的等下去，倒不如思考看看有無其他更好的方向，才不會浪費太多的精神與時間。

中　**第90籤**　平

壬癸

楊文廣陷柳州

峌峒城裏事如麻，無事如君有幾家，勸汝不須勤致禱，徒營生事苦咨嗟。

歸納　維持現狀，保守以對

家運　家中運勢穩定發展，雖然比上不足，比下卻綽綽有餘。因此，如有要做更進一步的改變或變動，建議維持現狀就好，以免發生一些無法彌補的錯誤。

本運　做任何事情前請先考慮清楚，要量力而為，小心原本應該相安無事，卻因為你執意進行而一發不可收拾。如果可以，建議維持現狀就好，切勿逞強，以免陷入泥沼。

姻緣　已婚者及未婚有對象者要注意，家和萬事興是亙古不變的道理，生活中的細微末節勿過度放大渲染，更不要一直翻舊帳，這樣只會讓彼此反感——單純無憂的生活及包容心，才是婚姻的長久之道。未婚無對象者還需等待時機，而且要特別注意，太過於熱情會容易嚇跑新認識的對象。

事業　工作、事業深陷泥沼，動彈不得，還需一段時間才能解決，建議現階段以靜制動，充實專業能力，耐心等待時機到來，會有機會逢凶化吉，時機點可請神明指示。

學業　現階段的學習狀況和考運就彷彿卡在泥沼裏，一直無法突破，應修正一下自己靜不下心的個性，之後再繼續努力，進步會非常快的。

健康　切莫逞能，有微恙就要就醫——如果認為是小毛病沒什麼，很可能會拖成大毛病。

求子　求子不是完全沒機會，建議可以請示神明時機點及貴人醫院，更能找出原因，生子成功率會提高許多。受孕成功者也要注意孕婦和胎兒的狀況，步步為營，小心為上，不要做劇烈及危險的工作。

財運　目前不適合投資，一切以正財為主就好，否則很容易受他人欺騙或掉入陷阱，讓之前所獲利的都將化為烏有。

籤詩典故

楊文廣，字仲容，北宋將領，與祖父楊業、父親楊延昭三代並稱「楊家將」。公元一〇五二年，廣源蠻州首領儂智高領五千兵馬起義，自立為「仁惠皇帝」，國號「大南」，於是宋仁宗命狄青率兵征討儂智高。狄青命先鋒大將楊文廣率領前鋒部隊先行前往，楊文廣部隊與儂智高部隊正面展開一場大戰，楊文廣作戰不利，被儂智高困在柳州。狄青知道楊文廣被困，便率大軍前往救援。

問神達人解籤

這支籤詩的重點有二，解籤詩要一起整合交叉運用：

❶楊文廣部隊與儂智高部隊展開大戰，結果楊文廣被儂智高困在柳州。這意謂著：深陷泥沼，等待救援。

❷詩句「崆峒城裏事如麻，無事如君有幾家，勸汝不須勤致禱，徒營生事苦咨嗟」指：事情一大堆的家庭多的是，有哪幾戶人家像你這般悠閒過日子的，勸你不用一直祈禱著想要有更進一步發展，如硬要生事，只會惹出一身的麻煩。

POINT 抽到這支籤詩後，你必須……

如果抽到這支籤詩時事情已經做了，神明是要告訴你：原本你應該不會遇到這樣的麻煩，就是因為你硬要做，才導致現在深陷泥沼，很難爬出來。建議眼下先不必緊張，一定要沉得住氣，目前的困境還需要一段時間才能得到解決，要有耐心一點。

相對的，如果抽到這支籤詩時事情還沒有做，神明是要告訴你：你目前的狀況已經算很不錯了，若能保守現狀，生活既不會有憂慮，更不會出現什麼麻煩，所以，別胡思亂想要去淌其他渾水，否則只是吃力不討好，徒增是非。

中 第91籤 吉

癸甲

趙子龍抱太子

佛說淘沙始見金，只緣君子苦勞心，榮華總得詩書效，妙裏功夫仔細尋。

歸納 貴人出現，突破重圍，有驚無險

家運 過去一段時間，因家裏的負面能量而讓家人彼此之間常有爭執且容易引起一些口角，但這些負面氛圍將漸漸退去，再等待一些時間，家運就要開始轉強，溫馨的氣氛將再度充滿整個家庭。

本運 過去一段時間老是受挫，困境一直無法得到解決，但不用擔心，你的運勢即將起運，這些挫折與困境會隨著運勢轉強而得到改善。

姻緣 已婚者、未婚有對象者常有爭執而引起一些口角，已經有一段時間，並且都無法得到有效的改善，需要有貴人助你解決此一困境。未婚無對象者最近會有姻緣機會出現，這個機會是經由貴人的介紹而出現。

事業 事業面臨一定程度的瓶頸，經過一段時間都無法突破。如果可以謙卑地請教資深同事或上司，這些瓶頸將可以順利突破。

學業 過去在學習上一直無法抓到訣竅，導致成績沒有很出色。建議要找一位良師益友來指導，這將有助於你的學習力。

健康 身體狀況還算平順，但若有狀況無法得到改善，建議請示神明你的貴人醫院在哪裏，配合貴人醫生的診斷和治療，身體狀況將會得到改善。

求子 求子的機會即將出現，可以再努力看看。如果過去已經一段時間都沒消息，建議請示神明你的貴人醫院在哪裏，有貴人醫生的診斷，較能知道確切的原因。

財運 正財穩定，若過去投資有些損失，現在有機會獲利。

籤詩典故

趙雲，字子龍，常山人士，三國時代劉備麾下大將。建安十三年，曹操親自率大軍一路追殺劉備，兵荒馬亂中，趙子龍跟劉備一行人走散。趙子龍先找到甘夫人，後來終於在一座土牆下發現糜夫人（劉備共娶了四個老婆，分別為甘夫人、糜夫人、孫夫人、吳夫人），糜夫人將劉備的兒子阿斗託付給趙子龍，希望他能保護好劉備這個唯一的兒子，便投井自盡。趙子龍把阿斗藏在懷中，以護心甲裹著，在千軍萬馬中帶著阿斗與甘夫人殺出重圍。

問神達人解籤

這支籤詩的重點在：趙子龍在長坂坡懷抱阿斗，從千軍萬馬中衝出重圍，救出阿斗，保留劉備唯一一個血脈。這意謂著必須經歷千辛萬苦，才能得到甜蜜的果實。

POINT 抽到這支籤詩後，你必須……

如果抽到這支籤詩時事情已經做了，神明是要告訴你：現在你面臨的情況就好似被千軍萬馬所包圍，至今仍很難找到出路，導致你心緒十分慌亂。然而，請不用擔心，只要能堅持下去，展現出你的韌性與毅力，會有像趙子龍一樣的貴人出現拉你一把。

相對的，如果抽到這支籤詩時事情還沒做，神明是要告訴你：要做也不是不可以，只是你現在對這方面的事情還不完全了解，就這樣做下去，很容易會被一些問題所困住。建議你先不要急，再多方面觀察，並多諮詢專家，等覺得有把握了再進行，成功率將會提高許多。

中 第92籤 下

癸乙

高祖治漢民

今年禾穀不如前，物價喧騰倍百年，災數流行多疫癘，一陽復後始安全。

歸納 時間點——冬至後

家運　家運較低迷，磁場一低迷，家人之間容易因意見不合而爭吵。如有這種情形發生，要相互包容體諒，等待冬至過後，家運漸漸起運時，情況也會跟著改善。

本運　今年的運勢較低，做什麼事都比較難達到心中的期待。建議保守以對，等待冬至過後運勢就會慢慢爬升。

姻緣　已婚者今年雙方較容易因一些瑣事，彼此爭執不下而發生爭吵，建議如果今年遇到讓你很不愉快的事，盡量以溝通代替責備，待冬至過後，這些不愉快和爭吵將會改善。未婚有對象者會因為遲遲無法步入禮堂而心生不安全感，如果雙方皆已認定對方，冬至過後可以認真考慮婚事。未婚無對象者冬至過後會有姻緣時機出現。

事業　今年比較會出現一些不如意的情況，但只要不躁進，冬至過後情況就會得改善。

學業　今年在學習上及考運會較不如去年的順利，但不用擔心，只要等到冬至過後，會漸漸順利及改善。

健康　今年的身體會比去年有狀況，建議若有症狀出現，不要等閒視之，更不要延遲就醫，以免讓症狀變得更嚴重。冬至過後，身體狀況會漸漸改善。

求子　求子不順利，導致心中信心所剩不多。建議耐心等到冬至過後，一是時機已到，二是可以遇到貴人醫生，三是可以找到真正求子不順的主因。

財運　今年以正財為主，偏財及投資都建議不要進行，以免造成損失。若要進行投資，至少等到冬至過後再來考慮。

籤詩典故

義帝楚懷王曾對項羽及劉邦說，先率兵入關者可為王。後來，秦王子嬰殺掉宦官趙高，見大勢已去，便開城門向劉邦投降。劉邦率大軍搶先入關，稱為關中王。

劉邦入關後，看到百姓生活過得苦不堪言，秦國律法非常嚴苛，但大戰過後百廢待興，為了安定與治理百姓的生活，並且穩定當時的人心，劉邦便與百姓約法三章，這三條律法以外的秦國律法一律作廢，百姓因而安定下來，人心也不再那麼惶恐不安。

問神達人解籤

這支籤詩的重點在：劉邦接受秦王子嬰投降，入關後見城中一切百廢待舉；大戰過後百業凋零，當務之急是安撫人心，才不會使事態更加嚴重。

POINT 抽到這支籤詩後，你必須……

如果抽到這支籤詩時事情已經做了，神明是要告訴你：現在的狀況會比之前更嚴重，什麼事都有可能會發生，並非再圖進展的時機，而要先以穩定現狀為優先，「一陽復後始安全」——等到冬至過後，事情就會慢慢開始改善。

相對的，如果抽到這支籤詩時事情還沒做，神明是要告訴你：現在你還會遇到一些的混亂，所以不要急著現在做，等到冬至過後混亂平靜了，再來進行，這樣不只成功率高，而且也會更有效果。

中 第93籤 平

癸丙

邵康節定陰陽

歸納 時間點——三伏期間

春來雨水太連綿，入夏晴乾雨又愆，節氣直交三伏始，喜逢滂沛足田園。

家運　家中成員之間不是有爭吵，就是不講話、冷戰，這種情形已經持續好一段時間，到現在還沒有完全改善。不過，三伏期間一到，家裏的這種負面氛圍會漸漸散去，家人之間的爭吵也會改善許多。

本運　運勢低迷，做什麼事都很不順心。只要等到三伏期間，運勢會開始起運，做什麼事都比較能得心應手。

姻緣　已婚者及未婚有對象者會因為有一方的情緒低落，較容易發生爭吵或打冷戰，盡量不要有硬碰硬的正面衝突，否則會形成僵局，不易打開；然而，只要等到三伏期間，情緒低落的現象就會好轉，氣氛也會改善很多。未婚無對象者在三伏期間會有姻緣時機出現，要好好把握。

事業　會遇到一些棘手的狀況，在問題解決的期間又出現另一個問題，導致蠟燭兩頭燒。建議稍微忍耐一下，待三伏期間一到，會有貴人助你一臂之力，解決這些問題。

學業　考運較低，領悟力目前還不是很強，但這些只是暫時的，只要三伏期間一到，就會改善很多。

健康　今年身體特別有狀況，抵抗力較不好，例如感冒好了，沒多久又得到另一種疾病。在三伏期間前要特別注意這種狀況的發生，三伏期間一到，身體狀況會改善許多。

求子　過去為了求子做過很多努力卻沒能如願，別擔心，三伏期間一到，時機就會來臨。

財運　正財穩定發展，但若要投資或偏財，等到三伏期間再做規劃比較保險。

籤詩典故

邵雍，字堯夫，諡康節，學習陳博之學（陳希夷），後世稱邵康節，北宋五子之一。邵康節對易經、先天河圖極有研究，也開拓了「象數」學的領域。邵康節著有太極圖：「道生一，一為太極；一生二，二為兩儀。」定陰陽從兩儀開始，而兩儀在羅盤的方向就是東南方、西北方。

問神達人解籤

這支籤詩講的重點有二：

❶典故「邵康節定陰陽」意謂著冥冥之中有一個「定數」在，遵循著定數的腳步走，才能夠安穩如山。

❷籤詩詩句「春來雨水太連綿，入夏晴乾雨又愆，節氣直交三伏始，喜逢滂沛足田園」指：春天到時偏偏雨水太多，好不容易盼到了夏天、雨水應該不會太多時，偏偏又人算不如天算，雨還是下得太多了。什麼時候雨勢才可以剛剛好呢？就在節氣走到「三伏始」（推算三伏參見「三伏」P246）的時候，才是最佳時機，三伏始指時機點從初伏（夏至後的第三個庚日起）開始，整個三伏期間都是好時機，若在一〇七年（歲次戊戌年），則是在國曆七月十七日至八月二十五日（農曆六月五日至七月十五日）。

POINT 抽到這支籤詩後，你必須……

如果抽到這支籤詩時是在民國一〇七年（歲次戊戌年），並且事情已經做了，神明是要告訴你：現在的狀況就好似大雨連綿，不是一下子這個出問題，就是那個出問題，狀況接二連三不斷，但不用擔心，再稍微忍耐一下，等到國曆七月十七日至八月二十五日（農曆六月五日至七月十五日）時，狀況就會有所改善了。

相對的，如果你抽到這支籤詩時是在民國一〇七年（歲次戊戌年），並且事情還沒做，神明是要告訴你：目前狀況還很多，不要現在做，等這些狀況一一排除掉後再來做，才是最佳時機點，而最佳時機點就在國曆七月十七日至八月二十五日（農曆六月五日至七月十五日）期間。

中 第94籤 吉

癸丁

提結過長者門

一般器用與人同，巧斲輪輿梓匠工，凡事隨緣且隨分，秋冬方遇主人翁。

歸納 時間點——立秋到冬至

家運 家運目前還算平順，家中成員發展也大致穩定，唯一比較需要注意的是，如果家中有要做大變化，比如搬家或買賣房子，建議立秋到冬至期間再進行才會比較順利。

本運 運勢目前雖然平穩，但最強的時機點是在立秋到冬至期間，那時要進行一些事，成功機會大，要好好把握。

姻緣 已婚者及未婚有對象者會因為另一半要求太過分而發生一些口角，這是因為另一方心情較低落所導致，但到立秋到冬至期間，這種情形就會漸漸改善了。未婚無對象者在立秋到冬至期間會有姻緣時機出現，要好好把握，但請注意，若有認識新對象，避免太過冷淡高傲，讓對方印象不佳。

事業 工作上穩定發展，如想升遷，立秋到冬至期間比較有機會。想要找工作者在立秋到冬至期間會找到理想的工作。

學業 立秋到冬至期間考運、學習力較強，但要改進不積極的求學態度，才能更上一層樓。

健康 長年的不運動使免疫力下降，導致感冒不斷。別擔心，除了多運動，在立秋到冬至期間症狀會趨於和緩，但也要尋良醫醫治。切記，常運動才是根本養生之道。

求子 過去求子不順遂，請要有耐心，在立秋到冬至期間還有機會，如果還能配合貴人醫生診斷原因，成功機率會更大。

財運 正財穩定，但偏財、投資目前不適合。如要進行投資，立秋到冬至期間再做規劃會更有想法，思考也會更清晰。

籤詩典故

提結是梁武帝時代一位西域高僧，梁武帝蕭衍篤信佛教，曾經三次出家，三次被大臣用重金贖回。當時的南朝尊崇佛教，西域高僧提結來到一位家財萬貫的長者家化緣，但長者不願意見他，叫守門的人轉告提結：「你自稱是高僧，應該能夠知道我家中的一些事。講得出來，我才布施。」提結真的將這位長者家中的事一一講出來，讓長者聞之大驚，最後還受到提結的點化，皈依佛門。

問神達人解籤

這支籤詩的重點在：提結到一位長者家要化緣，但長者卻刁難提結，要他先講出家中有什麼事，講得準才要布施，而長者家中的情形果然如提結所講的一樣。這意謂著因緣還未成熟時，凡事都不用強求，強求也沒人會相信你、採用你，但時機一到，緣分就到，緣分一到，因緣就自然成熟了。

從籤詩的詩句「秋冬方遇主人翁」來看，時機點就在秋冬之際，正確來說，應該是立秋到冬至期間。

POINT 抽到這支籤詩後，你必須……

如果抽到這支籤詩時事情已經做了，神明是要告訴你：現在時機點還不到，因此你會遇到一些阻礙，甚至沒有什麼人願意聽你講什麼、做什麼。然而，請不用垂頭喪氣，之後在立秋到冬至這段期間，因緣就會漸漸成熟，事情也比較能夠順利發展下去。

相對的，如果你抽到這支籤詩時事情還沒做，神明是要告訴你：時機還不到，先不要進行，若硬要現在進行，也沒有什麼人會注意到你。等到立秋到冬至這段期間，因緣俱足了再做，事情的發展才會更順利，也會更圓滿。

中 第95籤 吉

癸戊

張文遠求官

知君袖裏有驪珠，生不逢辰亦強圖，可歎頭顱已如許，而今方得貴人扶。

歸納：波折將過，時機已到

家運 家中過去常常事事不順，不只導致氣氛低迷，家中成員之間也處得不愉快，甚至演變想搬離開家的情形。沒有關係，這些不愉快即將要過去，接下來大家的心情都會比較開朗，言語上也比較不像過去那麼犀利。

本運 過去常常做什麼事都不順，不是這邊有阻礙，就是那邊有波折，讓你心生挫折，但不用緊張，波折即將過去，機會就快到了。

姻緣 已婚者及未婚有對象者會因為有一方做什麼事都不順利而心生怒氣，並且遷怒對方，導致雙方氣氛不是很好，沒有關係，這種不順遂的情形將要過去，好的時機快到了，只要時機一到，再加上事事順遂，感情自然有所改善。未婚無對象者過去一直找不到對象，但現在你的姻緣時機即將出現，要好好把握。

事業 過去不管做什麼工作都不長久，不是工作性質不適應，就是公司有狀況得換工作，讓你很沒安全感，但時機快到了，而且即將遇到貴人，一切都會穩定下來。

學業 學習領悟力及考運都即將轉強，也可以遇到貴人傳授學習及考試的經驗，使你的智慧開竅，學習更有成效。

健康 過去身體不佳、狀況不斷，因而心情鬱悶，如今身體即將慢慢康復，一切都會好轉。

求子 求子曾失敗過好幾次，但時機即將到來，也可以找到貴人醫生，要把握這次良機。

財運 正財或投資都不是很順遂，但時機快到了，也會有貴人扶你一把，到時財運會有所改善，不過，還是先以正財為主比較好。

籤詩典故

歷史上比較有聽過且同樣都叫張文遠的人，有兩位，一位是三國時代曹操麾下大將張文遠，另一位是《水滸傳》裏在烏龍院與閻惜嬌私通的張文遠。以籤詩詩句的關聯性及合理性來看，這裏的張文遠指的是三國時代的那一位。

張遼，字文遠，三國時代人士，曹操麾下的一名大將。東漢末年，張文遠曾經跟隨過丁原、董卓、呂布，但最後這三人都被一一滅掉，可見其仕途並不很順利。一次，張文遠看呂布在白門樓被曹操抓住後那百般求饒的懦弱模樣，忍不住跟呂布講：「匹夫，死就死，有什麼好怕的。」曹操殺掉呂布後，本來還想殺掉張文遠，但被劉備與關羽攔了下來。關羽告訴曹操，「張文遠是一位忠義之士，如果你能把他收到自己的麾下，便能助你一臂之力。」最後，張文遠成為曹操麾下一名大將，官拜中郎將，賜爵關內侯。

問神達人解籤

這支籤詩的重點在：張文遠跟隨過丁原、董卓、呂布，但這三人最後都被滅掉，直到最後跟隨曹操，官拜中郎將，賜爵關內侯。這意謂著你是一顆明珠且有能力，無奈生不逢時，明珠暗投，幾盡波折後才遇到貴人，終於功成名就。

POINT 抽到這支籤詩後，你必須……

如果抽到這支籤詩時事情已經做了，神明是要告訴你：你是一顆明珠，而且也很有能力，但是過去的那一段時間裏，所遇之人不是有問題，就是有爭議，無法遇上一位真正懂你、可以提拔你的人。然而，不必太過擔心，也不必意志消沉，因為時機已經到了，這次遇到的可真正算是你的貴人了。

相對的，如果你抽到這支籤詩時事情還沒做，神明是要告訴你：你之前已經等待了一段長時間，現在時機已經到了，趕緊開始規劃及進行吧！

上 第96籤 吉

癸已

山濤見王衍

婚姻子媳莫嫌遲，但把精神仗佛持，四十年前須報應，功圓行滿有聲兒。

歸納　時機已到，順勢而為

家運　家運轉強的速度比較慢，導致家中成員目前還沒有什麼成就。如今時機已到，三年風水輪流轉，家運開始轉強，想要有高的成就指日可待。

本運　運勢開始向上爬升，心中想做什麼事，可以開始規劃了，現在的時機可以幫助你鴻圖大展啦！

姻緣　已婚者感情穩定，家中一片祥和。未婚有對象者情侶之間的爭吵趨於平靜，感情逐漸回升，甚至可以開始考慮規劃婚事，成立家庭。未婚無對象者接下來將有機會遇到不錯的對象，說話記得要內斂一些，有助於加深第一眼印象。

事業　時機已經到了，運勢開始轉強，若過去事業有波折，將有貴人幫忙。如欲找工作，將可以找到適合的。

學業　考運強，領悟力也非常好，學習或應考皆可達到心中的期待。

健康　你的身體狀況還滿不錯的，甚至有機會找到貴人醫生，幫助你治療、改善過去的一些舊症狀。

求子　求子時機已到，可以再嘗試看看。假使過去已經失敗好幾次，可跟神明請示出貴人醫生，以了解根本原因，這樣比較能對症下藥。

財運　正財將會更上一層樓，偏財、投資方面也可以獲利。

籤詩典故

山濤，字巨源，三國及西晉時期名士，竹林七賢之一，四十歲才開始為官，生活十分節儉。投靠司馬懿之後，仕途還算順利，但在看到司馬懿與曹爽的政治鬥爭後，他開始心生歸隱的念頭，不問事務。

王衍，字夷甫，出身琅琊王式，西晉時期人士，外表清秀，溫文儒雅，喜愛老莊學說，當過侍郎、尚書令等職。

王衍年幼時曾經拜訪山濤，山濤一見王衍就感歎萬分，後來還一直目送著王衍離開，直到對方走得很遠了，才跟旁人說：「不知道是哪位婦人，竟然能生出這樣的兒子？這孩子將來一定不得了，然誤天下蒼生者，必此人者。」雖然王衍這個人有些爭議，但是籤詩只取他正向且有意義的一面。

問神達人解籤

這支籤詩的重點在：山濤是一位名士，四十歲才開始當官，他看到王衍時，眼睛就被他所吸引，還說將來這孩子一定不得了，這意謂著抽籤者未來的發展性很好。同時，詩句「功圓行滿有馨兒」中的「馨兒」指「寧馨兒」，用來讚美孩子或子弟用，以會有個不錯的孩子象徵「好結果、好發展」。

POINT 抽到這支籤詩後，你必須……

如果抽到這支籤詩時事情已經做了，神明是要告訴你：過去你努力了一段時間，一直都沒有明顯的效果出現，但不用擔心，現在時機已經到了，只要能再堅持一下，事情會開始好轉——「功圓行滿有馨兒」。

相對的，如果抽到這支籤詩時事情還沒有做，神明是要告訴你：過去你已經為這件事猶豫了很久，考慮了一段時間，總是怕時機還沒有到而遲遲未付出行動。現在時機已到，可以正式開始進行了。

第97籤

上　上

癸庚

買臣五十富貴

五十功名心已灰，那知富貴逼人來，更行好事存方寸，壽比岡陵位鼎臺。

歸納　波折將過，時機已到

家運　過去家中運勢黯淡，氣氛一片低迷，家中成員之間也爭吵不斷，但現在這些情形都將結束，和樂氣氛將籠罩全家。

本運　過去因為運勢低迷導致事事不如意，但現在運勢開始轉強，心中想要做什麼事，可以開始規劃了。

姻緣　已婚者及未婚有對象者會因為另一半（朱買臣妻子消極只想離婚）做事很不積極，心裏忍耐已久，因此產生嚴重爭執，甚至演變成想要結束這一段關係，建議雙方都要冷靜，這種情形快過去了，只要再給彼此一些時間，相信會和好如初，最重要的是不要做出會讓自己後悔的決定。未婚無對象者過去一直都找不到符合你條件的對象，但現在這個對象即將出現，要好好把握。

事業　事業上一直沒有成就，導致自信心也所剩無幾，千萬不要自暴自棄，時運已經到來，你將可以一展長才。

學業　過去幾次考試及成績都沒能達到心目中的標準，然而現在考運已經開始轉強，學習力也漸漸進入佳境，會有好的成果出現。

健康　身體狀況開始硬朗起來，心情也慢慢舒坦，過去的一些小毛病接下來會漸漸痊癒。

求子　時機已到，再努力一下，或者重新再找貴人醫生，有望找到過去求子失敗的原因。

財運　過去投資所損失的部分有望得到回補，但切勿再投入大筆金額。

籤詩典故

朱買臣，字翁子，漢朝人士，年輕時家裏很窮，以賣木柴維生。朱買臣雖家境貧窮，卻很努力念書，但妻子崔氏卻很看不起他，要求他寫休書準備要離婚。朱買臣好言相勸，「算命先生說我五十歲時一定大富大貴，眼下我已經四十幾歲了，你再忍耐一下。」崔氏堅持要離婚，朱買臣只好寫下休書，讓崔氏離開。

時來運轉，朱買臣替漢武帝出謀劃策平叛建功，漢武帝命他當會稽太守。朱買臣衣錦還鄉時，前妻崔氏看到他富貴了，想要跟朱買臣再續前緣。朱買臣拿了一個裝滿水的臉盆往路上潑了出去：「如果你可以把潑出去的水再放回臉盆裏，我就讓你回來。」崔氏羞愧萬分，只好離去，最後自盡結束生命。

問神達人解籤

這支籤詩的重點在：朱買臣年輕時很貧窮，連他太太都看不起他，一直想要離婚，朱買臣苦勸無用，只好跟他太太離婚。然而，人的命運真的很難預料，離婚後朱買臣卻發達了，這時她太太想要回來也沒辦法了。這意謂著之前那一段長時間的坎坷與波折即將結束，功名與富貴在不遠之處了。

POINT 抽到這支籤詩後，你必須……

如果抽到這支籤詩時事情已經做了，神明是要告訴你：過去你努力了那麼久，不只沒有實質上的成果，甚至連自己親近的人都對你有些閒言閒語，但請不要自暴自棄，也不要去介意這些人的雜音，而要把這些困頓看作你成長的動力。如今，時機已經快到了，再堅持一下，相信辛苦是會有代價的。

相對的，如果你抽到這支籤詩時事情還沒做，神明是要告訴你：過去那一段坎坷、波折、凶險的路已將要過去，如今，時機快要到了，只要能再堅持撐過一段不好走的路，接下來就可以走到光明大道上了。

中 第98籤 吉

癸辛

薛仁貴投軍

歸納 波折將過＋時間點（農曆3月底快4月）

經營百出費精神，南北奔馳運未新，玉兔交時當得意，恰如枯木再逢春。

家運　家中的氣氛過去一段時間雖然還算良好，但若有想做什麼事，都要花上很大的精神，最後也沒得到什麼成效。沒關係，農曆3月底快4月時這些情形就會有所改善，成效也會漸漸顯示出來。

本運　目前運勢已低迷，要保守一點，若想要做什麼事，農曆3月底4月時再來做，才是最佳時機。

姻緣　已婚者及未婚有對象者心情較低落，這時候需要多一點的鼓勵與關懷，而不是苛責與謾罵；農曆3月底快4月時才是好的時間點，心情會漸漸開朗，有什麼事那時候再來談，也比較能談出成果來。未婚無對象者農曆3月底快4月時有一個姻緣時機，要好好把握。

事業　事業上遇到一些惱人的問題及瓶頸，現在急著解決恐怕效果有限，農曆3月底快4月時才是解決的最佳時機。

學業　雖然一直很努力念書，一心想往上爬，但成果總是有限。不用擔心，農曆3月底快4月時就會有成果出現。

健康　身體狀況會因為一些舊疾復發，而導致心情比較低潮。切勿煩憂，農曆3月底快4月時會有人介紹貴人醫生來治療這些舊疾，使這些症狀漸漸穩定。

求子　過去為了求子用盡心力仍無法如願，農曆3月底快4月時會有個機會，好好把握。

財運　目前較容易漏財，建議不要投資，農曆3月底快4月時再做打算。

籤詩典故

薛禮，字仁貴，唐太宗、唐高宗時期名將。

薛仁貴家境清貧，娶柳氏為妻。唐太宗欲遠征高麗，命將軍張士貴開始招募士兵。當時薛仁貴正想遷移祖先的祖墳來改運，看能否讓自己一帆風順。柳氏對薛仁貴說：「你是一個人才，朝廷現在需要用人，你先去從軍，等到功成名就回家鄉時再遷墓，也都還來得及。」薛仁貴聽了，覺得有道理，便應允柳氏，從軍去了。

薛仁貴從軍之初並不是很順遂，不是被打壓，就是即便有了軍功也被冒領。過了一段時間，在一次征伐高麗的戰役中，薛仁貴穿白色衣甲，手持方天畫戟，腰部別著兩張弓，因其驍勇善戰、在萬軍中所向披靡，後來被唐太宗賞識而升為將軍。

問神達人解籤

這支籤詩的重點在：在朝廷募兵之際，薛仁貴想要藉由遷祖墳來改運，卻被他的妻子所阻。從軍後，雖然薛仁貴一開始沒有得到重用，後來卻被唐太宗賞試，因而被重用。

這意謂著：❶如果真的是時機未到，就算遷祖墳也不會有什麼效用。❷時機未成熟時應步步為營、小心謹慎，千萬不要因為運勢已經低迷很久了就耐不住，開始要再衝衝看，這樣反而會面對更多的風險。

POINT 抽到這支籤詩後，你必須……

如果你抽到這支籤詩時事情已經做了，神明是要告訴你：你過去確實面臨低潮一段時間，導致現在想要做一些奇奇怪怪的事，看是否能改變一下運勢，但坦白講，做這些都是白費工夫，因為你本身沒有問題，也沒有欠點，問題只是出在時機點。只要再稍微忍耐一下，到農曆三月底快四月時（玉兔交時），事情就會開始好轉，根本不需要去做一些花錢又浪費時間的事。

如果你抽到這支籤詩時事情還沒做，神明是要告訴你：還要稍微等待一下，因為時機還未到，如果時機未到就貿然做下去，會讓你很傷腦筋，而且會勞心又勞累。建議等到農曆三月底快到四月時再來做比較好，也會比較順利。

上 第99籤 上

癸壬

百里奚投秦

貴人遭遇水雲鄉，冷淡交情滋味長，黃閣開時延故客，驊騮應得驟康莊。

歸納 時機已到，順勢而為＋時間點（農曆7月）

家運　家中運勢過去已經低迷一段時間，歷盡人生冷暖百態，但不要放棄，因為時間已經快到了，待至農曆7月，扭轉乾坤的機會就正式到了，要好好把握。

本運　過去因為運勢低迷而諸事不順，但你是一位人才，加上時機已經到了，就快有出頭的一天了，趕緊重拾信心，迎接大好時機。時機就在農曆7月。

姻緣　已婚者及未婚有對象者過去所面臨的波折在農曆7月一一改善，接下來便是晴空萬里，雖然感情可以和好如初，但如果雙方能再反省一下當初錯在哪裏，未來便不會再犯同樣的錯。未婚無對象者農曆7月過後有一個姻緣時機，要好好把握。

事業　過去在工作上出現的一些問題、麻煩，在農曆7月時不只有貴人出現幫忙解決，甚至還會遇到賞識你的長官。

學業　學習力、領悟力都呈現最佳狀態，農曆7月時考運會不錯，如果有要報名考試，要好好把握這一波絕佳考運的機會。

健康　身狀況還不錯，但在農曆7月前還必須要細細調養，不要感冒或發燒，一旦感冒或發燒，要痊癒就要一段時間。

求子　過去求子不順，時機點是一個原因，另一個原因是沒有找到貴人醫生。農曆7月時可以順利找到貴人醫生，同時農曆7月也是一個時機點，要好好把握。

財運　過去因投資不順而損失不少，建議量力而為，農曆7月時有望回補一些過去的損失。

籤詩典故

百里氏，名奚，也稱百里奚，世人稱五羖大夫，春秋時代秦國著名政治人物。百里奚原本在虞國做官，由於晉國假道伐虢，最後虞國也被晉國所滅。虞國亡國後，百里奚變成陪嫁的下人送到秦國，後來又逃到楚國。當時秦國的國君就是春秋五霸之一的秦穆公，穆公一心壯大秦國，他聽聞百里奚賢明，便派人到楚國，以五張羊皮的代價贖回百里奚，請百里奚到秦國輔佐國政，這就是歷史上著名的「羊皮換相」。後來，秦國在百里奚的輔佐下併吞西戎二十國家，終於稱霸西戎，秦國自此開始強盛。

問神達人解籤

這支籤詩的重點在：百里奚還未到秦國為相前，人生可說是大起又大落——在虞國做官，到變成陪嫁的下人，然後逃亡，到最後秦國只用五張羊皮的代價便贖回了百里奚。待百里奚被贖到秦國輔佐秦穆公後，他終於發揮所長，最後使秦穆公成為春秋五霸之一。

這正意謂著：人生命運的大起大落，很難預料，更可以說是上天將降大任在一個人身上的同時，通常都一定要考驗這個人的心志堅不堅定。至於你遇到「秦穆公」開始往上爬的時間點，則是在農曆七月——籤詩詩句中的「驊騮」，是周穆王的八匹駿馬其中之一匹，馬在在十二生肖排行第七，因此時間點是在農曆七月。

POINT 抽到這支籤詩後，你必須……

如果你抽到這支籤詩時事情已經做了，神明是要告訴你：你曾經飛黃騰達過，也經歷過別人不曾經歷的痛苦，到現在還是沒有成就，一路走來，你看透了人情冷暖及人世間的現實，但請不要失去鬥志，要有信心，因為上天在考驗一個人的同時，也準備要賦予這個人重責大任了。你的時機就快要到了，賞識你的貴人即將出現，務必要好好把握這一個大好的機緣——時間點就在農曆七月。

相對的，如果你抽到這支籤詩時事情還沒做，神明是要告訴你：時機快到了，等到農曆七月就可以開始規劃、進行了，請一定要好好把握良機，這次的時運將助你功成名就。

上　**第100籤**　上

癸癸

唐明宗禱告天

我本天仙雷雨師，吉凶禍福我先知，至誠禱告皆靈驗，抽得終籤百事宜。

歸納　**不是大好，就是大壞**

家運　家運目前運勢正強，想做什麼事可以趁這個時候規劃及進行，成功機會會很大。如果事情還沒達到期待，可向該廟神明祈求，神明會保佑你達到心願。

本運　運勢正走向新的一波強運，要好好把握這波上天賜於你的機運，成功率會達九成以上（至誠禱告皆靈驗，抽得終籤百事宜）。

姻緣　已婚者雙方感情穩定，家中氣氛和樂融融，家中成員也都有好的發展。未婚有對象者彼此是難能可貴的正緣，感情穩定，正是可以開始考慮規劃婚事、成立家庭的時候。未婚無對象者接下來將有機會遇得不錯的正緣對象，要好好把握。

事業　你的事業運正強，發展穩定，業績也很好。如果想要創業投資，建議也可以好好把握這一波強運。

學業　雖然資質聰慧、天賦異稟，但如果要考試，還是得認真念書，抽到這支籤的人雖然很有機會達到心中期待，卻也很容易因為太過自信而鬆懈，要特別注意。

健康　年輕人抽到此籤，身體很快就會康復，但還是需要細細調養。年老者及有重症者抽到此籤，就需要特別注意身體的狀況了。

求子　求子機會快到了，而且是上天所賜、絕佳難得的機會，要好好把握

財運　財運佳，不管是正財或偏財、投資，都可以獲利，但別忘了還需要行善積德，才能增加福報。

籤詩典故

唐明宗，沙陀國人的後代，初名嗣源，後改名為亶，是五代十國後唐第二位皇帝，在位八年。李嗣源是唐河東節度使李克用的養子，生父為李霓。他先後跟隨李克用征戰快三十年，屢建奇功，即位時已經有一些歲數了。李嗣源即位後，每晚都會在宮中焚香向上天禱告：「我李嗣源本來是一位胡人，因天下大亂而被眾人推為帝王，願上天慈悲能早生聖人，為人民做事。」

因為政績突出，李嗣源還被稱為五代名君。

問神達人解籤

這支籤詩的重點在：唐明宗李嗣源即位後，每晚焚香向上天禱告，祈求能早生聖人，為人民做事，而他也成了「五代名君」。此典故再加上詩句的「至誠禱告皆靈驗」，意謂著抽到這支籤詩的人，只要能誠心祈求該廟神明，神明都會庇佑於你。

POINT 抽到這支籤詩後，你必須……

抽到這支籤詩時，不管事情是已經做了或還沒做，神明都是要告訴你：不用擔心，你是一位可以完成此事的人，因為你有這個命格。特別建議抽到這支籤詩的人，一定要誠心焚香祈求該廟神明，該廟的神明一定會保佑你完成心願的。

要注意的是，老人身體欠安、重症患者抽到這支籤詩，都要特別注意，因為這支籤尾跟籤王一樣，不是大好就是大壞。

結語

相信大家在看完《問神達人雷雨師一百籤詩解籤大祕訣》後一定有很多的心得，也一定比以前成長很多。

其實，這整本書最重要的精髓就是學習解雷雨詩百首籤詩的三個重要竅門，這是學習解籤的第一步，也是相當重要的一步。這一步如果跨得出去，接下來一定就會水到渠成。我為什麼這麼注重這一個部分呢？因為這是當初我在閉關時，神明用最多時間指導我的一個部分。所以，在本書的最後，我還是必須要再強調一次。

竅門一、一定要先知道籤詩的歷史典故。

竅門二、籤詩詩句做輔助解釋。

竅門三、要千變萬化，也要萬變不離其宗。

這三個竅門是在學習解百首雷雨師籤詩最重要的第一步，然而，就某種程度來說，也可以說是學習解籤的靈魂核心。所以，這個部分大家一定要多花一點時間去研讀、去參透、去領悟其中的奧妙與變化。

只要能夠參透其中的奧妙與變化，你就可以運用自如，一旦達到可以運用自如的境界，自然就沒有一個案件可以難倒你啦！

青雲有路志為梯，學海無涯勤為岸

老實說，要學習竅門一、竅門二其實沒有那麼難，難就難在「竅門三」——要千變萬化，也要萬變不離其宗。竅門三也是我最注重的一點，因為除了靠本身的學習與努力，個人的資質與天賦多少也影響了學習竅門三的成果，但不管有多難，身為一個學者，我還是相信「青雲有路志為梯」、「學海無涯勤為岸」，只要下定決心，什麼困難都是可以克服的。

同時，將來宗天宮興建落成之後，也會開班授課傳授一些實際案例，這樣大家在學習竅門三的時候就可以更了解其中的玄機，更知道該怎麼千變萬化。最後，我再舉一個例子來說明千變萬化的重要性，這樣大家就可以知道我為什麼那麼注重竅門三了。

雖千變萬化也不離其宗

今年五月的時候，有一位信徒拿了一張籤詩來找我，是第六十四籤庚丁籤，而這支庚丁籤有二個歷史典故，一個是「管鮑分金」，另一個是「魯仲連排難解紛」。

大家要注意，解籤的第一步必須要先知道這支籤詩配對在什麼地方，而這支籤詩神明指示是配對在欠點。接著深入了解問題，這位信徒問的是：他在一間公司已經一段很長時間，明明有機會升遷，但為什麼時機到的時候最後升遷的人卻總是不是他？他百思不得其解又鬱鬱寡歡，問神後神明賜下這支籤詩，配對在欠點。既然是欠點，那邏輯上的推論就是神明在告訴我們，這位先生一直無法升遷的原因（欠點），就在第六十四籤庚丁籤裏面。

再深入一點的思考，如果這位先生可以從籤詩裏面找到欠點，並且解決掉它，那不就「升遷有望」了嗎？邏輯就是這樣：只要你能「看得到」欠點，答案就出來了。重點來了，難就難在你能不能「看得到」欠點——你能不能在庚丁籤上做「千變萬化」的解釋。

要千變萬化的解籤，不是一朝一夕可以完全參透學得來的，但希望大家在看了這本書之後，能起碼有個基本概念。

首先，我們知道當事人的問題是為什麼升遷總是沒他的機會。

第二，欠點就是「阻礙事情順利發展的主因」。

第三，庚丁籤有二個歷史典故，一個是「管鮑分金」，另一個是「魯仲連排難解紛」。

以「管鮑分金」這個典故來看，管仲跟鮑叔牙做生意，每到要分利的時候，總是拿得比鮑叔牙多，而鮑叔牙卻一點也不計較。很多人都說鮑叔牙心胸寬大，而評論管仲是一個會占人家便宜的人。由此推論，這位先生一直無法升遷的原因，有「可能」是因為他會占人家便宜，而導致上司不欣賞他，所以才無法順利升遷。

以另一個歷史典故「魯仲連排難解紛」來看，魯仲連平生喜歡幫助他人解決問題、調解一些紛爭，而有能力幫人解決問題及調解紛爭者，言語表達能力多半都很不錯，而在幫人調解期間，有時候難免會有一些辯論、激辯的情況發生。由此推論，這位先生之所以一直無法升遷，也有「可能」是他愛跟上司或同事爭個你死我活，而「好辯」這個因素導致上司不欣賞他而無法順利升遷。

從這兩個方向跟神明進一步擲筊確認，結果神明確實指示是因為他跟上司說話時，在言語上太過犀利與直接，導致上司對他的印象一直以來都不好，間接造成升遷機會一直與他擦身而過。

這位先生本人看到神明指示出這個答案時，一直點頭說：「沒錯，我在講話方面確實很不會給人留情面，這是我長久以來的一個毛病。不過，今天最讓我想不到的是，這一支看起來是好籤的籤詩，竟然可以解到這種程度，真的很令人驚訝。王老師，不瞞你說，在還沒來找你之前，我還一直在思考，這一支庚丁籤明明就標註著『上上籤』，要如何解釋它是我無法升遷的『欠點』呢？聽完老師你的分析之後，我才恍然大悟，好辯確實是我性格的致命傷沒錯。王老師，宗天宮以後真的要開班授課，教大家如何更深入的解籤詩，因為我相信還有很多像我一樣對籤詩一知半解的人都不會解籤，需要像老師你這樣的問神達人，有理論、有實務經驗的來教我們……」

勿被「上上籤」所迷惑，亦勿被「下下籤」所嚇到

這一個案例就是千變萬化解籤法的最好例子，此外，我們也可以從這一個例子看出「配對」的重要性。配對是神明在告訴我們「這件事情要從哪一個角度、哪一個方向去思考」，如果把思考的方向搞錯了，不但問題無法得到解決，甚至有可能再製造出另一個問題。

請務必記住，千萬不要被「上上籤」跟「下下籤」這樣的標籤所限制住，這不是絕對的答案，還是要看配對，假設配對是配在欠點，就算是上上籤也必須要從歷史典故的情節、人物的「負面之處」下去找出問題——這就是我一直在強調的千變萬化解籤法：「法無定法，水無常態。」只要是有關宗教、有關神明、有關法，就一定不會是一成不變，也不會是照本宣科；一切都要懂得「因人而異」、「因事而異」、「因時而異」、「因地而異」、「因物而異」，有時候甚至還會「因神而異」呢！

朝向「法布施」與「無畏布施」的境界邁進

「科學是幫助我們在已知中做出選擇，宗教是幫助我們在未知中做出選擇」，希望這本《問神達人雷雨師一百籤詩解籤大祕訣》能夠讓大家見識不同的解籤風貌，學到真正解籤的訣竅，幫助大家正確的在未知中做出選擇。等待宗天宮興建落成之後，我一定會開班授課，結合學術理論與超過二十年的實務問事經驗，教導大家如何解籤、如何看到別人看不到的地方，盡心栽培大家都能蛻變成為當代的解籤高手；也希望能讓大家在因緣成熟與俱足之時，可以自渡，亦可以渡人。

讓我們一起朝「法布施」與「無畏布施」的境界邁進吧！